내 삶의 성공전략

멘탈의 힘

들어가는 말

　사람들은 눈으로 세상을 본다고 착각하기 쉽지만 눈은 세상을 비추는 카메라의 렌즈 역할을 할 뿐이며 실제로 세상을 보는 것은 뇌에 프로그래밍된 기억 시스템이 만들어내는 자신만의 독특한 내적 표상에 의해 보게 된다. 시각적으로 보는 것뿐만 아니라 자신의 사고 표현 능력과 세상과의 다양한 연결을 만들어내는 것도 내적 표상을 통해 이루어지게 되는 것이다.
　바로 이 내적 표상이 개인의 창의적 사고능력을 가능하게 하고 기적적인 성취와 삶의 결과물을 창조할 수 있게 해주는 초능력적인 멘탈의 힘을 만드는 틀이다. 일반적으로 초능력이라고 하면 마치 마술사나 사람의 능력을 뛰어넘는 초자연적인 힘을 사용하는 것으로 잘못 알고 있는 경우가 많다.
　멘탈적 관점에서의 초능력은 보통 사람들이 모두 가지고 있는 평범한 자원이며 그것을 사용하는 방법을 알면 누구나 초능력자가 될 수 있다. 즉, 자신의 목표에 의식과 잠재의식을 일치시켜 초점을 모으고 내외부의 모든 정보간섭을 차단했을 때 초능력적인 멘탈의 힘을 사용할 수 있게 된다. 역사적으로 위대한 업적을 남긴 위인이나 큰 성취를 이룬 사람들은 바로 자신의 초능력적인 멘탈의 힘을 사용하여 기적을 이루었다.
　인간의 힘으로 창조한 모든 일상적 실재에서의 물질적 형상에는 그것을 창조하게 된 처음의 동기나 의도를 반영하는 사고 과정을 거치기 때문에 비일상적 실재인 마음이 함께 묻어 있다.

예를 들어 집안에서 매일 보거나 사용하게 되는 소파, 식탁 등의 가재도구나 냉장고, 세탁기 같은 가전제품 등이 만들어지기 위해서는 그 물건을 최고의 제품으로 만들기 위한 생산자의 창조적 사고 과정을 거치게 된다. 도로의 수많은 차량, 건물, 비행기, 선박, 기차, 제도와 법, 규칙 등도 필요에 의해 누군가의 창조적 사고 과정을 거쳐 발명되거나 창조된 것이다.

창조적 사고 과정을 거쳐 만들어진 모든 형상에는 정신적인 힘이 함께 묻어있다는 사실을 아는 것이 중요하다. 모든 창조물에는 위대한 창조적 사고와 멘탈의 힘이 작용하고 있다.

일상적 실재에서의 모든 창조는 비일상적 실재의 마음에서 시작되고 그 마음을 바꾸면 세상의 모든 창조가 바뀌게 되는 것이 멘탈의 법칙이다. 일상적 실재인 CR의 세계에서 물질적인 성취뿐만 아니라 비일상적 실재인 NCR의 세계에서 이루어지는 가상의 모든 성취도 개인이 어떤 멘탈적인 성취능력을 가지고 있느냐에 따라 달라지게 된다.

인간의 존재를 단순히 물질적 관점에서만 본다면 근육과 뼈, 물, 화학물질 등으로 이루어져 있기 때문에 동물과 크게 다르지 않지만 마음의 관점에서 본다면 멘탈의 힘을 활용함으로써 상상도 하지 못할 창조와 기적을 만들 수가 있는 초능력을 가지고 있다.

우리의 선명한 목표에 마음의 초점을 일치시키게 되면 평소에 사용하지 못하는 특별한 초능력을 갖게 된다. 마음이 완전한 전체성을 만들어 목표에 초점을 맞출 수 있을 때 사용할 수 있는 초능력은 우리 모두 가지고 있는 평범한 자원이지만 그것을 사용할 수 있는 사람은 소수의 선택받은 사람들뿐이다. 그 이유는 원하는 목표를 시각화하여 자신의 마음을 일치시켜 초점을 맞추면 초능력적인 멘탈의 힘이 활성화되는 멘탈의 비밀을 알지 못하고 믿음을 갖고 있지 않기 때문이다.

 우리가 흔히 '기적'이라고 하는 것은 우리의 초능력을 사용하여 만들 수 있는 결과물이며 이것이 우리가 가진 멘탈의 힘이다.
우리의 삶에서 멘탈이 영향을 미치지 않는 영역은 존재하지 않는다. 얼굴 표정, 언어, 걸음걸이, 제스처, 옷 등 일상의 모든 현상과 물질에도 멘탈이 반영되거나 비추고 있다. 그래서 그 사람의 말을 들어보거나 행동을 관찰해보면 그 사람의 멘탈상태를 유추할 수가 있는 것이다.

 결국 우리의 존재와 정체성은 멘탈의 힘에 의해 결정지어지고 삶의 모든 결과도 자신이 가진 멘탈의 힘에 의해 만들어진 산물이다. 이러한 관점에서 보면 한 개인이 이룬 부와 성취, 위대한 업적 등도 자신이 가진 멘탈의 힘에 의해 창조된 것이라고 할 수 있다.

 영국의 유명한 물리학자 아더 에딩턴은 "우리가 살아가고 있는 우주는 우리가 상상하지도 못할 범위까지 영향을 주고 있다. 그것은 근본적으로 우리 마음의 산물이다"라고 했다. 그 어떤 CR적인 성취와 창조도 우리가 가진 NCR적인 멘탈의 힘을 빌리지 않고 생길 수 없으며 우리가 가진 멘탈의 힘이 자신과 다른 사람, 멀리 우주에까지 영향력을 미치고 있다는 것을 알 수가 있다.

 이러한 초능력적인 멘탈의 힘을 믿고 그것을 자신의 삶에 긍정적으로 활용할 수 있는 능력을 가지게 된다면 자신이 원하는 삶의 성취결과를 얼마든지 얻을 수가 있게 된다. 결국 우리의 삶에서 얻는 성취의 결과는 우리가 가진 멘탈의 힘에 의해 영향을 받거나 창조되는 것이며 우리의 멘탈을 바꾸면 우리의 삶이 바뀌게 되는 기적을 직접 체험할 수 있게 되는 것이다.

 '하마 돼지'의 별명을 가진 나 자신은 여태껏 살아오면서 이 놀라운 초능력적인 멘탈의 힘을 활용함으로써 일상적 실재인 현실에서 내가 원하는 많은 성취를 이루어왔다. 남들이 상상도 못할 많은 일들에 도전하며 많은 사람들이 할 수 없다고 생각하는 일을 내가 가진 멘탈의 힘으로 도전하고 성취하는 과정에서 나 자신의 작은 변화를 넘어 다른 사람과 세상을 바꿀 수 있는 에너지를 가지고 있다는 것을 깨닫게 되었다.

 이 놀라운 멘탈의 힘을 많은 사람들과 함께 나눌 수 있는 새로운 연결을 확장하기 위해 비밀의 문을 연다. 이 문을 통해 들어오는 모든 사람들이 자신의 잠재된 멘탈의 힘을 발견하고 그것을 활용하여 창조적인 삶과 성취를 이룰 수 있기를 간절히 바란다.

양자적 세계

CR + NCR

CR(consensus reality)

일상적 실재로서 현실적이고 물질적인 것이며 입자의 형태를 띠고 있다.
CR은 유한자원이며 대부분 누군가의 소유로 존재한다.

> 공간, 나이, 신체, 돈, 직위, 건물, 땅, 나무, 자동차 등과 같이 눈으로 볼 수 있고 만질 수 있는 일상에서 사실로 존재하는 것이다.
> CR은 항상성을 유지하려는 고정된 패턴을 가지고 있다.

NCR(non-consensus reality)

비일상적 실재로서 가상적이고 비물질적이며 파동의 형태를 띠고 있다.
NCR은 무한자원이기 때문에 선택을 통해 자신의 소유로 만들 수 있는 것이다.

> 사명, 꿈꾸기, 느낌, 영혼, 목표, 신념, 감정, 희망, 이해 등과 같이 눈에 보이지 않고 만질 수는 없지만 비일상적인 사실로 존재하는 것이다.
> NCR은 끊임없이 팽창하려는 확장성과 강력한 끌어당김의 자성을 가지고 있다.

CR + NCR = 성취·행복

PART 1 | 멘탈의 활용

멘탈의 활용 · 13
자신과의 접촉 · 16
내사된 나의 존재 · 19
건강한 경계 · 22
성공을 위한 멘탈 전략 · 26

상상하면 이루어진다 · 30
양자세계의 비밀 · 34
강점에 초점 맞추기 · 37
잠재의식의 힘 · 41
생각의 반복 · 44

PART 2 | 변화

변화 · 51
마음의 연결 · 55
감춰진 능력 · 58
긍정의 자기암시 · 63
나를 먼저 극복하라 · 68

말은 힘을 가지고 있다 · 72
긍정의 자기 최면 · 76
틀림이 아닌 다름 · 80
생각의 전환 · 84
부정을 부정하라 · 90

PART 3 | 목표

목표가 나를 끌어당긴다 · 97
위기를 기회로 바꾸는 멘탈 · 102
나를 바꾸어라 · 106
설레임 · 111
30분의 법칙 · 115

성공하고 싶다면 말을 바꾸어라 · 120
연결 · 124
CR의 함정 · 128
교감과 일치하기 · 132
헤아림과 알아차림 · 135

PART 4 | 삶의 경계

삶의 기초수 · 141
삶의 경계 · 145
비국소성 · 149
삶의 제곱근 · 152
CR과 NCR의 조합 · 156

내적 표상 · 159
자기 대상 · 162
마음으로 책 읽기 · 166
행복 찾기 · 170
마음의 씨앗 · 174

PART 5 | 희망

희망의 실현 · 181
성공 신념 강화하기 · 184
새벽형 인간 · 188
마음의 고속도로 · 192
암시와 집단최면 · 195
부자가 되는 멘탈의 비밀 · 200
완전한 모델링 · 205
학습된 불안 · 209
마음의 시나리오 · 214
시간적 맥락 · 219

PART 6 | 마음의 사용

신경언어 프로그래밍 · 227
마음의 보물창고 · 232
상관성 · 237
마음의 여과장치 · 240
삶은 학습과 경험이다 · 243
약한 연대의 강점 · 247
심리적 간섭 · 252
마음의 레이저 · 255
상대적 관점 · 259
긍정의 피드백 · 262

PART 7 | 에너지

NCR의 체제 · 269
선형성과 비선형성 · 272
마음의 블랙홀 · 275
마음의 경계 · 280
위치에너지 · 282
에너지 보존의 법칙 · 286
멘탈탐색 · 290
인간 중심 · 295
삶의 고통 · 299
자성예언 · 304

PART 8 | 사고의 전환

패러다임 · 311
허물 벗기 · 314
통제력의 착각 · 316
사고의 전환 · 319
부분 속의 전체 · 321
변화의 주체 · 323
선택 가능한 자유 · 326
자기 통제력 · 329
선택할 수 있는 삶 · 331
결과와 선택 · 334

PART 1

멘탈의 활용

인간의 위대함은 자신의 생각을 바꿈으로써
자신의 삶을 바꿀 수 있는
초능력적인 멘탈의 힘을 가지고 있다는 것이다.

멘탈의 활용

인간의 위대함은 자신의 생각을 바꿈으로써 자신의 삶을 원하는 만큼 바꿀 수 있는 멘탈의 힘을 가지고 있다는 사실이다.

자신을 먼저 바꿀 수 있는 것은 NCR적인 멘탈의 힘이며 이 위대한 힘이 나 자신의 변화뿐만 아니라 다른 사람과 세상을 바꾸는 놀라운 기적의 결과를 만들어낸다.

역사적으로 위대한 성취를 이룬 위인이나 리더, 종교 지도자, 군인, 정치가들은 다른 사람들보다 더 강한 자기 확신과 강한 멘탈을 가지고 있었다. 그들은 멘탈의 힘을 활용하여 다른 사람들을 이끌고 영향력을 행사하여 더 큰 성취를 이룩하였다. 따라서 강한 멘탈 능력을 가진 소수의 사람이 일반적인 멘탈 능력을 가진 많은 사람들을 리드하였으며 그 소수의 사람이 세상의 변화를 이끌었고 그러한 역사적 사실은 오늘날에도 변함없이 지속되고 있다.

멘탈의 힘은 누구에게나 공평하게 주어진 무한 성취의 자원이지만 그것을 오랫동안 사용하지 않는 사람은 스스로 그 자원을 알아차리지 못하고 접촉하지 못하게 되면서 자신보다 더 강한 멘탈의 힘을 가진 사람의 영향과 통제를 받게 되는 것이다.

우리가 살아가고 있는 21세기는 상상과 창조, 멘탈이 강조되는 시대이며 이러한 시대에는 개인이 어떠한 멘탈 능력을 가지고 있느냐에 따라 자신의 존재와 정체성이 형성되고 삶의 성취결과가 만들어진다. 우리가 멘탈의 원리와 사용방법을 정확히 알고 그것을 활용할 수 있는 탁월한 능력을 가지게 된다면 지금과는 전혀 다른 성취결과를 얻을 수 있다.

그 위대한 성취를 실현시켜주는 멘탈의 힘은 이미 우리 마음속에 충만한 상태로 존재하고 있으며 그것을 활용할 수 있는 우리의 선택과 결단이 그 힘을 활성화시켜 성취를 실현시켜주게 된다. 누구나 공평하게 가지고 있는 무한 성취 자원인 멘탈의 힘에 대한 활용방법을 배우고 실천하기만 한다면 우리가 바라는 그 어떤 성취도 이룰 수가 있다.

아일랜드의 유명한 작가인 조지 러셀은 "우리가 그렇게 되려고만 하면 자신이 마음먹은 그대로의 사람이 될 수 있다"라고 했다. 이 말은 우리 안에 있는 멘탈의 힘을 사용하는 방법이 아주 거창하고 어려운 것이 아니라 믿음에 대한 선택과 결단에 있다는 단순한 진리를 말한 것이다. 실제로 러셀은 자신이 믿었던 멘탈의 힘을 활용하여 작가, 웅변가, 화가, 시인으로써 자신이 원하는 다양한 미래의 꿈과 목표를 현실적인 위대한 성취로 만들면서 초능력적인 멘탈의 힘이 실제로 존재하는 것을 증명했다.

'하마 돼지'라는 별난 별명을 가진 나 자신도 초능력적인 멘탈의 힘을 활용하여 여태껏 내가 하고 싶었던 꿈과 목표를 성취하지 못한 일이 없었다. 목표한 것의 성취가 빨리 찾아오는 경우도 있었지만 대부분의 가치 있는 성취는 천천히 찾아왔다. 나의 경험을 돌이켜 볼 때 성취의 시기가 다를 뿐 멘탈의 힘을 활용할 수 있는 능력만 가지고 있다면 그 어떤 성취도 이루어진다는 사실이다.

  나는 이 멘탈의 힘을 활용하기 위해 마음속에 그 무엇인가를 먼저 생생하게 만드는 시각화 훈련을 반복하여 나 자신의 자원과 에너지를 일치시켰으며 원하는 목표에 초점을 맞추어 기적적인 성취를 이룰 수 있었다. 즉, 목표에 나의 마음을 일치시키고 내 안의 모든 자원을 통합하여 초능력적인 멘탈의 힘으로 기적적인 성취를 창조할 수 있었던 것이다.

  우리가 원하는 것이 그 무엇이든 멘탈이 가진 놀라운 초능력적인 힘을 활용할 수만 있다면 성취하지 못할 일이 없게 된다.
우리는 그동안 멘탈 활용방법을 배울 수 있는 기회가 없었다.
멘탈 활용방법을 제대로 알지 못한 채 너무 조급한 마음으로 빠른 결과를 얻으려 했기 때문에 멘탈의 힘을 활용하지 못하는 상태에 머물러 있었던 것이다.

자신과의 접촉

우리에게 부족한 것은 일상적 실재에서의 자원이 아니라 그 자원과 능력을 활용할 수 있는 비일상적 실재인 멘탈의 힘이다.

성취를 위한 모든 자원은 이미 자기 안에 존재하고 있으며 능력 또한 잠재된 상태로 자기 안에 존재하고 있다. 다만 그 자원이 선택되지 못한 상태에 머물러 있거나 자원 자체를 망각한 채로 살아가고 있을 뿐이다. 이것이 멘탈의 힘을 모르고 자기를 상실한 채 살아가는 보통 사람들이 가지고 있는 1%의 부족함이다.

사업을 크게 성공시켰거나 위대한 업적을 남긴 위인들이 특별히 행운을 만났거나 남들보다 더 많은 자원과 능력을 가지고 있었던 것은 아니었다. 큰 성취를 이룬 사람들은 자기 안에 잠재되어 있는 자신의 자원과 능력을 알아차리고 접촉할 수 있는 자신과의 만남을 먼저 가진 사람들이었을 뿐이다.

우리는 보통 큰 성취를 이룬 사람들을 보고 그들이 운이 좋아서 그러한 결과를 얻게 되었다고 평가하기 쉽지만 그런 결과를 얻게 된 것은 운이 좋아서가 아니었다. 자기 자신을 알아차리고 접촉하여 내면의 일치시키기를 통해 목표에 초점을 맞추고 그것을 바탕으로 외부와의 건강한 연결을 만들어 얻은 결과이다.

그 어떤 행운도 자신 안에 행운을 끌어당길 수 있는 멘탈의 힘이 존재하지 않는 상태에서는 찾아오지 않는다. 그 이유는 행운이 누구에게나 찾아오는 것이 아니라 먼저 자신 안에 행운을 맞이할 전체성과 일치시키기를 만들 수 있는 준비된 사람에게만 손짓을 하기 때문이다. 우리가 행운이라고 하는 대부분의 성취는 멘탈의 힘에 의해 창조된 결과물인 것이다.

우리가 살아가는 우주공간에는 무수히 많은 자원과 행운들이 주인을 만나지 못한 채로 맴돌고 있다. 대부분의 사람들이 자신 안에 있는 멘탈의 힘을 알아차리지 못하고 활용하지 못해 많은 행운을 자신의 성취 자원으로 만드는 연결을 짓지 못하고 있을 뿐이다.

모든 성취는 자신 안에서부터 시작되는 것이기 때문에 자신 안에 성취와 관련된 그 무엇이 먼저 만들어지지 않으면 바깥에 있는 그 어떤 성취 자원도 자신의 행운으로 연결할 수 없다.

토머스 에디슨은 "영감은 우주공간에서 나온다. 이것은 비합리적이고 신빙성 없는 생각일지 모르나 그것은 사실이다. 영감은 공간에서 나온다"라고 했다. 이 말은 모든 성취 자원과 행운이 바깥세상의 우주공간에 존재한다는 것으로 받아들이기 쉽지만 우주공간에 가득찬 그 어떤 자원과 행운도 자신 안에 있는 멘탈의 힘을 활용하지 못하는 사람에게는 찾아오지 않는다는 뜻이다.

바꾸어 말하면 자신 안에 이미 존재하는 자원과 능력을 먼저 접촉하고 그것을 우주에 가득찬 자원과 연결을 만들어낼 수 있을 때 행운의 주인공이 될 수 있다는 것이다.

모든 성취의 뿌리는 우리 안에 있는 멘탈의 힘에 의해 결정되어지며 이것이 멘탈이 가진 놀라운 끌어당김의 초능력적인 힘이다. 자신을 먼저 만나고 자신의 자원에 초점을 모아 일치시키기를 할 수 있을 때 멘탈에 자성이 생겨 다른 사람과 환경의 모든 성취 자원을 자신에게 끌어당길 수 있게 된다.

이것이 곧 우리의 멘탈이 가진 끌어당김의 자성이다.

좀 더 정확하게 말하면 끌어당김이 아니라 자신의 내면에 만들어져 있는 자원과 외부의 자원이 연결된 것이며 이 연결은 우리의 멘탈상태에 따라 달라진다. 초능력적인 멘탈의 힘은 그 어떤 한계도 없으며 자신에게서 시작된 멘탈의 힘은 주변 사람과 세상에 영향을 미치고 다시 자신에게로 돌아와 자신을 더 변화시키고 성장시키는 디딤돌로 작용한다.

결국 멘탈의 힘에 의해 모든 창조와 성취, 행운이 만들어지는 것이기 때문에 지혜로운 사람은 세상을 변화시키려고 하지 않고 자신의 멘탈을 바꾸는 선택을 하는 것이다.

내사된 나의 존재

어릴 때 주변 사람의 가치관이나 사고체계를 비판 없이 그대로 받아들여 자기 안에 내면화시키고 가짜 자기를 만드는 것을 '내사'라고 한다. 특히 내사는 성장기에 절대적 약자의 입장에서 부모의 영향을 가장 많이 받아서 생기며 이 시기에 만나는 스승이나 친구와의 관계에서도 크게 영향을 받게 된다.

우리는 주변 사람들과의 관계 속에서 소통을 통해 자신의 존재와 정체성을 형성해간다. 그래서 자신이 가진 관념이나 성격, 태도 등의 대부분이 순수한 자신의 것이 아닐 수도 있는 것이다.

사람은 누구나 자신만의 숭고한 사명을 가지고 태어난다. 모든 사람은 자신만의 존재 가치와 이유를 가지고 있으며 그것을 실현하기 위한 충분한 자원과 능력도 자기 안에 가지고 있다.

하지만 서로 다른 성장환경과 주변 사람들과의 관계 속에서 자신의 자유의지와 상관없이 다른 사람들의 가치와 준거, 태도 등을 일방적으로 수용하는 과정에서 진짜 자기를 잃어버리게 된다.

이 과정에서 심리적 혼란과 장애를 일으키는 부정적인 내사가 만들어지기도 하고 삶의 활력과 성취를 이루는데 도움이 되는 긍정적인 내사가 만들어지기도 한다.

부정적인 내사는 외부로부터 부정적인 정보가 입력되어 자기 안에 있는 부정적인 신경회로를 활성화시키거나 새롭게 생성시킨다. 그리고 긍정적인 회로를 무력화시키면서 점차적으로 자기 자신을 잃어버리게 되는 심리적 경계와 분아를 겪게 된다. 이러한 부정적인 내사는 자기 안에 자기의 생각이나 가치관이 아닌 다른 사람의 생각이나 가치관이 지배하고 있거나 자신과 다른 사람의 생각이 융합되어 혼돈상태에 있는 것이다.

부정적인 내사가 자기 안에서 일시적으로는 큰 문제없이 수용될 수도 있지만 시간이 지나면서 자신과 다른 사람의 생각이 융합되어 심각한 갈등과 불일치를 겪게 되는 과정에서 자아상실로 인한 혼란과 심리적 고통을 겪게 될 수도 있다. 그래서 외부의 부정적인 자극과 정보가 반복해서 유입되는 경험을 피하고 부정적인 사고와 가치관을 가진 사람들과의 연결을 주의해야 한다.

사람은 어느 누구도 혼자서 살아갈 수 없는 사회적 존재이다. 사회적 존재로써 다른 사람과의 관계 속에서 서로에게 영향을 미치기 때문에 그 대상이 건강한 멘탈을 가진 사람이라면 긍정적인 내사가 이루어져 전 생애에 걸쳐 긍정적인 영향을 받게 된다.

긍정적인 내사는 자신의 내면에 이미 존재하고 있는 성취 자원과 능력을 일깨워 줄 수 있는 외부 자극과 정보로 작용한다.

자신을 접촉할 수 있게 도움을 주고 자신을 건강하게 표현할 수 있는 능력을 갖게 하여 당당한 자신으로서 다른 사람들과의 관계와 연결을 만들 수 있게 해준다. 이처럼 우리의 삶은 어떤 사람과 인연을 만들고 서로에게 영향을 미치는가에 따라 내사가 일어나고 그 내사가 우리의 존재와 정체성에 영향을 미치게 되는 것이다.

부정적으로 내사된 지금 현재의 삶을 좀 더 긍정적인 성취와 행복으로 채우고 싶다면 긍정적인 사람들과의 새로운 연결을 더 많이 만들고 자신을 알아차리고 접촉할 수 있는 노력이 필요하다. 그러기 위해 먼저 진짜 자기를 찾을 수 있는 멘탈에 대한 관심과 공부를 통해 자신을 알아차리고 접촉할 수 있어야 한다.

어릴 때는 부모의 도움으로 자신의 상태를 변화시키거나 업그레이드할 수 있지만 성인의 경우는 스스로 자신의 상태를 바꿀 수 있는 멘탈에 대한 공부와 노력을 할 수밖에 없다. 부정적인 내사 상태를 벗어나 자신의 성취 자원을 꽃피울 수 있는 긍정적인 내사를 받아들일 수 있는 자신의 변화가 먼저이다.

다른 어느 누구도 자신의 잘못된 내사 상태를 바꾸어 주기 위해 애써주거나 도움의 손길을 내밀지 않는다. 오로지 자신이 먼저 결단하고 시작할 수 있을 때 기존의 나쁜 연결이 약해지고 새로운 연결과 관계가 만들어질 수 있다.

건강한 경계

세계 지도를 펼쳐보면 다른 국가와 도시를 분리하는 경계가 명확히 구분되어 있다. 모든 국가와 도시는 명확한 경계를 가지고 있으면서도 서로의 이익과 관계 발전을 위하여 이웃 국가와 다양한 무역과 교류를 할 수 있는 유연성을 가지고 있는 것이다.

만약 국가 간에 명확한 경계를 바탕으로한 상호교류와 소통을 할 수 있는 통로가 없이 폐쇄된 체제를 유지하거나 잘못된 경계에 의한 분쟁으로 이웃 국가와 적대적 관계가 되어 전쟁을 한다면 최악의 경우 국가존립 자체가 힘들어지게 될 수도 있다.

개인의 삶에서도 우리는 자신의 명확한 경계를 가지고 다른 사람들과 교류를 하며 서로의 관계를 발전시켜나간다. 개인이 가지고 있는 일상적 실재의 CR적인 경계로는 집, 자동차, 직장, 소속 단체, 지연, 학연, 성별, 계층, 종교 단체, 공간, 가족 등이 있으며 이러한 자신의 명확한 현실적인 경계를 가지고 다양한 사람들과 소통하고 관계를 유지하고 있다.

비일상적 실재의 NCR적인 경계는 CR의 크기를 키우고 가치를 빛나게 하는 종교, 도덕, 사명, 비전, 꿈, 목표, 열정, 내적 표상, 가치관, 세상모형 등이 있다. 사람들은 자신만의 명확한 경계를 가지고 그 경계의 안전지대 안에서만 사고하고 판단하게 된다.

이 두 가지 경계가 자신의 존재와 정체성을 형성하고 삶의 성취결과를 만들어내는 틀이다. 즉, 우리가 어떤 경계를 만들어 얼마나 많은 유연성과 확장성을 가진 틀을 가지고 있는가에 따라 삶의 성취결과가 달라진다. 이처럼 개인의 경계가 명확한 상태에서 유연성과 확장성을 가질 때 성취와 행복을 창조하는 모든 자원을 활용할 수 있게 된다.

우리는 자신의 초능력적인 멘탈의 힘을 활용하기 위해서 건강하고 명확한 자신의 경계를 가져야 한다. 먼저 자신을 지킬 수 있는 건강하고 뚜렷한 경계가 만들어져야 다른 사람들과의 건강한 관계 발전이 가능해지기 때문이다.

예를 들어 아버지에게 폭행을 당하는 엄마의 불쌍한 모습을 지켜보며 자란 아이는 약한 엄마를 보호해야 한다는 마음이 생기면서 엄마와 감정적인 융합이 일어나게 되고 아버지에 대한 공포감을 함께 느끼며 불안한 마음과 분노가 쌓여가게 된다.

이런 폭력 가정에서 자란 아이는 자신과 엄마와의 건강한 경계를 만들지 못하고 엄마의 고통에 함께 융합되어 엄마를 지키고 보호해야 된다는 왜곡된 경계에 갇히게 되면서 병리적인 상태로 성장할 가능성이 높아진다. 아버지와의 관계에서도 불안과 공포, 분노의 감정에 융합되면서 건강한 경계를 만들지 못하고 병리적인 경계를 가지게 되며 어른이 되어서도 엄마와의 융합 때문에 엄마와 떨어지지 못하고 주위를 맴도는 행동을 반복한다.

성장과정에서 이러한 부정적이고 불완전한 경계와 안전지대를 만들게 되면 사회생활에서 다른 사람들과의 건강한 인간관계를 유지하거나 발전시키는 것이 힘들어진다. 명확한 경계가 무너진 상태에 있거나 다른 사람과 융합된 상태에서 불완전한 경계를 가지게 될 때 자신의 긍정적인 자원과 외부와의 정상적인 관계도 차단되어 병리적인 상태를 만들게 된다. 자신의 명확한 경계가 먼저 만들어진 상태에서 그 경계를 확장하고 외부의 경계를 수용할 수 있을 때 건강한 관계 능력을 가질 수 있는 것이다.

생활 속에서 '우리는 하나다'라는 말을 쉽게 하는데 이 말속에는 보이지 않는 함정이 숨어 있다. 이러한 말이 중요한 사람끼리 하나가 되어 공동체 의식을 강화하는 긍정적인 효과를 얻을 수 있지만 만약 자신의 건강하고 명확한 경계가 만들어지지 못한 상태에서 다른 사람의 강압에 의한 가치관이나 사고, 감정 등에 융합되면 자신을 상실하는 병리적인 결과를 얻을 수도 있기 때문이다.

융합은 개인이 완전한 독립된 생각과 행동을 하지 못하게 하고 다른 사람의 영향을 받아 그 틀에 갇히고 통제당하면서 심리적 병인을 만들게 되는 부작용을 만들기도 한다. 개인의 건강한 경계가 없는 상태에서 '하나가 되어야 한다'는 구속적인 말은 자신의 다양한 성취 자원과 능력을 활용할 수 없는 융합의 틀 안에 가두기 때문에 좁혀진 경계와 안전지대를 만들게 된다.

　표면적으로는 융합이 서로의 친밀감과 끈끈한 유대관계를 발전시키면서 건강한 것처럼 보이지만 자신을 잃어버린 상태에서 다른 사람들과 관계를 하기 때문에 자신과의 단절뿐 아니라 다른 사람들과의 관계도 단절되기 쉽다. 심한 경우 건강한 경계가 없는 융합으로 자신의 의지와 상관없이 특정한 믿음에 통제당하거나 타인에게 예속될 수도 있다.

　융합된 관계는 감정이 얽혀있기 때문에 편향되고 왜곡된 감정으로 인간관계에서 원하지 않는 부정적인 결과를 초래하기도 한다. 개인의 경계가 너무 좁은 원인이 다른 사람과의 융합 때문일 수도 있고 제한된 학습과 경험, 피드백에 의한 것일 수도 있다.

　중요한 것은 개인의 건강하고 명확한 경계가 있어야 다른 사람들과의 관계에서 협상과 협력, 조화, 소통이 가능해진다는 사실이다. 우리가 주의해야 할 것은 개인의 경계가 불완전한 상태에서 편향된 특정한 믿음에 통제당하거나 다른 사람과의 융합 때문에 자신을 잃어버리는 것이다.

성공을 위한 멘탈 전략

　성공을 원하면서도 성공할 수 있는 자신의 성공 전략을 선택하지 못한 상태에서 그저 추상적으로 바라기만 하고 아무런 행동을 하지 않는다면 현실에서의 성공은 기대하기 어렵다. 현실에서 그 무엇을 창조하는 성공의 원리는 먼저 NCR적인 가상의 세계에서 구체적이고 선명한 자신의 꿈과 목표를 만들어야 하며 그것을 반복해서 뇌에 시각화하여 프로그래밍시키는 것이다.

　간절히 원하는 성공을 구체적이고 선명하게 반복해서 마음에 그리는 시각화를 통해 내면의 일치시키기가 되면 마음의 초점이 만들어지고 불필요한 정보간섭이 배제되어 창조적인 멘탈의 힘을 활용할 수 있는 상태로 변한다. 이때 내면의 의식과 잠재의식이 일치되어 마음이 하나가 되고 하나가 된 마음이 행동과 일치되어 목표에 대한 성취가 실현되는 것이다.

　사람에 따라 그 성취가 실현되는 시간이 빠르고 늦음의 차이가 있을 뿐이지 시각화되어 뇌에 반복적으로 프로그래밍된 것은 반드시 현실적 성과로 나타나게 된다. 이것이 NCR의 성취 자원을 선택하고 활용하는 성공 전략이다.

자신의 구체적이고 선명한 꿈과 목표를 가지지 못한 사람은 성취를 위한 긍정적인 멘탈의 힘을 활용하지 못한다. 자기 안에 있는 성취 자원을 만나지 못하기 때문에 외부와의 연결도 차단되면서 세상의 수많은 성취 자원과 멀어지게 된다. 이러한 부정적인 사고와 패턴이 반복되면 자신 안에 있는 성취 자원과 멘탈의 힘에서 더욱더 멀어지게 되고 완전한 실패 전략을 선택하여 실패하는 부정적인 성과를 얻기 위해 자신의 자원과 에너지를 사용하게 될 확률이 높아진다.

사람들이 가지고 있는 성공에 대한 생각과 가치는 저마다 다르지만 그것을 원하는 마음은 크게 다르지 않다. 어느 누구도 자신의 성공을 원하지 않는 사람은 없기 때문이다. 다만 성공을 원하면서도 성공할 수 있는 분명한 목표와 실행력을 가지지 못하기 때문에 성공이 이루어지지 않을 뿐이다.

예를 들어 대부분의 학생들은 공부를 잘하고 싶어 한다. 하지만 공부를 잘하고 싶다는 막연한 생각만으로 공부를 잘하는 학생으로 바뀌지는 않는다. 공부를 잘하기 위해서는 각 과목별로 구체적으로 어떻게 공부를 할 것인지에 대한 계획과 목표를 세우고 공부를 잘하는 자신의 모습을 시각화해야 한다. 이미 공부를 잘하는 변화된 자신의 멋지고 행복한 모습을 실제처럼 구체적이고 선명하게 시각화하여 반복해서 뇌에 프로그래밍시키게 되면 공부를 집중해서 할 수 있는 행동이 일어나게 된다.

  자신이 원하는 것에 대해 선명한 색깔로 구체적인 계획과 실천방법에 대해 반복해서 시각화하면 그대로 이루어지는 것이 멘탈의 작동원리이다. 만약에 부자가 되고 돈을 많이 벌고 싶다면 부자가 되고 싶다는 막연한 생각 대신 구체적인 재산 규모와 시기, 성공 후의 변화된 모습 등을 선명하게 시각화하여 뇌에 반복해서 프로그래밍시키면 부자가 될 가능성이 높아진다.

  인간의 모든 행동은 뇌에 프로그래밍된 결과이기 때문에 먼저 부자가 된 자신을 결과 진술 형태로 프로그래밍시켜야 한다. 그러면 어느 순간 부자가 되기 위한 자신의 변화된 행동이 일어나면서 NCR의 세계에서 부자가 되겠다는 꿈이 CR의 세계에서 현실로 이루어지게 되는 것이다. 부자가 된 이후의 가슴 설레임이 있고 행복이 가득한 삶을 살아가는 자신의 모습을 생생하게 시각화하고 그 삶이 자신뿐 아니라 가족과 주변 사람들의 행복을 위해 어떤 의미와 가치가 있는지 더욱더 선명하게 상상해야 한다.

  우리 뇌는 그 무엇이든 반복해서 시각화시킨 것은 사실로 받아들이고 믿음을 만들어 뇌에 프로그래밍시키기 때문에 NCR적 세계에서 부자가 된 자신의 모습을 선명하게 반복해서 상상하면 CR적 현실에서 부자가 될 가능성이 더 높아질 수밖에 없다.

  내 마음 안에 구체적이고 선명하게 그린 그림이 그 무엇이든 프로그래밍되기만 한다면 의식과 잠재의식, 마음과 행동이 하나로 일치되면서 초점이 만들어지게 되어 그 어떤 성취도 가능한 초능력적인 멘탈의 힘을 직접 체험할 수가 있게 된다.

  나는 오늘도 구체적이고 선명한 나 자신의 꿈과 목표가 이루어진 설레임이 있는 미래의 내 모습을 반복적으로 시각화하여 뇌에 프로그래밍시킨다. 선명한 시각화를 반복하는 이유는 나의 경험으로 볼 때 가상의 세계에서 마음으로 선명하게 그린 그 무엇은 현실세계에서 반드시 실현되는 것이 멘탈의 법칙이라는 것을 잘 알고 있기 때문이다.

  성공을 위한 초능력적인 멘탈의 힘은 누구나 선택할 수 있는 무한 성취 자원이지만 멘탈의 법칙을 믿고 선택할 수 있는 소수의 사람만이 자신의 삶에서 멘탈의 힘을 직접 체험할 수 있다.

우리는 성공이 밖에 있는 것이 아니라 내 안에 있으며 내 안에 성공을 먼저 시각화하여 창조할 수 있을 때 밖에 있는 성공의 기회가 자신의 것이 된다는 확고한 믿음을 가져야 한다.

  성공한 사람은 성공 전략을 시각화하여 성공이라는 결과를 얻는데 성공한 것이며 실패한 사람은 실패 전략을 시각화하여 실패라는 결과를 얻는데 성공한 것이다. 우리가 얻은 삶의 결과는 우리가 선택한 삶의 전략에 의한 결과물일 뿐이다.

상상하면 이루어진다

　직장생활에서 탁월한 업무능력과 실적을 내고 원만한 인간관계를 유지하며 원하는 성취를 이루고 싶다면 이미 자신이 원하는 성취가 이루어진 결과적 관점으로 자신의 모습을 반복해서 상상하여야 한다. 학생이 학교에서 좋은 성적을 받고 싶다면 이미 좋은 성적을 얻은 자신의 미래 상황과 상태에 대해 현재적으로 선명하게 반복적인 결과 진술을 하는 것이 도움이 된다.
　성취된 결과적 관점을 현재에서 마음속으로 상상했을 때 원하는 성과를 얻게 되는 이유는 비일상적 실재인 미래의 결과 진술을 뇌가 착각하여 현재의 일상적 실재에서 결과를 만들 수 있는 초점이 맞추어져 자원이 총동원되기 때문이다.
　우리가 바라는 그 어떤 성취도 마음에 선명하게 그리지 않은 것이 이루어지지는 않는다. 반복적인 상상을 통해 자신의 마음에 그려져 있는 이미지가 믿음으로 자리 잡아 자신의 잠재자원과 에너지를 일치시켜 초점이 모아졌을 때 그 어떤 성취도 이룰 수 있는 초능력적인 멘탈의 힘을 가지게 되는 것이다.

　우리는 안타깝게도 원하지 않는 것이 일어나지 않기를 바라는 부정적인 마음을 반복해서 사용하고 있으며 그러한 상상이 실제로 그 일이 일어나게 만드는 자성을 가지고 있다는 것을 망각한 채로 불안한 마음을 반복해서 사용하고 있는 경우가 많다. 걱정과 불안한 마음의 긍정적 의도는 미래에 나쁜 일이 생기지 않기를 바라며 좋은 결과를 얻기 위한 준비를 하는 것이다.

　하지만 그것이 너무 과하거나 반복되면 일상적 패턴으로 자리 잡게 되어 부정적인 습관의 틀 안에 스스로 갇히게 되는 부작용이 생기게 된다. 원하지 않는 것이 찾아오지 않기를 걱정하는 마음을 반복해서 사용하게 되면 실제로는 그 일이 생길 수 있는 연결을 만들고 원하지 않는 외부자원들과 에너지를 끌어당기는 부정적인 자성을 가지게 만드는 것이다.

　우리 뇌는 부정을 떠올리고 반복적으로 생각하게 되면 부정과 관련된 신경망이 활성화되어 자신의 에너지와 자원을 부정에 초점을 일치시킨다. 그리고 자신의 내부를 완전한 부정의 상태로 만들어 그 상태를 증폭시키면서 외부의 비슷한 부정적인 자원들을 연결하고 끌어들여 현실에서 부정적인 결과물을 만들게 된다.

　그러한 연결과 끌어당김의 현상이 반복해서 일어나면 자신의 세상모형이 부정적인 패턴에 중독되어 이후의 모든 경험은 자신의 부정적인 세상모형을 거쳐 부정적인 결과물을 얻을 수밖에 없는 문제 상태로 변한다.

'긴장하지마'라는 말은 부정적 긍정문이지만 우리의 뇌는 이것을 해석하지 못하고 긴장과 관련된 부정적인 멘탈상태와 신체적인 긴장상태를 먼저 만든다. 이러한 긴장상태에서 뇌는 긴장에 계속해서 초점을 맞추게 되고 긴장과 관련된 더 큰 부정적인 느낌을 일으켜 그 부정적인 느낌을 증폭시킨다.

반대로 원하지 않는 것에 보냈던 초점을 전환하여 자신이 간절히 원하는 꿈과 목표에 초점을 일치시키고 반복적으로 생각하게 되면 뇌의 기억 시스템에 저장된 모든 긍정의 자원이 활성화되고 연결이 강화되어 긍정적인 신경망이 뇌를 통제하게 된다.

자신의 긍정적인 필터가 만든 내적 표상에 의해 자신의 상태와 행동이 긍정적으로 변하고 외부의 비슷한 긍정적인 자원과 일치시키기를 통해 긍정의 경험과 결과가 만들어지게 되는 것이다.

이것이 멘탈이 가지고 있는 창조적인 힘이다.

우리가 가진 무한 성취 자원인 멘탈을 어떻게 활용하느냐에 따라 우리의 삶이 활력 있고 긍정적인 성취를 얻게 되기도 하고 좌절과 실패를 겪게 되기도 한다. 그 성취의 결과가 긍정적이든 부정적이든 우리가 얻게 되는 모든 성취는 우리 안에 있는 멘탈의 힘이 마중물의 역할을 하여 이루어내는 결과물이라고 할 수 있다.

우리의 똑똑한 뇌가 가진 별명이 '착각의 챔피언'이다.

뇌는 그 무엇이든 그것을 입력하여 반복해서 상상하거나 생각하게 되면 그와 관련된 신경망을 활성화시키게 된다. 반복해서 활성화된 신경망은 광케이블처럼 강하고 굵게 만들어져 믿음을 만들어 우선적으로 실행하게 된다. 이러한 결과는 반복적으로 입력되고 출력된 자극과 정보에 대해 뇌에서 확실한 믿음을 만들어 의식적 개입 없이도 자동적으로 그와 관련된 신경망을 쉽게 활성화시키기 때문에 일어나는 자연스러운 현상이다.

 우리가 원하는 것에 대한 생각과 상상을 반복하고 마음에 선명한 그림으로 그릴 수 있다면 그것을 사실로 받아들여 강한 믿음을 만들게 되고 그 믿음이 자신과 주변 환경을 통제하게 된다.

우리가 가진 강한 믿음이 자신을 통제하게 되면 그 힘이 외부적으로 누군가에게 영향을 미치고 상상하지도 못하는 광범위한 범위까지 퍼져 나가게 되고 그 힘이 다시 자신에게로 돌아올 때는 엄청난 에너지와 자원으로 증폭되어 되돌아온다.

 이러한 에너지와 자원이 자신의 힘을 키우고 원하는 것을 성취할 수 있게 해준다. 상상을 통해 누구든지 자신이 원하는 상태를 생생하게 시각화시키고 그것을 반복하면 자신의 자원과 에너지를 하나로 일치시켜 초점을 맞출 수 있게 된다.

 우리의 똑똑한 뇌는 다행스럽게도 상상과 현실을 구분하지 못한다. 이것이 반복해서 선명하게 구체적으로 상상하면 뇌에 프로그래밍되어 성공을 위한 실행력을 가지게 되는 멘탈의 원리이다.

양자세계의 비밀

데이비드 봄은 사람의 인식에는 두 가지 종류가 있다고 생각했으며 하나는 일상적 실재인 CR에 의해 인식되는 '오감'이 있고 다른 하나는 비일상적 실재인 NCR에 의해 인식되는 '육감'이 있다고 봤다. 일상적 실재인 CR은 눈으로 볼 수 있고 만질 수 있는 현실적이고 물질적인 세계이며 비일상적 실재인 NCR은 눈에 보이지 않고 만질 수는 없지만 분명히 존재하는 멘탈적 세계이다.

공장에서 작업 중 사고로 오른팔이 잘려나간 사람이 현실의 세계에서 존재하지 않는 오른팔에서 계속 통증을 느끼는 현상을 '환상통'이라고 한다. 여기서 오른쪽 팔이 없는 것은 일상적 실재인 CR로서 현실에서 분명한 입자로 증명되는 것이며 통증을 느끼는 마음은 비일상적 실재인 NCR로서 거울 속의 움직임과 같은 파동으로 존재하고 있는 것이다.

이러한 두 가지 세계를 수학적으로 표현하면 CR은 실수이고 NCR은 허수이다. 즉, 수학적으로 표현된 실수는 헤아릴 수 있고 눈에 보이며 만질 수 있는 입자적 구조를 말하며 허수는 눈에 보이지 않고 만질 수 없지만 분명히 존재하고 있는 파동적 구조를 말한다.

대부분의 사람들이 무한 성취 자원의 보물창고인 NCR적인 시공간을 인지하지 못하는 것은 성장과정에서 현실에서의 제한적인 자극과 정보가 반복적으로 내사되어 자기 제한 신념의 틀을 만들고 그 틀 안에 구속되면서 진정한 자기 자신을 잃어버렸기 때문이다.

자신을 잃어버리게 되면 NCR의 시공간을 인지하는 능력이 약화되고 퇴화하면서 자신 안에 있는 초능력적인 멘탈의 힘에 대해 생각하지도 못하고 잊어버리게 된다. 누군가가 멘탈의 힘에 대한 사실을 알려주어도 그것을 믿지 않게 되면서 멘탈의 힘을 활용한 어떤 변화와 성취도 불가능한 상태에 머물게 되는 것이다.

그래서 나이가 많아지면 어릴 때 가졌던 NCR의 시공간에서 만들어냈던 큰 꿈과 무한한 상상력이 점차 희미해지거나 멀어지면서 CR적인 고정관념의 지배를 받는 현실의 틀 안에 스스로를 가두게 된다. 자신이 원하지 않는다면 현실의 틀 안에 자신을 구속시키거나 통제할 수 없으며 오로지 자기 자신만이 스스로를 고정관념의 틀 안에 구속시킬 수 있는 선택을 할 수 있을 뿐이다.

CR과 NCR은 동전의 양면과 같은 확실한 구조로 되어 있기 때문에 표면적으로는 분리되어 있는 것처럼 보이지만 동전의 양면이 하나로 붙어있는 것처럼 이 두 개는 서로 연결된 세계이다.

즉, 동전의 앞면에는 일상적 실재가 존재하고 동전의 뒷면에는 비일상적 실재가 존재하고 있는 것이다.

그래서 두 개의 세계가 표면적으로 분리되어 있고 서로 모순되어 일치되지 않는 것처럼 보이는 것일 뿐 실제로는 서로에게 절대적인 영향을 미치는 관계로 존재하며 이것을 '상보성의 원리'라고 한다. 상보성의 원리를 간단하게 설명하자면 CR이 NCR을 돕고 NCR이 CR을 돕는 관계로 설명할 수 있다.

우리가 가진 미래의 꿈과 목표는 NCR이고 지금 현실의 물질적이고 외형적인 상태는 CR이다. CR은 현실적이고 물질적인 입자이고 NCR은 가상적이고 멘탈적인 파동으로 설명된다.

예를 들어 경제적으로 가난한 현실을 변화시키기 위해서는 NCR의 힘을 활용할 수 있는 긍정적인 자기 확신과 성공에 대한 시각화 훈련을 반복하여 CR에서의 경제적 어려움을 벗어날 수 있는 연결을 짓는 것이 상보성이다. 만약에 현실의 가난에 구속되어 변화를 위한 파동적인 멘탈의 힘을 활용하지 못하게 되면 현실적 입자의 세계에 묶여 변화하지 못하는 무기력한 상태에 머물게 된다.

이처럼 두 세계가 모두 삶의 중요한 성취 자원이며 양자세계는 하나로 연결되어 있다. 멘탈의 비밀을 아는 소수의 사람들만이 그 믿음을 가지고 자신의 사명과 꿈을 실현하기 위한 도구로 사용하고 있다. 양자세계의 무한 성취 자원에 대한 이해와 활용방법을 알고 그에 대한 믿음을 가진다면 누구나 양자세계에 충만한 멘탈의 힘을 활용할 수가 있게 된다.

강점에 초점 맞추기

대부분의 일반 사람들은 현실적이고 보편적인 상식의 틀에 갇혀 사고하고 느끼며 행동한다. 그래서 소수의 사람들만이 사용하는 성취의 지름길이 있다는 사실과 초능력적인 멘탈의 힘이 존재한다는 사실을 믿으려 하지 않는다. 대부분의 사람들은 선택받은 소수의 사람들에게만 허용된 삶의 성취를 이루게 해주는 지름길과 멘탈의 힘이 존재한다는 사실을 부정하는 것이다.

하지만 삶의 성취를 실현시켜주는 지름길과 멘탈의 힘이 존재하지 않는다는 생각과 말은 좁혀진 경계와 고정관념에 중독된 제한적 믿음이 만들어내는 변명과 자기합리화일 뿐이다.

사람들은 태어나면서 가지고 있었던 자신의 육감적인 멘탈의 힘을 성장과정에서 부모나 어른들의 획일적이고 규격화된 통제와 억압에 의해 점차적으로 상실해가게 된다. 성장과정에서 사회적 비교대상이 되면서 자신의 사고와 행동을 제한하는 주변의 통제와 억압적인 환경 속에 보이지 않는 계급을 부여받고 그 역할에 충실한 사람이 되도록 프로그래밍되는 것이다.

자신의 강점을 사용할 수 있는 성취의 지름길과 멘탈의 힘을 일시적으로 잃어버리게 된 것일 뿐 성취를 이루는 지름길과 멘탈의 힘은 엄연히 자기 안에 존재하고 있다. 자신의 강점을 발견하여 그 자원을 활용하는 특별한 선택을 한 소수의 사람들은 이미 자기 안에 존재하고 있는 성취의 지름길을 찾아 남들이 부러워하는 기적적인 성취를 이루어내게 된다.

성취의 지름길은 단순히 시간적인 단축이나 요행을 의미하는 것이 아니라 자신의 잠재되어 있는 강점과 자원을 원하는 목표에 초점을 맞추어 성취를 실현시켜가는 과정이다. 이것을 사람들은 흔히 기적이라고 부르기도 한다.

우리 주변에는 많은 사람들이 성취의 지름길을 찾기 위한 선택보다는 자신이 가진 약점에 초점을 맞추고 그것을 메꾸고 보완하기 위해 시간과 에너지를 너무 많이 사용하면서 오히려 자신이 원하는 성취와 더 멀어지는 부정적인 결과를 얻게 된다. 부정은 또 다른 부정을 끌어들이는 강력한 힘을 가지고 있기 때문에 자신이 원하지 않는 부정에 초점을 일치시켜 부정적인 결과를 얻게 되는 것은 어떻게 보면 당연한 결과이다.

성취의 지름길을 찾기 위해서는 먼저 자신이 갖고 있는 강점과 자원에 초점을 일치시키고 반복적으로 활용하는 긍정적인 태도와 습관이 필요하다. 자신의 강점과 자원에 초점을 맞추고 목표와 일치시킬 수 있을 때 잠재된 자신의 멘탈능력을 극대화하여 원하는 목표에 대한 성취를 앞당길 수가 있다.

강점과 가능성에 초점을 일치시켜 함께 활성화된 자원은 서로 비슷한 자원과의 연결을 강화시키고 연결이 강화된 자원은 쉽게 활성화되면서 자신의 성취 자원을 더 크게 활용할 수 있는 멘탈적 힘을 얻게 된다. 자신의 강점에 초점을 맞추어 만들어진 긍정적인 신경망이 뇌를 지배하게 되면 어떠한 시련과 고통에도 좌절하거나 무기력하지 않고 성취를 위한 도전과 행동을 할 수 있는 강력한 멘탈의 힘을 가지게 되는 것이다.

특히 청소년기에 자신의 강점을 활성화시키는 긍정적인 경험과 피드백을 반복적으로 받게 되면 건강한 멘탈을 형성하여 성인이 된 이후에 찾아올 수 있는 우울증, 조현증, 약물중독 등의 발생빈도를 낮추고 예방하는 데에도 큰 도움이 된다.

사람들은 누구나 다른 사람에게 관심과 칭찬을 받고 싶어 하는 심리를 가지고 있으며 주변 사람들의 수용과 공감, 긍정적인 피드백을 원한다. 관심과 긍정적인 피드백이 반복적으로 제공되면 자신의 능력과 강점에 초점이 일치되어 자신의 성취를 앞당기는 지름길과 멘탈의 힘을 쉽게 찾을 수 있게 된다. 그래서 사람을 성장시키고 싶다면 그 사람이 잘하는 강점과 가능성에 초점을 일치시켜 칭찬과 격려를 아끼지 않아야 하는 것이다.

사람을 성장시키기 위해서는 그 사람의 부족함과 단점을 채우고 바로 잡아주는 초점과 피드백도 필요하지만 그것보다 더 중요한 것은 그 사람의 강점과 가능성을 발견하고 그것에 초점을 맞추어 강점을 증폭시킬 수 있어야 한다. 강점과 가능성에 초점을 일치시켜 성취 자원을 증폭시킬 수 있을 때 부족함과 단점은 자연스럽게 지워지고 긍정적으로 변화하기 때문이다.

우리의 뇌는 진화과정에서 생존확률을 높이기 위해 긍정의 자극과 정보에 대한 반응보다 부정의 자극과 정보에 더 민감하게 반응하도록 각본이 만들어져 프로그래밍되어 있기 때문에 부정적인 자극과 정보를 더 크게 받아들인다. 그래서 인간관계에서 비난이나 공격적인 부정의 정보 한 가지를 희석시키기 위해서 긍정적인 칭찬이나 격려를 일곱 번 이상 제공해주어야 할 정도로 부정적인 자극과 정보에는 민감하게 반응하고 오랫동안 기억하게 된다.

이처럼 부정적인 자극과 정보에 취약한 자신의 상태를 바꾸어 어떠한 시련과 고통에도 견디어 낼 수 있는 긍정적인 멘탈의 상태로 만들기 위해서 강점과 가능성에 초점을 일치시키는 반복적인 멘탈 강화훈련이 필요하다.

자신의 강점에 초점을 맞추는 경험과 피드백이 반복되면 그와 관련된 신경회로가 더 많이 활성화되고 함께 활성화된 회로는 연결이 강화된다. 이후 연결이 강화된 회로는 미세한 자극과 단서에도 함께 활성화되어 특정한 자신의 상태를 만든다.

잠재의식의 힘

피타고라스는 "만물은 그 본체가 진동이다"라고 했다. 현대 과학에서도 모든 물질은 음전자와 양전자로 이루어져 있으며 전기를 띤 미립자가 서로 쉬지 않고 작용과 반작용을 하며 진동을 일으키고 있다고 주장한다. 이 이론에 따르면 전기를 띤 미립자의 작용이 바뀌면 물질의 본질이 변하게 되며 고체, 액체, 기체 등의 물질이 다른 입자와 형태를 띠게 되는 것은 진동의 구성이 다르기 때문에 나타나는 것이라고 본다.

흔히 사람들이 이름을 붙인 초자아, 영적인 힘, 무의식, 잠재의식, 멘탈 등은 일상적 실재인 CR의 세계에서 신체적인 물질의 형태를 가지고 있지는 않다. 어떤 과학의 힘으로도 아직 신체의 어디에 그러한 NCR의 초능력적인 멘탈의 힘이 존재하는지 밝히지 못하고 있기 때문에 많은 사람들이 멘탈의 힘을 믿으려 하지 않고 형이상학적인 공허한 메아리로만 생각하고 있는 것이다.

분명한 것은 우리의 잠재의식에 있는 초능력적인 멘탈의 힘은 눈으로 직접 볼 수 없고 만질 수는 없지만 그것을 믿는 사람에게는 분명히 실재하고 있으며 탁월한 성취의 자원과 도구로 활용되고 있다는 사실이다. 중요한 것은 물질의 진동이 바뀌면 물질의 본질이 바뀌듯이 사람도 잠재의식에 특정한 생각이나 상상을 반복하게 되면 멘탈의 상태변화가 일어나면서 자신의 존재와 정체성이 바뀌게 되고 태도와 행동이 달라지게 된다는 것이다.

 액체 형태의 물이 고체형태의 얼음으로 바뀌고 기체 형태의 수증기로 변화할 수 있는 것은 보이지 않는 온도의 변화라는 작용이 있었기 때문에 생기는 현상이다. 온도의 변화로 물의 본질이 바뀔 수 있듯이 잠재의식에 특정한 어떤 작용이 반복적으로 주어진다면 본질적인 존재와 정체성의 변화를 통해 새로운 사람으로 바뀔 수가 있다는 유추가 가능하다.

 이러한 존재와 정체성의 변화를 이끌어 낼 수 있는 힘이 우리의 잠재의식에 충만해 있으며 이 힘을 활용할 수 있는 사람만이 자신이 원하는 미래의 꿈과 목표를 성취할 수 있는 능력을 얻게 된다. 잠재의식에 있는 무한 성취 자원인 멘탈의 힘은 눈에 보이지 않고 만질 수는 없지만 분명히 실재하고 있다.

 미국의 심리학자 윌리엄 제임스는 "당신의 잠재의식 속에는 세계를 움직이는 힘이 있다"라고 했다. 잠재의식에 원하는 것을 반복해서 생각하거나 상상, 암시를 하게 되면 우리의 뇌는 그것을 사실로 받아들여 믿음을 만들고 그 믿음과 같은 현실적인 결과를 만들어 내는 멘탈의 힘을 발휘할 수 있는 상태로 변한다.

이러한 멘탈의 힘은 먼저 나를 움직여 에너지를 만들고 그 힘이 다른 사람과 세상을 움직일 수 있는 강력한 자성을 가지도록 만든다. 자신이 원하는 것에 대해 잠재의식 차원에서 이러한 작용이 일어나면 그것이 성취될 때까지 똑똑한 뇌는 24시간, 365일, 평생 동안 자동적으로 작업을 진행하게 된다. 이 작업은 잠재의식 차원에서 이루어지기 때문에 우리가 의식하지 못하더라도 그것이 마무리될 때까지 계속적으로 이루어진다.

이처럼 우리의 잠재의식에는 자신을 변화시키는 강력한 에너지와 다른 사람과 세상을 변화시킬 수 있는 자성이 충만해 있으며 이것을 초능력적인 멘탈의 힘이라고 부른다. 이 초능력적인 멘탈의 힘은 누구에게나 공평하게 주어진 자원이지만 아무에게나 의미 없이 사용할 수 있는 권한을 주지는 않는다. 초능력적인 멘탈의 힘은 그 힘을 믿고 그 힘을 사용할 수 있는 방법을 알고 실천하는 사람에게만 주어지는 특별한 선물이기 때문이다.

우리의 잠재의식은 충실한 하인과 같은 역할을 하고 있기 때문에 그 무엇이든 명확한 지시가 내려지면 그 지시를 완수하기 위해 사명을 다한다. 잠재의식은 옳고 틀림의 판단, 현실과 상상에 대한 구분도 스스로 하지 않으며 무한한 성취 자원의 저장창고로서의 역할을 충실히 할 뿐이다.

생각의 반복

 순간적으로 어떤 생각을 단순히 떠올리는 것만으로도 우리의 뇌는 수많은 전기적 신호를 주고받으며 비슷한 뉴런들과의 연결을 짓고 신경망을 활성화시키게 된다. 짧은 생각만으로도 찰나의 순간에 마치 번쩍이는 섬광처럼 잠재의식에 저장된 과거의 기억들이 그 당시의 정서와 함께 불려 나오고 그와 관련된 신경망이 활성화되어 뇌를 지배하게 되는 것이다.

 우리가 어떤 생각을 하느냐에 따라 뇌의 신경회로 배열이 바뀌고 기분상태까지 바뀌게 되는 것은 현재의 생각이 마중물로 작용하여 잠재의식에 저장되어 있는 과거의 기억 시스템을 함께 가동시키기 때문이다. 그래서 현재 생각의 초점을 어디에 맞추고 있는가에 따라 뇌의 신경학적 구조가 바뀌고 자신의 상태가 만들어지며 그 상태가 행동에 영향을 미치게 되는 것이다.

 우리가 어떤 생각을 짧게 하는 것만으로도 뇌의 신경학적 구조까지도 바꿀 수가 있다면 자신의 꿈과 목표에 대해 반복적인 생각과 상상을 통해 뇌가 가지고 있는 신경가소성이 창조하는 놀라운 변화와 성취를 직접 체험할 수가 있다.

생각의 초점을 자신의 꿈과 목표에 맞추고 그것을 반복해서 상상하면 자신의 자원과 에너지를 일치시킬 수 있게 되어 성취를 위한 초능력적인 멘탈의 힘을 사용할 수 있는 상태로 자신을 변화시킬 수 있게 되는 것이다. 자신이 간절히 원하는 것이 무엇이든 그것을 선명하게 시각화하여 반복해서 생각하고 상상하면 그와 관련된 신경망을 활성화시킬 수 있게 된다.

뇌의 정보처리 시스템은 새로운 자극과 정보를 반복해서 접촉하면 기존의 기억들과 짝짓기를 통해 신경회로를 강화시키거나 새롭게 회로를 생성시켜 관련된 신경망을 활성화시킨다. 이 과정에서 잠재의식에 저장된 기존의 기억과 비슷한 정보는 친한 친구처럼 믿음을 가지고 일상적인 것으로 받아들이지만 낯설거나 생소한 정보는 무시하거나 거부한다.

이렇게 무시당하거나 거부당한 정보도 반복해서 계속 접촉하게 되면 뇌에서는 오랜 친구로 착각하여 믿음을 가지면서 그와 관련된 새로운 신경망을 만들어 자신의 존재와 정체성에 영향을 미치게 된다. 그래서 무엇이든 반복하면 습관이 되고 습관은 본능 이상의 중독상태를 만들어 우리의 존재와 정체성을 결정짓고 삶의 성취결과를 창조한다.

우리 뇌는 새로운 생각과 상상, 외부의 자극이 없으면 과거에 습관적으로 반복해서 사용했던 기억 시스템에 중독된 패턴을 자동적으로 사용하면서 습관의 순환고리에 빠지기 쉽다.

그래서 뇌를 '습관에 중독된 환자'라고 부르는 것이다. 이것은 습관에 중독된 뇌가 가지고 있는 변화하지 않으려는 일관성이며 이것이 자신의 존재와 정체성을 지키는 중요한 긍정적인 기능과 역할을 함께 하고 있다. '한결같은 사람', '언제나 변함없이 믿음을 주는 사람' 등의 말은 인간관계에서 신뢰를 형성하는 중요한 일관성의 가치와 준거를 나타내는 표현들이다.

이처럼 변화하지 않는 고정된 생각과 태도, 행동을 유지하는 것도 삶의 중요한 가치가 되고 생존을 위한 수단이 될 수도 있다. 자신의 존재와 정체성에 대한 일관성을 지키는 고정된 삶의 자세가 인간관계에서 자신의 가치를 존속시키는 긍정적인 기능과 역할을 하고 있기 때문이다. 하지만 우리의 삶은 고정된 것이 아니라 끊임없는 변화의 연속이기 때문에 지속적인 변화를 요구하고 새로운 선택을 강요한다.

중요한 것은 일관성의 가치와 준거가 우리 삶에서 긍정적인 기능과 역할을 하고 있다 하더라도 그것이 변화와 창조적인 삶을 살아가기 위한 새로운 결단과 행동을 하지 않아야 할 그 어떤 이유도 될 수 없다는 사실이다.

자신의 존재와 정체성을 유지하는 중요한 가치와 준거에 대해서는 변함없는 일관성을 가지는 것이 필요하지만 새로운 변화에 적응하며 자신의 능력을 향상시키고 잠재된 성취 자원을 활성화시키기 위해서는 가소성을 가지는 것이 더 중요하다.

생각은 에너지를 가지고 있다. 에너지를 갖고 있는 생각을 반복하게 되면 그 어떤 목표도 실현시킬 수 있는 초능력적인 멘탈의 힘을 얻게 된다. 우리의 뇌는 실제 경험한 것과 상상한 것의 차이를 구분할 수 없기 때문에 반복적으로 목표에 대해 상상을 하게 되면 실제로 그 목표가 이루어질 수 있는 자신의 상태를 만든다.

그래서 우리가 간절히 원하는 것을 이루기 위해서는 생각을 반복하여야 한다. 반복된 생각이 자신의 꿈과 목표에 초점을 맞추어 내면의 모든 자원을 일치시켜 성취의 결과를 얻을 수 있도록 에너지를 활성화시키기 때문이다. 그것이 무엇이든 반복해서 생각하면 뇌는 그것을 사실로 받아들이고 믿음을 만들어 그 믿음이 우리를 통제하여 생각을 현실화시켜준다.

우리가 지금 현재 어떤 생각을 하느냐에 따라 뇌신경학적 구조까지 바뀌게 되고 자신의 존재와 정체성이 만들어지게 된다면 그 무엇인가를 이루기 위해 먼저 그 무엇인가를 골똘히 반복해서 생각하여 내 마음속에 먼저 그것을 만드는 것이 중요하다. 마음으로 생생하게 성취를 만들 수 있다면 현실에서 그것을 성취하는 것이 어렵지 않게 된다.

PART 2
변화

우리가 학습과 경험을 통해
새로운 자극과 정보를 반복해서
접촉하게 되면 일상의 고정된 습관의
순환고리에서 벗어나 자신의 운명을
바꿀 수도 있는 변화를 일으킬 수 있다.

변화

인간이 가진 위대한 탁월성은 반복된 생각만으로 자신의 존재와 정체성을 바꿀 수 있는 힘을 가지고 있다는 것이며 이 힘을 가지고 있는 생각은 짧은 몇 마디의 말만으로도 바꿀 수가 있다는 것이다.

그래서 어떤 변화를 원한다면 먼저 자신의 생각에 영향을 미치는 말을 바꾸고 반복해서 사용하는 훈련을 해야 한다. 왜냐하면 반복적으로 사용하는 말은 뇌신경과 연결되어 있어 말을 바꾸게 되면 생각이 바뀌고 세상을 바라보는 관점이 바뀌게 되어 새로운 행동의 변화가 시작되기 때문이다.

우리의 뇌는 변화를 싫어하고 일관성을 유지하려고 하기 때문에 항상 같은 패턴을 반복해서 사용하는 경향이 있으며 다람쥐 쳇바퀴 도는 것처럼 습관의 순환고리를 만들어 항상 그 자리에 머물러 있고 싶어 한다. 그 상황이 긍정이든 부정이든 가리지 않고 습관의 순환고리에 중독된 상태에서 벗어나려 하지 않는 것이다.

자신의 상황이 불행한 상황이라 하더라도 이미 그 상황에 적응하는 습관의 순환고리를 만들게 되면 그 힘든 상황에서 벗어나려는 도전을 하기보다 불행한 상황에서 사용했던 패턴에 중독된 상태를 유지하는 것이 더 편안하다고 생각하게 된다.

의식적 차원에서는 변화의 필요성을 느끼지만 중독된 상태에서는 의식적 개입이 큰 역할을 하지 못하고 잠재의식적 차원에서 현 상태를 계속 유지하려 한다. 이미 뇌가 기존의 중독된 패턴에 안주하는 순간 그 어떤 새로운 기회와 가능성이 주어져도 기존의 패턴에서 벗어나는 새로운 선택을 하지 못하게 되는 것이다.

우리 주변에는 하나의 작은 변화를 위한 선택만으로도 자신의 삶을 얼마든지 더 좋은 방향으로 바꾸고 업그레이드할 수 있는데도 불구하고 스스로 변화할 수 있는 선택 능력을 포기한 채로 고통스러운 현재 상태를 유지하려는 중독된 습관의 순환고리에 구속된 삶을 살아가고 있는 사람들이 많다.

변화는 새로운 환경에 대한 연결을 확장하는 것이다.
즉, 변화는 자신의 선택을 환경의 변화에 맞추거나 자신의 준비된 선택으로 환경을 바꿈으로써 환경과의 연결 형태를 새롭게 바꾸는 것이다. 변화를 선택하는 순서가 환경이 먼저이든 개인이 먼저이든 상관없이 우리는 변화해야 한다는 것이 중요하다.

우리는 변화해야 하고 환경은 끊임없이 우리에게 변화를 요구하고 있다. 개인의 변화는 선택의 차원을 넘어 우리 삶의 생존과 성취를 위한 핵심 가치이다. 우리가 변화하지 않아야 할 그 어떤 이유와 당위성도 없지만 많은 사람들이 변화하지 못하고 힘든 삶의 멍에를 지고 살아가는 것은 자신이 만들어 놓은 습관의 순환고리라는 틀 안에 스스로를 구속시키기 때문이다.

중요한 것은 우리는 변화해야 생존이 가능하고 생존은 곧 변화를 통해서 유지할 수 있으며 그 변화를 위한 선택은 누구에게나 필요하다는 사실이다. 다만 많은 사람들이 변화를 위한 결단과 행동을 할 수 있는 멘탈 사용방법을 배우지 못하고 훈련받지 못했기 때문에 더 나은 선택을 못했을 뿐이다. 이러한 중독된 습관은 쉽게 변화하지 않지만 자신의 말과 생각, 마음의 관점을 바꾸는 선택을 통해 언제든지 변화시킬 수가 있다.

지금 현재의 삶이 많이 힘들고 고통스럽다면 그것이 현재의 상황을 벗어날 수 있는 새로운 준비와 선택을 하라는 긍정적인 신호라고 받아들여야 한다. 우리가 그 신호를 알아차리고 부정적인 습관의 순환고리에서 벗어날 수 있는 새로운 선택과 행동을 할 수 있다면 지금 현재의 힘든 삶이 오히려 더 나은 삶을 위한 전화위복의 계기가 될 수도 있는 것이다.

인간은 다른 동물과는 달리 자신의 습관적인 생각과 말을 바꿈으로써 행동을 바꿀 수 있는 놀라운 신경가소성을 가지고 있다. 환경의 그 어떤 변화와 힘든 시련에도 적응하고 극복할 수 있는 신경가소성은 우리 뇌가 가진 위대한 능력이다.

기존의 익숙한 습관의 순환고리를 버리고 새로운 습관을 형성하는 것이 쉬운 것은 아니지만 우리가 가지고 있는 멘탈의 위대한 힘을 활용할 수 있는 긍정과 관련된 말을 사용하고 그와 관련된 반복적인 생각을 한다면 새로운 습관을 만들 수 있다.

우리의 고정된 마음은 일관성을 유지하려는 습성을 가지고 있기 때문에 기존의 패턴을 쉽게 바꾸지 않는다. 그렇지만 긍정과 성취와 관련된 말과 생각을 습관적으로 반복해서 사용하게 되면 새로운 일관성을 가지게 된다. 이것이 우리 뇌가 가지고 있는 탁월한 능력인 신경가소성이다.

만약 우리가 새로운 학습과 경험을 통해 자극과 정보를 반복해서 접촉하게 되면 고정된 습관의 순환고리에서 벗어나 자신의 운명을 바꿀 수 있는 변화를 일으킬 수도 있다. 다행한 것은 우리는 언제든지 선택을 통해 새로운 학습과 경험을 할 수 있으며 기존과는 다른 차원의 변화를 할 수가 있다는 것이다.

우리는 살아가면서 다양한 장르의 책을 읽거나 중요한 세미나에 참여하고 여러 사람들과의 관계를 형성한다. 새로운 정보를 교류하며 자신의 상태를 변화시키는 과정에서 스스로를 업그레이드하여 현재의 상태를 계속 바꾸어 간다.

그 변화 속에서 자신의 생각과 말, 행동을 일치시켜 초점을 모으게 되면 스스로의 운명까지도 바꿀 수 있는 강력한 변화의 힘을 얻게 된다. 그 힘이 바로 위대한 변화를 이끌어 내는 초능력적인 멘탈의 힘이다. 중요한 것은 우리가 변화를 위한 마음만 먹으면 그 힘을 사용할 수 있는 선택을 할 수 있다는 것이다.

마음의 연결

　미국의 프린스턴 대학의 공대 교수 잔과 심리학자 듄은 사람의 마음이 전자에 미치는 영향에 대해 연구하는 과정에서 인간의 마음이 물질에 작용하는 것은 누구도 거부할 수 없는 명확한 사실이라고 했다. 이들은 마음이 전자에 미치는 영향이 일부의 사람들에게서만 나타나는 현상이 아니라 대부분의 보통 사람들에게서 나타나는 보편적인 현상이라고 보았다.

　비일상적 실재의 NCR적인 마음과 일상적 실재의 CR적인 물질은 독립된 별개의 존재가 아니라 보이지 않는 연결을 만드는 힘이 존재하기 때문에 마음이 물질에 작용하여 변화가 일어나게 만든다는 것이다. 비물질적인 마음과 물질적인 몸도 서로 별개의 존재로 나누어져 있으면서도 밀접하게 연결되어 상호 의존성과 상보성을 가지며 영향을 미치고 있다.

　사람의 마음이 입자 형태의 성질을 가질 때는 일정한 공간을 차지하게 되면서 한 곳에 머물러 있지만 마음이 파동과 같은 성질로 바뀔 때는 외부로 비추어 표출되면서 변화와 성취를 위한 강력한 에너지로 활성화하게 된다. 이렇게 보면 이미 CR에 NCR이 있고 NCR에 CR이 포함되어 있는 것이다.

프로이트의 정신분석학에서 사람의 마음을 의식과 전의식, 무의식의 세 가지로 구분한 것과는 달리 칼 융은 차별화된 자신의 이론으로 마음의 3층 구조에 대해 설명했다. 마음의 가장 바깥층에는 표면 의식이 있고 그 밑에는 개인 무의식이 있으며 가장 아래쪽에는 집합 무의식이 있다고 주장한 것이다.

제일 바깥에 있는 '표면 의식'은 깨어있는 상태에서의 생각과 감정, 감각 등을 담당하는 마음이며 이것은 겉으로 드러난 마음의 지도와 같은 것일 뿐 표면 의식 자체가 곧 마음의 영토는 아니다.

중간층에 있는 '개인 무의식'은 표면 의식을 조절하는 감추어진 의식층으로서 어릴 때부터의 모든 학습과 경험이 축적되어 있다. 개인 무의식에서는 과거의 경험에 의해 조직화된 감정과 생각, 기억 등이 표면으로 올라오기 위해 꿈틀거리고 있으며 표면 의식을 조절하는 역할을 한다. 개인이 가지고 있는 대부분의 심리적 병인과 콤플렉스, 트라우마 등은 개인 무의식에 의해 표면 의식이 영향을 받고 있는 것이라고 볼 수 있다.

가장 아래쪽에 있는 '집합 무의식'은 개인 무의식과는 다른 별개의 무의식 층으로서 인류의 진화과정에서 생긴 먼 조상의 장기 유전형질과 부모로부터 받은 단기 유전형질, 종교, 문화 등의 공통적인 내용의 무의식을 가지고 있다고 보았다. 공통적인 집합 무의식이 있기 때문에 인간은 다른 사람들과 원만한 소통이 가능하며 공동의 가치를 공유할 수 있고 동시성의 원리에 의해 시간과 공간을 초월하는 교류와 전파가 가능해진다고 본 것이다. 바로 이 집합 무의식이 좁게는 가족의 의식을 하나로 연결해 주고 넓게는 전 인류의 의식을 하나로 연결해 주는 고리이다.

사람의 마음속에 집합 무의식이 존재한다면 우주의 허공에도 집합 무의식이 충만해 있다고 볼 수 있다. 그래서 한 개인의 집합 무의식이 다른 사람의 집합 무의식과 연결될 뿐만 아니라 물질과 우주에까지도 연결을 만들어낼 수가 있다고 보는 것이다.

집합 무의식의 충만한 자원과 에너지를 활용할 수 있는 연결을 찾아낼 수 있다면 그 어떤 변화와 성취도 불가능한 것이 없어진다. 생존을 위한 인류의 진화과정에서 경험한 모든 감정과 생각, 기억이 이미 자신 안에 집합 무의식으로 존재하고 있으며 우리가 그것을 알아차리고 접촉하기만 한다면 다른 사람들이 가지고 있는 집합 무의식에 새로운 연결도 만들어 낼 수가 있다.

자기 안의 집합 무의식에 있는 무한 성취 자원과의 접촉을 통해 자신의 상태를 바꿀 수 있을 때 그 변화가 개인의 변화로 머물러 있는 것이 아니라 다른 사람과 세상을 바꾸는 새로운 연결을 만들게 된다. 그것이 다른 사람과 세상을 바꾸는 노력을 하는 것보다 자기 자신을 먼저 바꾸어야 하는 이유이다.

감춰진 능력

많은 사람들이 자신의 내면에 감추어진 NCR의 멘탈이 가진 위대한 힘을 긍정적으로 활용하지 못하고 환경이 만든 CR적 세계의 창살 없는 감옥에 갇힌 채로 자기 자신에 대한 좁혀진 경계와 왜곡된 믿음을 만들어 그 속에 구속된 상태로 살아가고 있다.

우리는 의식과 잠재의식에 있는 창조적인 힘을 활용할 수 있는 자신만의 독특한 멘탈 능력을 가질 수 있으며 그 능력의 차이가 삶의 다른 결과를 만들어 내기도 한다. 의식이 연극무대 위에서 조명을 받는 배우라고 한다면 잠재의식은 배우가 연기를 잘할 수 있도록 지원해 주는 역할을 하고 있다고 볼 수 있다.

표면적으로는 의식적인 판단과 태도가 자신을 통제하는 것처럼 보이기 때문에 의식이 모든 것을 주도하는 것으로 착각할 수 있지만 의식은 잠재의식의 조종과 통제를 받기 때문에 잠재의식의 도움이 없이는 아무것도 할 수 없다. 의식적인 노력이나 의지만으로 기존의 고정된 생각이나 행동을 바꾸는 것이 쉽지 않은 이유는 잠재의식이 동의하지 않는 의식적 변화는 시간과 용량의 한계로 인하여 기존의 패턴으로 돌아가기 때문이다.

잠재의식의 기억은 무한 용량을 가진 장기기억이지만 의식의 기억은 15초 내외의 짧은 시간성과 7±2 정도의 작은 저장용량 밖에 가지고 있지 않는 단기기억이기 때문에 의식이 잠재의식을 계속 통제할 수가 없다. 그래서 잠재의식에서 받아들이지 않는 학습과 경험은 완전한 변화와 성취를 이루는 힘을 갖지 못하는 것이다.

오히려 분명한 믿음이 약한 상태에서 막연한 의식을 가지고 어떤 상상을 하거나 일을 하게 되면 잠재의식에서 그것과 반대되는 심리적 간섭이 일어나면서 자신의 목표에 맞추어진 초점을 방해하는 새로운 상상과 잡념을 만들게 되어 내면의 불일치를 불러온다. 그래서 확실한 변화와 성취를 위해서는 마음속에 분명한 믿음을 가질 수 있도록 의식적 노력이 반복되어야 한다.

의식적인 반복은 우리의 마음에서 사실로 받아들여 믿음을 만들어 잠재의식에 깊이 뿌리내리게 된다. 이처럼 잠재의식에 물 흐르듯 자연스럽게 초점을 맞출 수 있는 긍정적인 믿음을 가지는 것이 중요하다. 더 중요한 것은 자신의 잠재의식에 숨겨져 있는 초능력적인 멘탈의 힘에 대한 확실한 믿음을 가져야 하는 것이며 그 믿음이 자신을 통제할 수 있을 때 자신이 원하는 그 어떤 변화와 성취도 현실에서 실현이 가능해진다는 사실이다.

인간은 신이 아니기 때문에 인간으로서의 한계를 분명히 가지고 있지만 인간의 뇌는 계속 진화를 거듭하면서 잠재의식에 무한한 멘탈의 힘을 활용할 수 있는 저장창고를 만들었다.

이렇게 점차 신의 영역에 도전하는 인간의 능력에 두려움을 느낀 신이 인간의 위대한 창조 능력을 쉽게 찾지 못하도록 은밀한 곳에 숨겨 두었는데 그곳이 인간의 마음속 잠재의식이라는 곳이다.

등잔 밑이 어둡다는 말처럼 인간은 자신 안에 있는 무한 성취의 능력을 가진 잠재의식에 대해 점차 망각해 가고 일부 소수의 멘탈적 능력이 탁월한 인간들만이 자기 안에 감추어진 잠재의식의 위대한 멘탈의 힘을 발견하고 활용하여 자신이 원하는 사명과 꿈을 현실로 창조할 수 있게 되었다.

인간은 공동체 속에 무리를 지으며 사회화되어 가는 과정에서 자신 안에 감춰진 잠재의식이 가진 멘탈의 힘보다는 환경적인 현실에 초점을 더 일치시키게 되면서 신이 감춰둔 자신의 창조적 능력을 점차적으로 잃어가게 된 것이다.

우리가 간절히 원하는 그 무엇을 성취하기 위해서는 먼저 우리의 마음에 숨겨진 멘탈의 능력을 알아차리고 활용할 수 있어야 한다. 자신이 가진 멘탈의 창조적 능력을 믿고 마음속에 그것을 선명하게 그릴 수만 있다면 모든 자원과 에너지를 일치시켜 원하는 현실적인 성취를 실현시킬 수 있다.

프랑스의 에밀 쿠에는 잠재의식의 놀라운 능력을 활용하여 환자들에게 "나는 날마다 모든 면에서 점점 더 좋아지고 있다"는 긍정의 자기암시를 통해 치료효과를 극대화하여 건강을 회복하고 유지할 수 있게 도움을 주었다. "나는 나을 것이다. 아픔은 사라질 것이며 완전히 건강해질 것이다"라는 긍정의 자기암시를 통해 잠재의식에 있는 위대한 치유능력인 믿음을 활용하여 건강을 되찾게 해주었다. 이러한 치유효과는 잠재의식에 숨겨둔 위대한 치유의 힘을 믿고 그것을 사용하면서 나타나는 현상이다.

초능력적인 멘탈의 힘은 강한 믿음에서 나온다. 만약에 분명한 믿음이 약하거나 없게 되면 현실의 장벽에 갇혀 계속 현상태를 유지하게 되면서 숨겨진 자원과 에너지를 사용하지 못하게 된다. 어떤 사람은 자신의 잠재의식에 잠들어 있는 무한 성취의 자원과 에너지를 활성화시키는 믿음을 가지고 있다. 또 어떤 사람은 현실의 상황과 조건에 통제당하고 구속되는 믿음을 가지고 있다.

현실에서 어느 누구도 믿음이 약하거나 없는 사람은 없다. 우리는 모두가 자신만의 독특한 세상모형에 의한 서로 다른 믿음을 가지고 있으며 그 다른 믿음이 자신을 통제하고 있을 뿐이다.

우리의 잠재의식에는 무한 성취를 가능하게 해주는 초능력적인 멘탈의 힘이 숨겨져 있으며 우리가 이 힘에 대한 믿음을 가지고 그것을 접촉하여 활용할 수 있는 방법을 알 수만 있다면 원하는 그 어떤 성취도 가능해진다.

모든 성취의 자원은 우리의 마음속 잠재의식에 이미 존재하고 있으며 우리의 긍정적인 믿음이 그 위대한 성취의 힘을 사용할 수 있게 해준다. 모든 사람들이 잠재의식의 무한한 성취 자원을 가지고 있지만 그것을 얼마나 발견하고 활용할 수 있는 능력의 차이가 다르기 때문에 삶의 성취결과가 달라지는 것이다.

누구든지 마음의 저장창고인 잠재의식에 감추어져 있는 자원을 활용하여 초능력적인 멘탈의 능력을 가질 수만 있다면 시간과 공간의 경계를 뛰어넘어 원하는 변화와 성취를 얻을 수가 있다.

'누군가 할 수 있다면 나도 할 수 있다'라는 말은 탁월한 성취를 이룬 모델에 대한 모델링을 설명하는 것이지만 그 어떤 모델링도 자기 안에 없는 것이 현실로 이루어지지는 않는다.

모델링은 우수한 사람의 탁월성을 모방하여 자기 안에 숨겨져 있는 성취 자원을 찾아내는 작업이다. 탁월성을 가진 모델의 핵심기법을 자기 안에 감춰진 잠재의식의 자원과 연결하기만 한다면 누구라도 자신의 삶에서 탁월한 성취를 할 수 있다는 의미가 담겨 있는 것이다.

긍정의 자기암시

 내가 '멘탈마스터'와 '하마 돼지'라는 이름을 얻을 수 있었던 것은 내 안에 있는 초능력적인 멘탈의 힘을 활용하는 나의 반복적인 생활습관 때문이라고 생각한다. 지금의 나 자신이 그동안 이루었던 크고 작은 성취들을 돌이켜보면 내가 스스로에게 했던 자기암시의 도움이 절대적으로 컸다는 것을 알 수 있다.
 내가 성취를 이루었던 비결은 간절히 원하는 것에 대한 생각을 반복하고 그것을 마음에 선명한 그림으로 그리는 시각화를 통해 가슴 설레임을 느끼게 해주는 긍정의 자기암시를 계속해왔기 때문이다. 나는 매일 잠자리에 들기 전과 새벽에 일어나 맑은 정신으로 긍정의 자기암시를 통해 성취를 이룬 나 자신의 상태를 계속해서 뇌에 프로그래밍시켜 마음의 설레임을 키워왔다.
 잠들기 직전과 바로 잠이 깬 시간은 의식이 있지만 작동하지 않는 트랜스 상태에 있다. 하루 일과를 마친 후 지치고 피곤한 상태에서 잠들기 전 자리에 누워 내가 간절히 원하는 것에 대해 자기암시를 하고 새벽에도 같은 자기암시를 반복하게 되면 트랜스 상태에서 잠재의식에 바로 접촉하여 뇌에 프로그래밍되기 때문에 강력한 멘탈의 힘을 가지게 된다.

트랜스 상태는 의식이 가라앉고 잠재의식이 활성화된 상태이기 때문에 자기암시를 통해 원하는 상태를 얼마든지 선명하게 시각화할 수 있는 가변적인 상태이다. 이처럼 자기암시를 통해 선명하게 시각화된 이미지가 나를 이끄는 강력한 멘탈의 힘이 되면서 많은 성취를 유도하는 밝은 빛이 되어주었다.

내 삶에 있어 우연히 요행으로 어떤 성취가 이루어진 것은 없었으며 내가 이룬 모든 성취는 간절히 원했던 것에 분명한 초점을 맞추고 긍정의 시각화 훈련과 자기암시를 통해 내 안의 모든 자원을 일치시켜 뇌를 긍정적으로 착각시킨 결과로 얻은 것이었다.
결국 내가 이룬 모든 성취는 먼저 내 마음속에 시각화하여 프로그래밍된 것이 행동을 일으키고 외부환경과의 연결을 만들어 이루어진 결과였다.

우리의 삶에는 전혀 상반된 두 개의 실재가 존재한다. 일상적 실재인 CR과 비일상적 실재인 NCR이며 이 두 가지 실재는 상반되면서도 서로에게 밀접한 관계를 맺으며 영향력을 미치고 있다.

특히 보이지 않지만 존재하고 있는 파동적 구조인 NCR의 세계에는 우리가 상상도 못할 만큼 놀라운 초능력적인 멘탈의 힘이 충만해 있으며 자기암시를 통해 이 힘을 활용할 수 있게 된다면 우리가 흔히 말하는 '기적'이라는 성취가 실현된다.

왜냐하면 우리의 잠재의식에는 그 어떤 한계도 없는 무한 성취의 자원과 에너지가 가득 저장되어 있기 때문이다.

또한 반복적인 긍정의 자기암시는 좁혀진 자신의 경계를 확장하여 의심과 두려움에 쌓여 자신을 접촉하지 못하는 부정적인 패턴을 긍정적으로 바꾸는 힘을 가지고 있다.

많은 사람들이 성장과정에서 부모로부터 내사된 부정적인 고정관념 때문에 새로운 변화와 성취를 할 수 없는 부정적인 상태를 만들고 그것이 진짜 자기라는 착각 속에 스스로를 제한하는 신념을 가지고 살아간다. 이것을 부정적 자기 제한 신념이라고 하며 이러한 신념은 자신의 자유의지로 선택한 것이 아니라 대부분 어릴 때 부모와의 관계에서 만들어진 것이다.

이 시기에 절대적 약자인 자신의 자아가 생존을 위해 무의식적으로 부모의 가치관이나 멘탈을 무비판적으로 수용하고 모델링하게 되면 진짜가 아닌 가짜 자기로 살아가게 될 가능성이 높아진다.

인간은 태어나면서 멘탈의 무한 성취 자원을 누구나 공평하게 갖게 되지만 성장환경의 차이에 따라 어떤 사람은 긍정의 자원을 접촉하여 자신의 성취를 이루게 되고 어떤 사람은 부정의 자원과 접촉하여 무능력한 상태를 만들게 된다.

그것은 우리가 어떤 것을 선택하느냐의 문제일 뿐이며 이때의 선택이 자신의 순수한 자유의지는 아니다. 그렇다고 성인이 된 이후에 자신의 무기력한 상태를 만드는데 영향을 미친 과거의 부모를 원망하고 있을 수는 없다. 지금 현재 자신의 삶이 만족스럽지 못하고 변화의 필요성을 느끼고 있다면 자신의 자유의지로 얼마든지 새로운 선택을 할 수 있다. 새로운 선택을 하는 순간 기존에 자신을 묶어 두었던 속박의 사슬에서 벗어날 수 있게 된다.

오랜 시간 현재 자신의 상태를 진짜 자기로 착각하고 살아온 신념이 너무 강하게 형성되어 있기 때문에 이 신념을 바꾸지 않고서는 새로운 선택과 그 선택에 의한 변화를 기대하기 어렵다.

그래서 필요한 것이 신념을 바꿀 수 있는 긍정의 자기암시이다. 우리의 뇌는 그 무엇이든 반복해서 입력되는 자극과 정보에 대한 신경회로를 만들어 믿음을 키우기 때문에 반복적인 자기암시는 새로운 변화를 위한 에너지를 갖게 만든다.

내 마음 안에 새로운 믿음을 가질 수 있는 긍정의 자기암시를 계속 반복하게 되면 차츰 부정적인 자기 제한 신념이 약해지거나 없어지고 그 빈자리에 무엇이든 할 수 있다는 긍정적인 성공 신념이 자리 잡게 된다. 긍정의 자기암시를 반복하여 긍정의 성공 신념이 생기게 되면 자신 안에 감춰진 타고난 무한 성취 자원을 찾을 수가 있다. 자신의 내면적 자원을 원하는 목표에 일치시켜 초점을 맞추고 외부의 긍정적인 자원과의 연결을 통해 원하는 성취를 실현할 수 있게 되는 것이다.

이 모든 것은 이미 우리 안에 존재하고 있는 것이기 때문에 성공 신념을 만드는 선택과 결단을 하는 순간 가능해진다. 긍정의 자기암시가 그 선택과 결단을 할 수 있도록 도움을 주게 된다.

우리 뇌는 원하는 것을 생생하게 상상하면 그것을 사실로 믿게 되고 그 믿음이 신념이 되어 강력한 성취의 힘을 가진다.

그것은 우리의 믿음이 마음과 신체를 통제하고 있기 때문이다.

'나는 날마다 모든 면에서 점점 더 좋아지고 있다', '오늘은 왠지 좋은 일이 많이 생길 것 같다', '난 무엇이든 할 수 있다'와 같은 긍정의 자기암시를 반복하게 되면 실제로 암시와 관련된 심리적, 생리적인 변화가 일어나게 된다.

   이러한 간단한 긍정의 자기암시를 반복하는 것만으로도 우리의 신념과 몸상태가 바뀌게 되는 것을 직접 체험할 수 있다.

자기암시는 의식적 여과 없이 잠재의식에 바로 접근하여 기존의 신경회로에 영향을 미치기 때문에 강력한 힘을 가진다.

   자신에게 맞는 긍정의 자기암시 문구를 만들고 그것을 잠자리에 들기 전과 새벽에 일어나서 훈련을 반복하게 되면 우리의 마음에 강한 믿음을 만들 수 있다. 그 믿음이 굳어 신념이 될 때 원하는 그 어떤 목표도 현실적인 성취로 이루어내는 초능력적인 멘탈의 힘을 가지게 되는 것이다.

나를 먼저 극복하라

'하마 돼지'라는 특별한 별명을 가지고 살아온 나의 지난날을 되돌아보면 호기심과 실험정신으로 새로운 도전과 성취를 경험하는 과정에서 힘든 시련과 좌절을 수도 없이 많이 겪었지만 힘들다는 이유로 포기한 적은 한 번도 없었다. 그 어떤 일이든 처음 시작이 힘들었을 뿐이지 일단 시작하게 되면 힘든 과정을 극복하고 성취할 수 있는 하마 돼지의 성취 에너지가 무엇이든 할 수 있는 상태를 만들어주었다.

그래서 우리 속담에 "시작이 반이다"라는 말이 있는 것이다. 일단 먼저 결단하고 일을 시작하면 시작하기 전에 가졌던 막연한 걱정과 두려움, 외부의 저항까지도 목표한 일을 성취하는데 필요한 자원이 되고 에너지가 되기 때문에 그 어떤 일이든 일단 시작하기만 하면 절반의 성공을 이룬 것이나 마찬가지가 된다.

우리가 어떤 일을 진행할 때 정말 힘든 것은 일 그 자체가 아니라 그 일을 하기 전에 자기 안에서 일어나는 분아와 주변 사람들의 부정적인 정보간섭이다. 이러한 정보간섭이 일어나면 자신이 가진 소중한 성취 자원과 에너지가 분산되면서 초점을 잃게 되고 성취를 위한 외부와의 연결도 약해지거나 단절되기 쉽다.

그렇게 되면 새로운 변화와 도전을 위한 그 어떤 선택과 시작도 할 수 없게 되면서 내면의 갈등과 혼돈이 아무것도 시작하지 못하는 무기력한 상태에 빠지게 만든다. 이 상태에서 내부적으로 실패에 대한 두려움과 남을 지나치게 의식하게 되는 자의식이 강해지고 기존의 고정관념과 중독된 습관의 순환고리에 갇히게 된다.
변화에 의한 불확실한 미래를 걱정하며 새로운 선택과 도전을 하지 못하는 자신만의 안전지대 속에 숨으려 한다.

그리고 외부적으로도 변화를 거부하거나 회피하려는 주변 사람들의 부정적인 태도와 피드백을 극복하는 것이 마음의 큰 짐이 되어 변화를 거부하는 선택을 하기 쉬워진다. 자기 자신의 부정적 필터와 주변 사람들의 부정적인 정보간섭 때문에 새로운 선택과 도전을 시작하지 못하고 자기합리화와 변명을 하게 되는 것이다.

다행히 나의 주변에는 어디로 튈지 모르는 나의 호기심과 실험정신에 대하여 긍정적 관점에서 공감해주며 지향적 동기를 자극해주는 사람도 있었고 그것의 문제점과 위험성에 대해 준비할 수 있도록 회피적 동기를 유도해주는 사람도 있었다.

그래서 지향적 동기와 회피적 동기 모두 나의 성취를 위한 소중한 자원으로 사용하는데 도움이 되었다. 지난날들을 돌이켜보면 수많은 인간관계 속에서 주변의 모든 사람들이 나의 훌륭한 스승이었고 도전과 성취에 큰 도움을 주었다는 것을 알 수 있다.

어떤 일을 할 수 있다고 반복적으로 생각하면 그것이 믿음을 만들고 그 믿음이 만든 성공 신념이 강화되어 어떠한 시련과 고난도 극복할 수 있는 긍정적인 멘탈상태를 만든다. 아무리 힘들고 어려운 일이라도 할 수 있다는 긍정의 신념을 마음 안에 선명하게 새기면 자기 안의 모든 자원이 통합되어 초점을 모으게 되고 다른 사람과 세상의 모든 자원들과의 연결을 만들어 성취를 위한 자원을 끌어당기게 된다.

손바닥 뒤집는 것보다 더 쉬운 일도 마음에서 할 수 없다고 반복해서 생각하면 그것이 부정적 신념이 되어 스스로를 통제하게 되면서 아무것도 할 수 없는 상태를 만드는 것이 멘탈의 원리이다.

주먹을 쥐고 그 주먹을 펼 수 없다는 생각을 열 번 동안 반복하고 있는 동안에는 절대로 주먹을 펼 수가 없게 된다는 것을 알 수 있다. 무엇이든 반복해서 생각하면 그것이 믿음이 되고 그 믿음이 자신을 통제하게 된다. 그래서 주먹을 절대로 펼 수가 없다는 반복된 생각이 믿음이 되어 주먹을 절대로 펼 수가 없는 상태를 유지하게 만드는 것이다.

주먹을 펼 수 없다는 생각을 멈추거나 주먹을 펼 수 있다는 생각을 하는 순간 조금 전까지만 해도 펼 수 없었던 주먹을 펼 수 있게 되는 것은 우리의 생각이 몸과 상호작용을 하고 있기 때문이다. 우리의 마음과 몸은 심신 상관성을 가지고 있기 때문에 생각이 몸을 통제하고 몸이 생각을 통제하고 있다.

우리가 어떤 일을 할 때 할 수 있다는 생각을 반복하고 성공한 이후의 모습을 생생하게 상상하면서 강한 믿음을 만들 수 있을 때 내 안의 분아와 외부의 모든 저항을 이겨내고 그 분아와 저항까지도 자신의 성취를 위한 자원으로 활용할 수 있게 된다. 이것이 그 어떤 일이든 내 안에 먼저 성취를 위한 선명한 그림을 만들고 믿음을 만들어야 하는 이유이다.

때로는 우리 앞에 펼쳐진 일 자체가 우리를 지치고 힘들게 할 수도 있지만 그 어떤 일도 우리가 극복하지 못할 일은 없다.
정말 우리를 힘들게 하고 제한하는 것은 힘든 일에 도전해보지도 않고 극복할 의지도 없는 나약한 자신의 마음과 주변의 정보간섭이다. 그 일이 힘들 것이라고 지레짐작하여 도망가려고 하는 우리의 약한 멘탈이 자신을 힘들게 할 뿐이다.

우리가 마음으로 할 수 없다고 생각하면 할 수 없다. 하지만 우리가 할 수 있다고 생각하면 할 수 있다. 모든 시련의 극복과 성공은 무엇이든 할 수 있다는 성공 신념에서부터 시작되는 것이다.

말은 힘을 가지고 있다

입 밖으로 나온 모든 말은 힘을 가지고 있다.
말은 창조의 힘과 성취의 힘을 가지고 있으며 우리가 어떤 말을 하는가에 따라 삶의 모든 성취와 창조가 달라진다. 품격 있는 말, 긍정적인 말, 아름다운 말, 사랑의 말, 향기 있는 말을 사용하거나 듣게 되면 우리는 행복감을 느낀다. 반대로 비난과 무시하는 말, 부정적인 말을 듣게 되면 기분이 나빠진다.

우리는 흔히 말의 중요성을 강조할 때 '언어는 존재의 집이다'라는 하이데거의 말을 많이 인용한다. 이 말은 충분히 과학적 원리와 근거를 가지고 있다. 그것은 언어가 뇌신경과 연결되어 있기 때문에 우리가 하는 말과 듣는 말은 뇌에 그대로 피드백되면서 특정 신경회로를 활성화하여 자신의 존재와 정체성을 만든다.

자신이 어떤 말을 하는가에 따라 자신의 존재뿐만 아니라 다른 사람들과의 관계까지 영향을 미치게 된다.

우리는 사회라는 공동체 속에서 다양한 사람들과의 복잡한 관계를 맺으며 언어라는 도구를 사용하여 소통하고 있다. 다른 사람들과의 소통 과정에서 어떤 말을 선택하여 자주 사용하는가에 따라 인간관계가 긍정적으로 발전하기도 하고 부정적으로 악화되기도 한다. 자신의 학습과 경험 과정에서 축적된 지식과 지혜, 언어습관에 따라 사용하는 말이 달라지고 다른 사람들과의 관계 능력도 달라진다.

우리가 하는 말이 의식적인 것이든 잠재의식적인 것이든 기존의 학습과 경험 과정에서 뇌에 저장되어 있는 기억 시스템에 의해 발현되는 것이다. 만약 뇌에 프로그래밍된 언어체계와 기억 시스템이 없다면 그 어떤 언어적 출력도 불가능하다. 그래서 평소에 긍정적이고 좋은 생각과 말을 많이 하고 좋은 책을 읽으며 훌륭한 사람과 관계를 잘 맺어야 하는 것이다. 그래야만 그것을 뇌에 프로그래밍시켜 자신만의 좋은 언어습관을 형성할 수 있기 때문이다.

우리가 말을 할 수 있다는 것은 신이 내린 최고의 축복이다. 우리는 말로써 자기를 표현할 수도 있고 마음과 행동을 변화시킬 수도 있으며 다른 사람과 소통할 수도 있다. 그리고 말을 통하여 수많은 연결을 만들어 자신의 경계를 확장하며 관계를 유지하고 발전시켜 나갈 수도 있다.

우리가 일상생활 속에서 사용하는 말 1%만 바꾸어도 우리의 삶이 99% 바뀌게 되는 원리가 잠재의식 차원에서 반복적으로 사용하는 말이 성취의 힘을 가지고 있기 때문이다. 그 말이 긍정적인 내용이면 긍정의 결과를 얻게 되고 부정적인 내용이면 부정의 결과를 얻게 되는 것이 말이 가지고 있는 창조와 성취의 힘이다.

　말을 할 수 있는 능력은 인간만이 가진 축복받은 능력이지만 그 능력을 어떻게 학습하고 사용하는가에 따라 긍정적인 삶의 성취 자원과 도구가 되기도 하고 자신을 부정적으로 만들어 파멸시키거나 구속되는 경계가 되기도 한다. 이처럼 반복적으로 사용하는 말이 뇌에 프로그래밍되어 자신의 존재와 정체성을 만들고 다른 사람들과 소통하는 수단이 되기도 하는 것이다.

　위대한 업적을 남긴 위인들이나 성취를 이룬 사람들은 대부분 성장과정에서 부모나 스승에 의해 자신 안에 있는 무한 성취 자원을 접촉할 수 있는 긍정적인 언어와 피드백을 많이 제공받아 자존감이 높았다는 사실이다. 그들은 '하면 된다', '할 수 있다'와 같은 긍정의 에너지가 충만한 말을 더 많이 사용하고 그 말에 초점을 맞추어 자신이 가진 자원과 환경의 모든 자원을 일치시켜 성취를 위한 에너지로 활용할 수 있는 능력을 가지고 있었던 것이다.

　의사가 환자에게 "당신의 몸 상태가 점점 나빠지고 있어요. 치료를 해도 희망이 없을 것 같아요"라는 이야기를 한다면 그 말을 들은 환자는 부정적인 타인암시에 걸려 실제로 자신의 몸 상태를 더 악화시키게 된다. 반대로 의사가 "당신의 몸 상태가 많이 좋아졌네요. 시간을 갖고 꾸준히 치료한다면 더 좋아질 수 있어요"라는 희망적이고 긍정적인 말을 한다면 긍정적인 타인암시에 걸려 더 빠른 치료효과를 얻을 수 있게 된다.

　이것이 말이 가진 위대한 치유의 힘으로써 말은 뇌신경과 연결되어 있어 우리의 몸을 통제하고 있기 때문에 나타나는 현상이다.
의사가 환자에게 하는 말에 따라 환자의 상태가 달라지는 것은 우리가 하는 말이 우리를 통제할 뿐만 아니라 다른 사람에게도 영향력을 미치고 통제할 수 있는 힘을 가지고 있다는 뜻이다.

좋은 말과 긍정적인 말은 사람을 살리는 힘을 갖고 있고 나쁜 말과 부정적인 말은 사람을 죽이는 힘을 가지고 있다. 말은 우리의 삶을 바꾸는 강력한 힘을 가지고 있기 때문에 먼저 자신에게 좋은 말과 긍정적인 말을 하는 자기 확신 훈련을 통해 자신의 언어습관부터 긍정적으로 변화시키는 노력이 필요하다.

새벽에 일찍 일어나서 12회, 저녁에 잠자리에 들기 전에 12회씩 말로써 하는 자기암시나 자기 확신 트레이닝을 지속적으로 실천하는 것만으로도 자신 안에 놀라운 긍정적인 변화가 일어나는 것을 경험할 수 있게 된다.

일상생활 속에서 사용하는 말을 바꾸는 것은 우리의 삶을 바꾸는 것과 같다. 품격 있는 말, 긍정적인 말, 아름다운 말, 사랑의 말, 향기 있는 말이 행복한 삶을 창조하는 힘을 가지고 있다.

긍정의 자기 최면

 최면은 의식적인 차원에서의 이해와 분석과정을 생략하고 의식을 우회하여 아무런 저항과 비판도 없이 잠재의식에 바로 접촉하여 기존의 기억 시스템과의 연결을 통해 뇌에 새로운 신경회로를 생성하거나 강화시키는 멘탈 훈련과정이다.

 특히 자기 최면을 통해 반복해서 전달된 자극과 정보는 잠재의식에서 마치 마른 스펀지처럼 강하고 빠르게 흡수하여 기존의 신경회로의 연결을 바꾸어 자신의 상태를 변화시킨다.

 잠재의식은 비일상적 실재인 육감적 차원의 형태로 존재하고 있으며 자기 최면은 바로 이 잠재의식에 새로운 신경회로를 생성하거나 기존의 신경회로를 강화시켜 잠재된 무한 성취의 힘을 사용할 수 있게 멘탈을 강화하는 과정이라고 할 수 있다.

 반복적인 자기 최면을 통해 잠재의식에 어떤 암시나 명령이 전달되면 잠재의식에서는 24시간, 365일, 평생 동안 그것이 완성될 때까지 자동적으로 작업을 진행하도록 프로그래밍된다. 그 어떤 명령이라도 잠재의식에 반복해서 전달되면 그 명령과 관련된 결과를 만들어내도록 프로그래밍되어 성취를 위한 초능력적인 멘탈의 힘이 작용하게 되는 것이다. 그래서 잠재의식에 명확하게 전달된 자기암시는 완벽하게 스스로를 통제하고 실행하는 힘을 갖게 된다.

명확한 암시나 지시가 반복해서 전해지면 잠재의식에서는 그것이 긍정이든 부정이든 가리지 않고 마치 비행기나 선박의 자동 항법 장치와 비슷한 기능으로 그것을 실현시킨다. 안타깝게도 많은 사람들이 이 놀라운 자기 최면의 힘을 긍정적인 성취를 위한 자원으로 사용하지 못하고 부정적인 자기 제한 신념으로 변질시켜 스스로 그 속에 구속되는 왜곡된 경계로 사용하고 있다.

반복적으로 제공되는 부정적인 자극과 정보가 잠재의식에 전달되면 이해와 분석을 통한 판단을 하기 전에 먼저 부정에 대한 믿음을 만들어 자신의 상태를 부정적으로 바꾸어 버린다.

예를 들어 '긴장하지마'를 받아들이기 위해서는 기억 속에 있는 '긴장'을 찾아 떠올려야 하고 이 과정에서 긴장과 관련된 정서와 감정이 함께 재현되어 더 긴장하게 되는 현상은 잠재의식에서 일으키는 자동적인 반응이다. '호랑이를 떠올리지마'라고 하면 호랑이가 먼저 떠오르는 것과 같은 원리이다.

우리의 뇌는 생존을 위해 부정적 정보에 민감하게 반응하도록 세팅되어 있기 때문에 부정적 긍정문에 대해서도 전체 문맥을 이해하기 전에 먼저 부정적인 상태에 빠지게 된다. 뇌는 입력된 어떤 정보를 해석하기 위해서 그 정보를 먼저 믿어야 하기 때문에 부정에 대한 믿음이 먼저 만들어지면서 순식간에 부정적인 과거 기억을 발현시켜버린다. 이렇게 해서 자신의 상태가 부정적이 되면 외부의 부정적인 자원과 에너지를 더 많이 찾게 되고 접촉하게 되면서 완전한 부정의 결과를 창조하게 된다.

반대로 자기 최면을 통해 긍정적인 자극과 정보를 반복해서 접촉하게 되면 그것을 사실로 받아들여 믿음을 만들고 일상적 실재에서 그와 같은 결과를 만들어내는 것이 우리의 잠재의식이 가지고 있는 초능력적인 멘탈의 힘이다.

초능력적인 멘탈의 힘이 가진 위대한 무한 성취의 에너지를 활용하기 위해서는 우리의 잠재의식이 모든 기능을 조절하고 통제하는 숨겨진 권력자라는 사실을 의심 없이 그대로 받아들이는 절대적인 믿음을 가지고 있어야 한다. 만약 긍정적인 삶의 성취결과를 얻고 싶다면 자기 최면을 통해 긍정적인 믿음을 강화하여 실행하면 원하는 성취결과를 얻게 된다.

잠재의식에 '무엇이든 할 수 있다'라는 생각을 계속해서 반복하면 뇌에서는 그 생각에 대한 믿음을 가지게 되고 그 믿음과 관련된 결과를 만들어내는 창조력을 가지게 되는 것이 멘탈의 작동원리다. 사람에 따라 성취의 시기가 빠르고 늦음의 차이가 있을 뿐이지 긍정적인 자기 최면을 통해 잠재의식에 심어진 성취의 씨앗은 반드시 우리에게 성취와 관련된 답을 주게 된다.

성취를 위한 CR적 자원은 유한하지만 NCR적 자원은 누구에게나 공평하게 주어져 있는 무한한 자원이기 때문에 긍정의 자기 최면을 통해 두 자원의 연결을 만들어 내기만 한다면 원하는 그 어떤 성취도 실현할 수가 있다. 변화와 성취를 위한 자원은 누구나 가지고 있지만 안타깝게도 많은 사람들이 그 자원을 알아차릴 수 있는 마음의 눈을 갖고 있지 못하다. 그리고 그것을 알아차렸다고 해도 접촉하고자 하는 관심과 노력이 부족한 상태에 있기 때문에 성취와는 멀어지게 되는 것이다.

우리가 비일상적 실재인 NCR과 일상적 실재인 CR의 세계가 상호 연결되어 있고 서로에게 영향을 미치고 있다는 사실을 깨닫기만 한다면 누구나 갖고 있는 NCR의 잠재된 자원을 활용하여 CR적인 성취를 이룰 수 있게 된다.

그런데도 우리는 이 소중한 자원이 내 안에 있다는 사실을 망각하고 외부에서만 성취 자원을 찾으려고 한다. 내 안에 있는 NCR의 자원을 활성화시키는 것이 먼저이고 내 마음속에 만들어진 NCR적인 성취의 크기만큼 외부의 CR적 성취가 이루어진다는 믿음을 가지는 것이 중요하다.

무한 성취 자원의 보물창고인 잠재의식에 감춰진 초능력적인 멘탈의 힘은 우리 내부에 이미 존재하고 있다. 다만 선택되고 활용되어 밖으로 드러나기를 간절히 기다리고 있을 뿐이다. 이제 더 이상 엉뚱한 곳에서 우리의 성취 자원을 찾는 어리석음에서 벗어나 우리 안에 있는 멘탈의 힘을 긍정적으로 활용할 수 있는 선택과 노력이 필요하다.

틀림이 아닌 다름

 사람들과의 관계에서 상호 존중과 공감을 바탕으로 라포가 형성될 때 서로의 관계가 긍정적으로 발전할 수 있게 된다. 그러기 위해서는 다른 사람들과의 긍정적인 관계를 발전시킬 수 있는 가장 기본적인 태도의 변화가 우선되어야 한다.
 우리는 자신과 다른 사람들에 대해 '다름'을 수용하고 인정하지 못하고 그 다름을 '틀림'으로 잘못 혼용해서 사용하는 경우가 많다. 사전적 의미로 보면 '다름'은 비교가 되는 두 대상이 같지 않다는 뜻을 갖고 있으며 '틀림'은 계산이나 사실 따위가 잘못되거나 어긋난다는 뜻을 가지고 있다.
 다름에는 차이를 나타내는 뜻이 내포되어 있어 다름을 인정하면 서로의 차이를 수용하고 공감하기 때문에 인간관계에서 상호 존중과 배려를 통해 라포가 형성된다. 하지만 틀림에는 차이를 나타내는 의미는 없고 상대의 잘못에 대한 의미만 부각되어 있어 상대가 잘못했다는 부정적이고 왜곡된 생각과 관점을 가지게 되어 건강한 인간관계를 유지하거나 발전시키는데 걸림돌이 된다.

즉, 틀림은 나는 100% 옳고 상대는 100% 잘못되고 틀리다는 자신 안에 왜곡된 좁은 경계를 만들어 그 안에 스스로를 구속시키며 그 믿음을 키우게 된다. 다름과 틀림은 전혀 다른 의미를 가지고 있는데도 두 단어를 잘못 혼용하여 사용함으로써 사람들은 스스로 자기중심적 편향성을 갖게 되고 다른 사람과의 관계에서도 오해와 갈등, 다툼의 원인을 만들기도 한다.

만약에 국가지도자나 경영자, 리더의 위치에 있는 사람들이 다름에 대한 차이를 수용하지 못하고 틀리다는 편협된 관점과 왜곡된 사고를 가지게 되면 옳고 그름의 이분법적이고 경직된 사고와 행동으로 좁혀진 경계를 갖게 된다. 이 잘못된 경계를 지키기 위한 왜곡된 신념이 국가와 조직에 막대한 손해를 끼치며 많은 사람들이 고통을 받는 불행한 결과를 초래할 수도 있다.

일반적인 인간관계에서도 서로의 다름을 수용하고 인정하지 못할 때 다름을 상대의 약점이나 잘못으로 왜곡하여 상대를 공격하게 된다. 공격받은 상대는 자신을 방어하기 위해 또 다른 반격을 하게 되면서 서로의 관계가 대립과 갈등관계로 악화되어 간다.

어느 것도 100% 완전한 것은 없고 절대적인 선과 악도 없으며 우리가 절대적으로 믿고 있는 자신의 가치나 준거도 결국 사회적 환경 속에서의 학습과 경험에 의해 축적되어 있는 자기중심적 편향성이 작용하는 관점일 뿐이다.

멘탈코칭센터에서 상담을 진행하다 보면 대부분의 사람들이 갖고 있는 심리적 병인이 가족이나 가까운 사람과의 관계 능력의 부족에서 문제가 생긴다는 것을 알 수 있다. 가까운 관계에 있는 사람들은 감정적 융합관계에 있기 때문에 잘못된 준거에 의해 틀림의 관점을 사용하는 경우가 많다.

사람들은 누구나 자기 자신을 사랑하고 지키려는 본능적인 자기애를 가지고 있다. 지나친 자기애가 자신을 지키고 방어하기 위해서 자신과 다름에 대한 경각심과 경계를 만들게 되고 자신과 다름을 왜곡하여 틀림으로 지각하고 반응하게 되는 것이다.

이것은 인간이 생존을 위한 진화를 계속하는 과정에서 영향력과 지배력을 확장하기 위해 자신의 절대적 가치나 신념에 대한 확신을 다른 사람들에게도 강요하게 되면서 만들어진 편향된 세상모형이다. 이러한 다름을 틀림으로 왜곡하는 현상은 반드시 나쁜 결과를 만드는 것만은 아니다. 우리가 꼭 지켜야 할 가치를 위해 때로는 틀림을 틀림으로 볼 수 있어야 한다.

틀림을 다름으로 잘못 받아들이면 안 될 때가 있다. 틀림에 대한 관점이 정치, 군사, 종교, 경제 등 사회 전분야에서 기존에 가지고 있는 가치와 안정된 체제, 이익을 지키기 위한 방어전략으로 유용하게 사용되고 있기 때문이다. 하지만 편협되고 왜곡된 가치관이나 태도 등이 특정 집단의 지배력이나 이익을 위한 수단이 될 때 회복될 수 없는 심각한 문제를 일으키기도 한다.

인간관계에서 개인의 경계를 유연하게 확장하여 건강한 관계 능력을 형성하는 첫 단추가 서로의 다름을 수용하고 인정하는 것이다. 모든 사람이 서로 다르다는 전제가 없이 그 다름을 틀림으로 보는 순간 최대의 피해자는 자기 자신이 되기 때문이다.

사람들이 가지고 있는 대부분의 심리적 병인은 잘못된 관계에서 생기며 그 시작은 서로의 차이에 대해 다름이 아닌 틀림으로 보는 데서부터 생긴다. 자기 안에 있는 삐뚤어진 세상모형과 고정관념으로 다른 사람에 대해 틀리다는 왜곡된 확신을 키울 때 그것이 스스로의 경계를 좁혀 관계 능력의 걸림돌이 된다.

세상에 100% 옳고 틀림이 존재하는 것이 아니라 다름이 존재할 뿐이다. 내가 가진 믿음과 확신이 중요한 만큼 다른 사람의 믿음과 신념도 존중해야 한다는 것을 알아야 한다.

산 아래에서 보는 세상과 산 중턱에서 보는 세상은 다르고 산 정상에서 보는 세상은 산 아래와 중턱에서 봤던 것과 또 다른 세상이다. 그리고 1차적 관점이 아닌 2차적 관점에서 보면 세상은 다르게 보이고 3차적 관점에서 보면 세상은 더 달라 보이게 된다. 이 모든 것은 다름의 차이일 뿐 틀린 것이 아니다.

우리는 혼자 살아가는 것이 아니라 수많은 사람들과의 소중한 인간관계를 맺으며 서로에게 영향력을 미치면서 살아가고 있다. 이 소중한 관계를 긍정적으로 유지하고 발전시키기 위해서 100% 옳고 틀림의 경직된 고정관념의 틀에서 벗어나 49대 51을 수용하고 공감할 수 있는 다름에 대한 유연하고 다원화된 자신의 세상모형을 가질 수 있어야 한다. 그래야만 하는 이유는 세상의 어느 것도 일방적으로 100% 옳고 틀림은 존재하지 않기 때문이다.

생각의 전환

사람은 태어날 때 누구나 자신만의 무한 성취 자원을 가지고 태어난다. 다만 부모의 코칭 전략과 성장환경의 차이에 따라 자신의 자원을 알아차려 선택하고 사용할 수 있는 사람과 자원을 알아차리지 못하고 접촉하지 못하는 사람으로 나누어질 뿐이다.

성장과정에서 반복적인 성취경험과 긍정적인 피드백을 받으며 자라게 되면 자신의 잠재자원과 가능성에 대한 긍정적인 믿음을 만들어 그것이 실제 자기라는 긍정의 착각 속에 자신이 타고난 무한 성취 자원을 더 많이 접촉할 수 있는 상태가 된다.

반대로 성장과정에서 반복된 실패와 좌절을 겪고 주변으로부터 부정적인 피드백을 많이 받게 되면 무기력한 자신의 상태에 대한 부정적인 믿음을 만들고 자기 자신에 대한 불신과 자기 제한 신념에 사로잡히게 되어 자신이 타고난 무한 성취 자원과 접촉하지 못하고 단절된 채로 살아가게 될 가능성이 높아진다.

성장과정에서 어떤 학습과 경험, 피드백을 받고 어떠한 믿음을 가지고 있는가에 따라 자신을 접촉할 수 있는 경계가 만들어지고 현실적인 삶의 성취결과가 달라지게 되는 것이다. 이것은 반복된 학습과 경험, 피드백이 믿음을 만들고 그 믿음이 우리를 통제하고 있는 멘탈의 법칙이 작용하고 있기 때문이다.

그래서 '나는 무엇이든 할 수 있다'는 자기 확신의 성공 신념을 가질 수 있도록 반복적인 성취경험과 긍정적인 피드백을 제공해주는 것이 중요한 것이다. 특히 자기 확신을 강화하는 반복적인 멘탈트레이닝으로 원하는 목표에 자신의 자원과 에너지를 일치시켜야 한다. 그리고 성공의 결과를 반드시 얻게 된다는 강한 믿음을 가지는 것이 필요하다.

성공은 아무런 대가나 노력 없이 아무에게나 그저 주어지는 선물이나 요행이 아니라 성공에 대한 흔들림 없는 믿음을 가지고 행동하는 소수의 사람에게만 주어지는 보상이라는 사실을 알아야 한다. 자기 안에 성공에 대한 믿음을 가지고 있지 않은 사람은 외부의 그 어떤 성공도 끌어당길 수 없다.

자기 안에 성공에 대한 믿음과 확신이 없는 사람은 아무리 많은 기회가 손짓하고 이끌어도 그 기회를 자신의 성공 자원으로 끌어당길 수 있는 선택과 행동을 하지 못하고 무기력한 상태에 머물러 있게 된다. 그 어떤 성공도 바깥세상에서 우연이나 요행으로 그저 생기는 것이 아니라 먼저 자신의 마음속에서 만들어져야 하기 때문에 자기 안에 성공에 대한 믿음이 없는 사람은 성공과 멀어질 수밖에 없는 것이다.

자신의 마음속에서 뿌리내린 성공에 대한 확고한 믿음이 스스로를 통제할 수 있을 때 외부의 수많은 성취 기회와 연결을 만들어 현실에서의 원하는 성공을 이룰 수 있게 된다.

세상의 수많은 기회는 우리 주변을 계속 맴돌고 있다. 그 기회를 선택할 수 있는 성공에 대한 믿음이 스스로를 통제하는 능력을 가지게 될 때만이 그 기회를 자신의 성공으로 끌어들일 수 있는 멘탈의 힘을 가질 수 있다. 누구든 자신이 간절히 원하는 것에 대해 성공한 그림을 마음으로 생생하게 떠올리고 자기 안에 성공에 대한 강한 믿음을 만들기만 한다면 그 어떤 성공도 가능해지는 것이 멘탈이 가진 창조의 원리이다.

원하는 성공을 창조하는 강력한 믿음을 자기 안에 만들기 위해서 아침, 저녁으로 성취와 관련된 멘탈트레이닝을 반복하는 것이 도움이 된다. 아침, 저녁으로 성공에 대한 반복적인 멘탈트레이닝을 하게 되면 자신도 모르게 긍정적인 사고와 태도가 형성되고 잠재의식에 강력한 믿음이 만들어져 그 믿음이 그대로 현실적인 성공의 결과를 얻게 해주기 때문이다.

먼저 자기 마음 안에 자신이 원하는 것이 반드시 이루어질 것이라는 확고한 믿음이 있어야 한다. 그 믿음이 정의롭지 못하거나 다른 사람에게 해를 끼치는 악한 것이 아니라면 우리가 가지고 있는 건강한 믿음이 만들어내는 초능력적인 멘탈의 힘으로 원하는 성취를 반드시 실현시킬 수 있게 된다.

비일상적 실재의 NCR적인 형태로 마음에 존재하는 가능성과 잠재력은 반복된 생각에 의해 일상적 실재의 CR적인 성공을 실현시켜주며 이것이 우리의 멘탈이 갖고 있는 위대한 창조와 성취의 힘이다. 이러한 결과는 그것이 사실이든 아니든 상관하지 않고 그것이 사실이라는 강한 믿음을 가지게 되면 현실에서의 성취를 이루게 되는 것이 멘탈의 법칙이기 때문이다.

우리 마음에 원하는 그 무엇을 생생하게 반복해서 생각하고 성공에 대한 확고한 믿음을 만들게 되면 언젠가는 그 믿음에 대한 현실적인 답을 얻을 수 있게 된다.

두 손을 깍지 끼고 '손을 뗄 수 없다'는 생각을 쉬지 않고 하게 되면 두 손을 절대로 뗄 수가 없다. 두 손을 뗄 수 없다는 우리의 반복적인 생각이 믿음을 만들고 그 믿음이 우리 몸을 통제하고 있기 때문에 두 손을 절대로 뗄 수가 없는 것이다. 두 손을 뗄 수 없다는 생각을 멈추고 뗄 수 있다는 생각을 하는 순간 조금 전까지만 해도 뗄 수 없었던 두 손을 뗄 수 있게 된다. 이것이 우리의 믿음이 우리 몸을 통제하고 있는 증거이다.

불면증의 경우도 마찬가지로 '나는 잠이 오지 않는다'라는 반복된 생각과 걱정으로 인하여 당연히 잠을 잘 수가 없게 된다. 잠이 오지 않는다는 생각을 반복하면 잠은 더 오지 않고 정신이 말똥말똥해진다. 이럴 때는 잠이 오지 않는다는 생각과 빨리 자야 한다는 강박에서 벗어날 수 있도록 다른 곳으로 초점을 전환하면 우리 몸은 잠이 필요할 때 편하고 쉽게 잘 수 있다.

반복적인 실패와 좌절을 경험하며 우울하다는 생각을 계속해서

하게 되면 우울한 기분이 자신을 지배하게 되어 세상이 온통 어둡고 우울하게 보이게 되는 것도 반복적인 생각이 만들어낸 믿음이 우리를 통제하고 있기 때문이다. 우울한 상태에 머물러 있는 자신의 생각을 멈추고 작은 성취와 긍정적인 피드백을 반복해서 제공해주어야 한다. 좋은 생각들을 반복하면 우울했던 상태가 줄어들고 밝고 긍정적인 자신의 상태를 회복하게 된다.

다행히 우리는 신경가소성이라는 위대한 뇌의 기능을 활용할 수가 있다. 우리의 뇌는 가소성에 의해 무한한 변화와 창조가 가능하기 때문에 우리 마음속에 있는 약간의 NCR적 가능성만으로도 CR적인 현실의 변화와 성공을 이끌어 낼 수 있게 된다.

예를 들어 사고로 잃어버린 왼쪽 팔을 원래처럼 다시 생길 수 있게 만드는 것은 불가능하지만 잃어버린 왼팔의 기능을 대신할 수 있는 다른 수많은 자원을 선택하고 활용하는 것은 우리의 생각을 전환하는 것만으로 가능하다.

약간의 가능성만 존재한다면 원하는 것에 생각의 초점을 맞추어 자기 안에 잠재된 모든 자원과 에너지를 일치시킬 수가 있다. 중요한 것은 우리가 가지고 있는 CR의 제한된 한계로 인하여 NCR의 가능성을 구속해서는 안 된다는 것이다.

많은 사람들이 현실적인 CR의 세계에 묶인 채 그 속에서 자신의 축소된 경계를 만들고 좁혀진 안전지대를 형성하여 현실에 안주하려 한다. 이러한 경계가 생기는 이유는 성장과정에서 NCR이 가지고 있는 무한 성취의 자원과 에너지를 알아차리고 접촉할 수 있는 트레이닝을 받지 못하고 그것을 자신의 성취 기회로 만들 수 있는 경험과 피드백을 제대로 받지 못해서 생기는 부정적인 프로그래밍 때문이다.

우리는 흔히 일이 잘 풀리지 않을 때 '왜 이렇게 일이 잘 안 풀리지'라며 문제에 초점을 맞추는 생각을 하기 쉽다. 이럴 때 '좀 더 좋은 방법이 무엇일까'라며 원하는 것으로 생각을 전환하는 것만으로도 잘 풀리지 않는 문제에 대한 답을 쉽게 구할 수 있다.
이것은 문제에 맞추어진 초점을 자신이 원하는 것으로 바꾸면서 구해지는 답이다.

말을 더듬는 사람에게 '말을 더듬지 말고 똑바로 해'라는 충고는 오히려 말을 더 더듬는 생각과 정서를 활성화시켜 말을 더 심하게 더듬는 역효과를 가져올 뿐이다. '말을 지금보다 느리게 한 단어씩 끊어서 하게 되면 마음도 차분해지고 발음도 훨씬 정확해질 거야'라는 긍정적인 정보와 피드백을 제공하여 생각의 초점을 전환하게 되면 말을 천천히 정확하게 할 수 있게 된다.

어떤 힘든 상황에서도 원하는 것에 초점을 맞출 수 있는 생각의 전환을 반복하게 되면 그것이 우리의 믿음을 만들고 그 믿음이 우리를 통제하여 원하는 성취를 실현시켜주는 초능력적인 멘탈의 힘을 얻게 되는 것이다.

부정을 부정하라

0.1%의 가능성에도 초점을 맞추어 반복해서 상상하거나 생각을 하게 되면 그것이 CR적인 현실로 나타나게 되는 것이 멘탈의 힘이 가진 창조력과 성취력이다.

우리의 비일상적 실재인 NCR적 생각이 남을 해롭게 하거나 악한 것이 아니라면 우리가 가지고 있는 멘탈의 힘이 현실에서의 성취를 실현시키는 놀라운 변화를 누구나 직접 체험할 수 있다.

반대로 멘탈의 법칙은 '나는 할 수 없다'를 반복해서 생각하면 그것이 믿음이 되어 실제로 아무것도 할 수 없는 무기력한 자신의 상태를 만드는 부정적인 결과를 창조하기도 한다.

우리가 어떤 일을 할 때 할 수 없다고 반복해서 생각하면 실제로 할 수 없는 결과를 얻게 될 가능성이 높아지고 할 수 있다고 생각하면 할 수 있는 성취의 결과를 얻게 될 가능성이 높아진다.

이러한 결과를 만드는 것은 우리의 반복적인 생각이 믿음을 만들고 그 믿음이 우리를 통제하고 있기 때문이다.

초능력적인 멘탈의 힘을 활용할 수 있는 지혜로운 사람은 '나는 할 수 없다'라는 부정적인 생각조차도 긍정의 성취와 결과를 얻기 위한 소중한 자원으로 전환할 수가 있다. 수학에서 '-'가 두 번이면 '+'가 되듯이 우리의 부정적인 생각이나 행동에 대해 부정하게 되면 긍정으로 전환되는 원리이다.

화를 잘 내는 사람이나 신경질, 비난, 불평불만, 욕설, 짜증, 고함 지르기, 폭력 등 좋지 않은 자신의 부정적인 행동을 고치고 싶다면 그 행동에 대해 '나는 할 수 없어'를 반복해서 연합시키면 의외로 쉽게 나쁜 행동이 통제되는 변화를 경험하게 된다.

예를 들어 화를 잘 내는 사람이 화가 나려고 할 때 '나는 지금 화를 내고 싶어. 그러나 화를 낼 수가 없어. 화가 멈출 거야. 내 마음의 스펀지에서 화를 흡수하여 화를 낼 수가 없어'라는 생각으로 전환하게 되면 거짓말처럼 마음이 바뀌는 체험을 할 수 있다.

이 말이 의심스러운 사람이 있다면 손가락으로 연필을 잡고 '연필을 떨어뜨리고 싶어. 그러나 그럴 수가 없어. 연필을 떨어뜨릴 수가 없어'라고 반복해서 생각하면 연필을 절대로 놓지 못하는 자신을 발견할 수가 있게 될 것이다.

이것은 주먹을 쥐고 절대로 주먹을 펼 수 없다는 생각을 하는 동안에는 주먹을 펼 수 없는 통제 현상을 만드는 원리와도 같은 것이다. 이러한 변화는 우리의 생각이 반복되면 믿음이 되고 그 믿음이 우리를 통제하기 때문에 나타나는 자연스러운 현상이다.

만약에 조금만 화가 나도 주먹을 휘두르며 폭력적인 행동을 자주 한다면 '나는 지금 화가 나서 상대를 때리고 싶어. 그러나 나는 상대를 때릴 수 없어. 상대 앞에서 내 주먹이 마치 쿠션에 쌓인 것처럼 멈출 거야. 내 주먹이 멈출 거야'와 같이 부정을 부정하는 간단한 자기암시만으로도 행동을 통제할 수가 있다. 이처럼 부정에 부정을 연합시키게 되면 긍정의 결과를 얻게 된다.

일상생활 속에서 고통스러운 일이 생기면 대부분의 사람들은 그 고통을 받아들여 자신을 고통 속에 가두고 자기 안에서 그 고통을 더 키우면서 스스로 고통에 구속되는 잘못된 선택을 하기 쉽다. 그러면서 자신을 제어하지 못하고 그 고통을 주었던 원인을 찾아 원망하고 증오심을 키우면서 자신을 부정적인 상태에서 허우적거리게 만든다.

이럴 때는 즉시 '이건 전혀 문제될 일이 아니야. 내가 충분히 해결할 수 있는 일이야. 잘 해결될 거야'라며 고통을 주는 부정에 대해 즉시 부정하고 긍정의 생각으로 자신의 멘탈을 전환하게 되면 고통이 쉽게 사라진다. 일상생활 속에서 받는 많은 부정적 자극과 고통은 우리가 어떤 생각을 선택하느냐에 따라 성취를 이루는 긍정적인 자원이 되기도 하고 자신을 스트레스 상황에 구속시키는 부정적인 자원이 되기도 한다.

그 어떤 힘든 일이나 고통도 우리가 극복하지 못할 일은 존재하지 않는다. 만약에 우리가 극복하지 못할 일이 존재한다면 그것은 아무 걱정할 필요가 없다. 왜냐하면 어쩔 수 없는 일은 우리가 걱정스러워해도 아무런 변화가 없기 때문에 걱정할 필요가 전혀 없는 것이다. 우리가 느끼는 대부분의 힘든 일은 일 자체가 힘든 것이 아니라 그 일이 힘들 것이라는 과거의 기억 시스템이 만들어내는 자기 자신과의 싸움이 우리를 힘들게 할 뿐이다.

걱정하는 마음은 원래 좋은 의도를 가지고 있지만 그 좋은 의도가 자신을 오랫동안 스트레스 상황에 노출시키거나 고통을 느끼게 만든다면 어리석은 선택이 될 수 있다.

고통스러운 상황이 찾아왔을 때 우리가 현재 할 수 있는 최선의 방법은 초점을 전환하여 어떻게 하면 지금보다 더 좋은 해결방법을 찾을 수 있을지에 대해 최선의 선택을 하고 원하지 않는 고통에서 벗어날 수 있는 자유의지를 찾는 것이다. 우리 마음속의 반복된 부정적인 생각은 부정적인 믿음을 만드는 힘을 가지고 있기 때문에 고통에 쉽게 빠지게 되고 실제로 그 고통이 자신을 구속하고 스스로 만든 좁은 경계에 갇히는 선택을 하게 만든다.

만약에 우리의 삶에서 초대받지 않는 고통이 현관문을 통해 들어오려고 한다면 정중히 거절할 수 있는 자유의지를 가져야 한다. '나는 이 고통이 무섭지 않다. 이 정도의 고통이 나를 괴롭히지 못하기 때문이다. 나는 괜찮아. 더 좋은 방법을 찾게 될 거야. 고통아 잘가' 이렇게 정중히 거절하며 고통을 점잖게 돌려보내야 한다.

내 삶의 주인공은 나 자신이기 때문에 모든 선택은 자신의 자유의지로 할 수가 있다. 그래서 부정에 대해서는 부정으로 물리칠 수 있는 지혜로운 방법을 선택하는 것이다.

PART 3
목표

자신이 원하는 목표를 이루고 싶다면
현재의 경험을 바꾸어야 한다.
미래의 자신이 원하는 결과를
현재의 경험으로 상상을 반복하여
현재의 경험이 새로운 원인과 결과가 되어
성취를 이루는 소중한 자원이 될 수 있게 해야 한다.

목표가 나를 끌어당긴다

 자신이 원하는 미래의 꿈과 목표를 성취하기 위해서는 멘탈이 가지고 있는 무한 성취의 원리와 사용방법을 이해하고 활용할 수 있는 능력이 필요하다.
 만약에 자신이 원하는 목표를 이루고 싶다면 현재의 경험을 바꾸어야 한다. 미래의 자신이 원하는 결과를 현재의 경험으로 상상을 반복하여 현재의 경험이 새로운 원인이 되고 결과가 되어 성취를 이룰 수 있는 소중한 자원이 될 수 있게 해야 된다. 즉, 뇌는 현실과 가상을 구분하지 못하기 때문에 지금 현재 어떤 경험을 하는가에 따라 자신의 현재뿐만 아니라 과거의 기억에 대한 의미까지도 바뀌고 미래의 기억을 새롭게 만들어낼 수도 있다.
 우리 뇌는 착각의 챔피언이기 때문에 성취를 위한 미래의 원하는 목표 설정과 현재 상황 인식, 성취를 이룬 자신의 모습에 대한 상상을 현재 경험으로 하게 되면 그 경험은 원인과 결과로써 뇌에 프로그래밍되어 그와 관련된 성취를 이루는 초능력적인 멘탈의 힘을 가지게 된다. 현재의 경험을 바꾸어 자신이 원하는 목표가 스스로를 끌어당기는 초능력적인 멘탈의 힘을 활용할 수 있게 하기 위해서는 다음과 같은 구체적인 목표 설정과 트레이닝이 필요하다.

첫째, 원하는 목표를 반복해서 암송하고 그 목표를 글로 써서 남겨야 한다. 우리가 원하는 목표에 대해 반복적인 말을 하게 되면 두 배의 실행력을 가지게 되고 글로 쓰게 되면 열 배의 실행력을 가지게 된다. 이것은 목표에 대해 말을 반복하고 글을 쓰게 되면 말과 글이 뇌신경과 연결되어 있어 그대로 뇌에 강하게 프로그래밍되기 때문에 생기는 현상이다.

반복적인 말과 글은 뇌신경에 강한 흔적을 남겨 목표를 더 키우고 선명하게 만들어주며 힘든 시련과 장애물에도 흔들림 없이 목표를 향해 나아갈 수 있게 하는 멘탈의 힘을 강화시켜준다.

그리고 원하는 목표를 설정할 때는 구체적이고 선명해야 하며 측정이 가능하고 시간성이 있어야 한다. 추상적이고 모호한 목표는 우리를 이끌어 당기는 힘을 가지지 못하기 때문이다.

둘째, 현재 자신의 상황과 상태에 대해 말과 글로써 표현해야 한다. 원하는 목표 진술 후에 변화해야 할 현재 상황에 대한 진술을 반복해서 하게 되면 우리의 뇌는 목표와 현재 상황의 '차이'를 알아차리고 그 차이를 줄이기 위해 자신의 잠재된 자원과 에너지를 일치시키기 위해 작동된다.

뇌는 차이가 만들어내는 불일치를 수용하고 견디어 낼 수 있는 능력이 없기 때문에 목표와 현재 상황의 차이를 없애기 위해 모든 자원을 일치시키고 현재 상황에서 벗어나 목표에 더 가까이 가게 되는 것이다. 그래서 목표가 크고 선명하며 구체적이어야 하는 것이다. 만약에 그렇지 못하면 목표가 현재 상황으로 거꾸로 내려와 현재 상황에 머물며 아무런 변화와 성취도 이루지 못하는 무기력한 상태로 머물게 된다.

우리 뇌가 가진 '차이'를 극복하는 능력을 활용할 수 있도록 해야 한다. 원하는 목표와 현재의 상황에 대한 차이를 알아차릴 수 있는 말과 글을 반복해서 사용하는 것만으로도 목표가 우리를 이끌게 하는 끌어당김의 힘을 얻을 수가 있다.

뇌는 설렘이 있는 원하는 목표에 대해서는 쾌락으로 받아들이고 변화해야 할 현재의 부정적 상황에 대해서는 고통으로 받아들이기 때문에 자동적으로 목표를 향해 자신을 변화시키는 선택과 행동을 하게 된다. 원하는 목표는 즐거움과 행복으로 받아들여 지향적 동기를 갖게 만들고 현재 상황은 고통으로 받아들여 회피적 동기를 만들어 자동적으로 현재 상황에서 벗어나 목표에 가까이 다가갈 수 있도록 프로그래밍시켜야 한다.

셋째, 지금-여기에서 목표를 달성한 자신의 모습을 생생하게 결과적으로 진술한다. 자신이 원하는 미래의 목표가 이미 달성된 것으로 생생하게 시각화하고 암송함으로써 뇌에 프로그래밍시킨다. 우리의 순진한 뇌는 성공한 미래에 대한 상상을 반복하는 것만으로도 뇌에 그대로 흔적을 남기게 되어 자신의 미래 기억을 만들어 버리는 착각의 챔피언이다.

이미 성취를 이룬 자신의 모습과 주변 사람들, 긍정적으로 바뀐 환경에 대해 지금-여기의 현재 경험으로 상상하고 진술함으로써 성취감과 가슴 설렘을 실제처럼 느끼게 하는 것이 중요하다.
　뇌는 본능적으로 고통을 회피하고 쾌락을 지향한다. 자신이 원하는 목표가 성취된 즐겁고 행복한 미래에 대해 지금-여기에서 현재의 경험으로 선명하게 뇌에 프로그래밍시키게 되면 목표를 이루기 위해 모든 자원과 에너지를 일치시키게 된다. 그리고 불필요한 주변 자극과 정보를 차단하고 목표를 더 빨리 성취하기 위해 자신의 초점을 모으게 되는 것이다.
　넷째, 성취를 이룬 이후의 변화된 자신의 상황을 증명할 수 있는 증거물을 만든다. 그 증거물이 상상에 의한 것이든 조작된 것이든 상관없이 증거를 만들기만 한다면 뇌에서는 거부할 수 없는 명확한 사실이라고 받아들이기 때문에 목표를 성취한 자신의 선명한 이미지를 실제로 받아들여 프로그래밍시키게 된다.
　착각의 챔피언이라는 별명을 가진 똑똑한 뇌는 증거에 대한 완전한 믿음을 만들어 그 믿음이 자신을 통제하게 하여 성취를 앞당기는 초능력적인 멘탈의 힘을 가지게 되는 것이다.
　다섯째, 목표를 이루었을 때 얻게 되는 것과 잃게 되는 것을 진술함으로써 지향적 동기와 회피적 동기가 목표를 이루기 위한 방향으로 초점을 일치시키게 된다. 목표를 성취했을 때 얻게 되는 자존감, 성취감, 자신감, 유능감, 행복감, 물질적 보상, 사회적 성장, 자기발전 등을 말과 글을 통해 진술함으로써 설레임을 느끼게 하는 자신의 지향적 동기를 자극하여 목표를 향해 나아가는 강력한 힘을 갖게 해준다.

목표를 성취했을 때 잃게 되는 무능감, 불안, 열등감, 가난, 무시, 우울, 좌절, 불완전한 경계 등을 떠올리고 말과 글을 통해 진술함으로써 고통스러운 현재 상황을 벗어나기 위한 회피적 동기를 자극하여 목표에 더 가까이 가게 만드는 힘을 갖게 해준다.

이처럼 목표가 우리를 이끌어주는 힘이 된다. 우리 안에 이미 목표를 성취할 수 있는 자원이 충만해 있지만 우리가 그동안 목표를 성취하는 구체적인 멘탈기법을 활용하지 않았을 뿐이다. 그 방법을 알고 활용한다면 비일상적 실재인 우리의 꿈과 목표가 일상적 실재에서의 성취로 바뀌게 된다.

무한 성취의 힘을 가진 우리의 잠재의식에 성취를 위한 프로그램을 입력시킬 수 있다면 목표가 나를 이끄는 끌어당김에 의해 원하는 목표를 달성할 수가 있다. 그 성취를 위한 자원은 이미 자신이 가지고 있기 때문에 누구나 마음에 목표 성취를 위한 구체적인 멘탈 사용법을 알고 실천할 수 있다면 원하는 미래의 꿈과 목표를 얼마든지 성취할 수가 있게 되는 것이다.

위기를 기회로 바꾸는 멘탈

우리의 마음과 몸 상태는 지금-여기의 현재 상태에서 어떤 생각을 반복하느냐에 따라 움직이고 변화한다.

어릴 때 사나운 개에게 물린 아픈 경험이 있는 사람이 '무서운 개를 떠올리지 말자'라는 생각을 의도적으로 반복해서 하면 그 생각이 더 선명하게 떠오르게 되는 것처럼 생각의 초점이 모아지면 그것이 곧 믿음이 되고 현실이 된다. 지나간 과거든 닥쳐올 미래든 그 어떤 생각이든지 현재에서 반복적으로 생각하는 것은 사실로 받아들이고 믿음으로 자리 잡아 자신을 통제하게 되는 것이다.

우리의 생각이 그 무엇이든 지속적으로 반복하게 되면 그것이 믿음을 만들고 그 믿음이 자신을 통제하게 되면서 현재 상태를 만들게 된다. 위기상황에서도 생각의 초점을 어디에다 맞추고 있는가에 따라 자신이 원하는 상태를 통제할 수 있다. 예를 들어 '힘들다', '안 된다', '포기하자'라는 생각을 반복하게 되면 실제로 그와 같은 결과를 얻게 될 확률이 아주 높아진다.

이러한 결과는 반복된 부정적인 생각이 부정적인 믿음을 만들기 때문에 나타나며 그러한 믿음이 자신을 통제하여 무기력한 상태를 만든다. 부정적인 믿음이 만든 무기력한 상태에서는 아무런 긍정적인 해결책도 찾지 못하고 오로지 그 위기상황을 벗어나고 도망가려는 비겁한 회피적 선택과 행동만 하게 된다.

 우리는 살아가면서 힘들고 고통스러운 일을 겪기도 하고 갑작스럽게 위기상황이 찾아올 수도 있다. 그러한 위기상황에 대처하는 우리의 마음가짐과 태도에 따라 위기가 우리 삶에 큰 고통을 주기도 하고 그것을 극복하는 과정에서 더 나은 결과를 얻는 '전화위복'의 계기가 되기도 한다.

 사람들은 스트레스를 주는 힘들고 어려운 일이나 위기상황이 없는 세상을 바라지만 그러한 유토피아는 우리가 숨 쉬고 살아가는 세상에서는 존재하지 않는다. 오히려 살아가면서 지금까지 겪은 시련과 위기보다 더 많은 시련과 위기를 겪게 될지도 모른다.
우리의 삶은 스트레스와 시련의 연속이며 긍정적인 멘탈상태로 그것을 극복하는 과정에서 자신을 더 강하게 단련하고 업그레이드할 수 있는 놀라운 적응력을 가지고 있다.

 살아가면서 부정적인 외부조건과 상황에서 받는 다양한 스트레스는 언제 어디서나 존재하기 때문에 스트레스를 회피하기보다 극복하는 방법을 알고 실천하는 것이 더 중요하다. 어차피 스트레스를 피할 수 없다면 스트레스에 대처하는 자신의 내성을 더 키우고 그것을 자신의 성취 자원으로 전환하여 활용할 수 있는 건강한 멘탈능력을 가지는 것이 필요하기 때문이다.

　자신을 힘들게 하는 시련과 위기 속에 받는 스트레스가 일시적으로 마음과 신체를 힘들게 하는 나쁜 작용을 하기도 하지만 그렇다고 모든 스트레스가 전부 나쁜 영향을 미치는 것은 아니다. 위기상황에서 받는 스트레스에 대한 자신의 관점을 바꿈에 따라 잠재된 자원과 에너지를 발휘할 수 있는 전환점이 되기도 하고 새로운 도전을 위한 기회로 만들 수도 있다.

　만약에 원하지 않는 부정적인 생각이 솟아오르게 되면 의식적으로 즉시 부정적인 패턴을 깨고 자신이 원하는 긍정적인 생각을 반복해야 한다. 위기상황에서도 어떻게 하면 더 좋은 방법이 있을지에 대한 대안을 찾기 위해 긍정적인 생각을 반복하면 어려운 상황을 극복할 수 있는 더 좋은 방법을 찾을 수 있게 된다.

　우리의 잠재의식에는 그 어떤 위기도 극복할 수 있는 멘탈적인 능력이 숨겨져 있으며 그 능력은 우리가 어떤 관점으로 선택을 하느냐에 따라 드러나는 소중한 자원이다.

　새로운 기회와 가능성에 초점을 맞추어 더 나은 방법을 찾고 위기를 기회로 바꾸는 탁월한 선택을 할 것인지, 좌절과 절망에 빠져 무기력한 자신의 상태에서 세상을 원망하는 어리석음을 선택할 것인지는 본인의 몫이다. 그 선택이 무엇인가에 따라 자신에게 닥친 위기가 성취와 행복을 안겨주는 더 큰 기회로 변화하기도 하고 절망과 불행을 안겨주는 현실적 위험이 되기도 하는 것이다.

　만약에 어떤 상황에서 부정적인 생각을 선택하여 그 부정적인 생각이 만든 믿음이 자신을 통제하려 하면 부정적인 생각이 더 이상 패턴을 만들기 전에 즉시 진압해야 한다. 부정적인 생각을 초기에 진압하지 못하면 거대한 산불처럼 통제되지 않는 상황으로 확산되어 자신을 지배하기 때문에 즉시 진압하는 것이 중요하다.

 우리의 삶이 항상 기쁘고 행복한 시간으로만 채워지는 것은 아니다. 때로는 의도하지 않는 실수를 하기도 하고 큰 위기가 찾아오기도 하며 생각하지도 않았던 부정적인 상황이 우리를 힘들게 할 수도 있다. 이러한 힘든 위기상황에서 그것을 피하려고만 하는 소극적인 대처보다 어떻게 문제를 해결할 것인가에 대한 긍정적인 관점을 가지게 될 때 위기가 기회로 바뀔 수 있게 된다.

 위기에서 도망가려고 하기보다 위기를 알아차리고 접촉하여 그 위기에 대처하는 여러 가지 긍정적인 방법들 중에서 자신이 가장 마음에 드는 것을 고를 수 있는 선택권이 우리 자신에게 있다.
자신이 변화시킬 수 없는 문제에 잘못 맞추어진 생각의 초점을 원하는 삶의 결과를 얻기 위한 것으로 생각의 초점을 전환해야 한다.

 우리가 겪는 시련과 장애의 크기가 크면 클수록 그것을 극복했을 때 얻게 되는 성취의 크기도 그만큼 더 커지게 된다. 그래서 삶의 위기는 곧 기회가 된다고 하는 것이다. 이것이 위기의 '기' 자와 기회의 '기' 자가 같은 이유이다.

나를 바꾸어라

　세상에는 변화가 필요하지만 변화시킬 수 없는 대상과 환경이 존재하고 있다. 많은 사람들이 변화시킬 수 없는 대상과 환경을 변화시키기 위해 초점을 잘못 맞추고 자신의 소중한 시간과 자원을 사용하면서 아깝게 에너지를 소모하고 있는 것이다.

　변화시킬 수 없는 다른 사람과 환경을 변화시키려고 하는 초점을 바꾸어 먼저 변화시켜야 할 대상은 자기 자신이다. 다른 사람과 환경을 변화시킬 수 있는 통제력은 자신에게 없지만 자신을 통제하는 힘은 자신이 갖고 있기 때문에 나를 먼저 바꾸어야 한다.
그것은 자신을 바꿀 수 있는 것은 오로지 자기 자신밖에 없기 때문에 스스로의 자유의지로 원하는 변화를 선택해야 하는 것이다.

　많은 사람들이 변화의 대상이나 초점을 외부로 잘못 맞추어 자신의 에너지를 헛되이 낭비하면서 실패와 좌절을 반복적으로 경험하게 된다. 이러한 통제할 수 없는 외부적 연결에서 실패와 좌절이 반복되어 부정적인 경험이 축적되면 나쁜 습관의 순환고리를 만든다. 이 경험이 자신의 존재와 정체성에 대한 부정적인 필터를 만들게 되고 그것이 실제 자기라는 착각을 하게 된다. 초점이 잘못 맞추어진 상태에서는 외부환경과의 건강한 연결을 만들지 못하거나 자기 내면의 변화와 성취를 위한 열정과 에너지를 찾을 수가 없다.

손자병법에 "적을 알고 나를 알면 백번 싸워 위태롭지 않다"라는 내용이 있다. 전쟁에서 승리하기 위해서는 상대와 나의 장단점을 파악해야 하고 나의 장점으로 환경의 기회를 자신의 자원으로 활용할 수 있어야 한다는 뜻이다.

자신이 가진 소중한 자원과 잠재력을 극대화시키기 위해서는 먼저 자기를 아는 것이 중요하다. 전쟁에서 이기기 위해서는 이길 수 있는 나의 완벽한 조건을 만드는 준비와 변화가 먼저 필요한 것이고 그 변화를 통해 이길 수밖에 없는 자신의 상태를 미리 만들어 두고 외부적으로 그 승리를 확인하는 절차가 필요한 것이다.

전쟁은 자기 안에 먼저 완전한 승리를 만들어두고 전쟁이라는 절차를 통해 그 승리를 확인하는 과정이며 외부환경과의 새로운 연결을 통해 그 승리를 증명하는 것일 뿐이다. 우리의 삶에서도 마찬가지로 우리가 그 무엇을 이루고자 한다면 먼저 우리의 마음속에 그 무엇을 만들어야 한다.

이처럼 모든 변화의 시작은 내 마음 안에서 일어나며 마음에 선명하게 그려진 그림은 그것이 무엇이든지 관계없이 어떤 형태로든 일상적 실재인 CR적 세계에서 증명되는 것이 초능력적인 멘탈이 가진 창조의 힘이다. 그래서 변화의 초점을 다른 사람과 세상에 두는 것이 아니라 나 자신에게 두어야 하는 것이다.

자신이 가진 무한 성취의 자원에 초점을 맞추고 자신의 시간과 열정을 투자하여 스스로를 더 변화하고 성장하는 과정이 필요하다. 스스로 강해지기 위해 쉬지 않고 노력하는 '자강불식'의 배움과 채움의 마음자세로 자신의 자원과 재능을 찾아내고 갈고닦음으로써 자신이 먼저 변화할 수 있을 때 다른 사람과 환경적인 모든 변화도 가능해진다.

사람은 태어날 때 자신만의 사명과 그 사명을 실현할 수 있는 자원을 가지고 있다. 하지만 불행하게도 성장과정을 거치며 외부의 잘못된 피드백에 의해 태어날 때부터 갖고 있던 자신의 사명과 긍정적인 자원을 알아차리는 능력을 차츰 상실하게 된다. 자기 내면의 긍정적인 자원에 초점을 맞추지 못하게 하는 부정적인 경험과 주변의 피드백에 반복적으로 노출되면서 오히려 자신의 경계를 축소하고 부정적 자기 제한 신념을 키우게 되는 것이다.

자신의 가치와 삶의 성취결과는 자신 안에 있는 소중한 자원과 재능을 알아차리고 초점을 맞추어 그것을 활용할 수 있을 때 빛이 날 수 있다. 그런데도 많은 사람들이 안타깝게도 자신 안에 있는 이 무한 성취의 자원인 멘탈의 힘을 알아차리지 못한다.
오히려 자기 자신을 과소평가하면서 진짜 자기를 만나는 선택을 하지 못한 채 오로지 외부에서만 답을 찾으려 하게 된다.

실패와 좌절, 부정적인 피드백이 쌓여 마음의 필터가 만들어지게 되면 자기 안에 있는 긍정의 성취 자원과 능력이 묻혀버리거나 연결이 약화되면서 부정의 세상모형이 만들어진다.

부정의 세상모형이 만든 가짜 자기를 진짜 자기로 알고 변화를 위한 긍정의 힘을 사용하지 못하는 상태에 빠지게 되는 것이다.

이것은 우리가 가진 마음의 지도가 처음부터 잘못 그려졌기 때문이다. 마음의 실제 영토에는 성취를 위한 수많은 자원이 충만해 있지만 부정적인 성장환경에 의해 마음의 지도를 잘못 그리게 되면 긍정의 모든 연결이 차단되고 부정적인 연결만 활성화된다.

변화는 불가능한 것이 아니라 변화가 불가능하다고 생각하는 마음의 지도 때문에 불가능한 상태에 머물러 있는 것일 뿐이다.

이처럼 변화할 수 없다는 부정적인 고정관념이 우리를 변화하지 못하는 중독된 습관의 함정에 빠지게 만든다. 우리가 변화하기 위해서는 변화를 거부하거나 불가능하다고 생각하는 잘못 그려진 고정된 마음의 지도를 '변화할 수 있다'는 긍정적이고 유연한 마음의 지도로 바꾸는 노력을 해야 한다.

새롭게 마음에 그린 지도에 의해 우리의 모든 자원과 재능이 일치되고 초점이 모이지면서 원하는 변화와 성취를 얻을 수 있는 시작은 이미 내 안에서부터 시작된다. 중요한 것은 자신이 누구인지, 어떤 사람인지를 아는 것이다. 자신의 긍정적인 성취 자원과 에너지에 대해 알아차릴 수 있는 능력을 가지게 될 때 자기 안에서의 변화는 이미 자동적으로 일어나게 된다. 그리고 그 변화를 위한 첫 시작은 내 안에 있는 마음의 지도를 바꾸는 것이다.

뉴턴의 운동 1법칙인 관성의 법칙은 "움직이는 물체는 계속 움직이려는 성질을 갖고 있고 움직이지 않는 물체는 계속 그 상태를 유지하려는 성질"이라고 정의한다.

변화하지 않으려는 관성에 오랫동안 중독된 자신의 상태를 바꾸는 것은 결코 쉽지 않다. 정지한 상태에서 변화하지 않으려는 성질을 가진 관성을 지속적으로 변화할 수 있는 새로운 관성으로 바꾸기 위해서는 변화할 수 있는 새로운 힘이 필요하다.

그저 막연하고 추상적인 마음으로는 변화하지 않으려는 커다란 관성을 가진 자기 자신을 변화시킬 수 없다. 자기 자신이 누구인지 알고 자기 안에서의 작은 변화부터 시작할 수 있을 때 자신의 변화된 관성을 얻게 되고 그 관성으로 다른 사람과 세상을 변화시킬 수 있는 관성의 힘을 가질 수 있게 된다.

자신의 변화가 먼저 필요한 이유는 자신이 변화했을 때 다른 사람과 세상은 이미 다르게 보이게 되고 변화된 자신의 힘으로 다른 사람과 세상을 변화시킬 수 있기 때문이다.

설레임

우리가 어떤 색안경을 쓰고 보느냐에 따라 세상은 다른 색으로 비친다. 검은색 안경을 쓰게 되면 온 세상이 검게 보이고 초록색 안경을 쓰게 되면 온 세상이 초록색으로 보인다. 마찬가지로 어떤 세상모형을 가지고 있느냐에 따라 세상이 달라 보이게 된다.

우리가 일상에서 경험하는 모든 것은 우리가 어떤 세상모형을 가지고 어떤 생각과 느낌을 갖느냐에 따라 달라지게 되는 것이다.

만약에 실패를 두려워하고 반복해서 생각하면 실패에 대한 믿음과 느낌이 자신을 통제하면서 실패를 불러들이게 되고 반대로 성공을 꿈꾸며 성공에 대한 생각을 반복하면 성공에 대한 믿음과 느낌이 자신을 통제하면서 가슴 설레임이 생겨 성공을 불러들이게 되는 힘을 갖게 된다.

어렸을 때 즐거운 소풍이나 여행을 가기 전날에 가졌던 설레임과 설날 새 옷을 입고 세뱃돈을 받을 때의 설레임을 떠올려보면 그 설레임이 클 때는 밥을 먹지 않아도 배가 고프지 않고 잠을 자지 않아도 졸립지가 않았던 기억을 떠올릴 수 있다. 이것이 설레임이 우리에게 주는 행복감이다. 설레임은 내가 좋아하고 잘할 수 있는 일을 할 때 생기는데 그것을 우리는 사명이라고 부른다.

우리는 성장과정에서 자신의 사명과 꿈에 대한 상상을 무한대로 키우면서 설레임의 크기도 함께 키우게 된다. 어릴 때 절대적인 믿음에 의해 만들어진 사명에서 생기는 설레임에 대한 느낌이 성장과정에서 부모나 권위를 가진 주변 사람들의 무관심이나 부정적인 피드백에 의해 빛을 잃어가면서 점점 희미해져 간다.

어릴 때의 분명한 사명과 꿈이 성장과정에서의 부정적 피드백에 의해 차츰 희미해지고 현실적 한계에 부딪치면서 실패와 좌절을 거듭하며 설레임의 감각을 조금씩 잃어가게 되는 것이다.

우리의 삶에서 설레임의 감각이 무뎌지거나 없어질 때 일상의 반복된 습관에 중독된 무기력한 상태에 갇혀 새로운 도전과 성취를 위한 호기심을 잃어버린다. 설레임을 잃어버린 사람은 새로운 변화나 도전을 위한 호기심을 잃어버렸기 때문에 행동에 제한을 받아 자신의 경계와 안전지대 사이즈를 최대한 좁히게 된다. 그래서 마음의 설레임이 없는 사람은 새로운 변화나 성취를 위한 도전과 행동을 쉽게 하지 못하는 것이다.

마음의 설레임이 없어지게 되면 지금 바로 해야 할 일을 당장 시작하지 못하고 '나중에', '내일'이라는 피난처를 만들어 미루게 되고 변화의 시기를 놓쳐 좋은 기회를 자기의 자원으로 만들지 못하게 된다. 필요할 때 바로 결단하고 행동하는 '즉결 즉행'할 수 있는 변화는 설레임이 있을 때 더 큰 힘을 얻을 수 있다.

  많은 사람들이 자기 자신이 누구인지도 잊어버리고 자신의 내면과 접촉하지 못하는 단절된 상태에서 외부환경의 통제 속에 갇혀 설레임을 잃어버린 채 살아간다.

  소중한 설레임을 되찾기 위해서 가장 먼저 해야 할 것은 자기 자신을 알아차리고 접촉하는 것이 우선이다. 그러기 위해서 먼저 자신의 감춰진 재능과 자원을 개발하기 위한 투자를 해야 한다.
씨를 뿌리지 않고 열매를 거둘 수 없듯이 자기 자신에 대한 투자 없이 자신의 성취를 위한 설레임을 가질 수 없는 것이다.

  자기계발을 위한 투자를 통해 먼저 자신의 사명을 찾고 내면에 잠재된 무한 성취 자원을 접촉하며 그것을 끄집어낼 수 있을 때 가슴 벅찬 환희의 감동과 설레임을 느낄 수 있게 된다. 아주 과감하게 투자를 해야 한다. 자기계발을 위해서 시간과 돈을 아끼지 않고 투자를 해야만 새로운 변화와 성취를 창조하는 에너지인 설레임을 찾을 수 있다.

  자신의 지갑에 있는 돈과 물질적 재산은 남이 빼앗아 갈 수 있지만 자기계발을 통해 자신의 머릿속에 집어넣은 지적인 재산과 정신적 가치는 어느 누구도 훔쳐갈 수가 없다. 자신에 대한 과감한 투자를 통해 자기를 먼저 알아차리고 접촉하는 과정에서 자신의 사명을 찾게 되고 변화시킬 수 있는 힘을 충전하게 될 때 설레임이 시작되고 그 설레임이 자신을 바꾸고 다른 사람과 세상까지도 바꾸는 변화와 창조의 에너지가 되는 것이다.

지금 현재 나의 CR적 재산이 얼마나 많은가에 맞추어진 삶에서는 설레임이 많지가 않다. 물질적이고 현실적인 가치에만 초점을 맞추게 되면 설레임의 지속시간이 오래가지 못한다. CR적 재산은 시간이 지나면서 우리를 그 속에 가두어 버리기 때문에 마음의 설레임보다 구속된 상태에 머물러 있게 만든다.

CR적 재산이 우리의 삶에서 차지하는 비중이 높은 것이 사실이지만 그것은 우리를 행복하게 해주는 수단일 뿐이지 그것이 결코 우리의 설레임을 키워주는 사명과 삶의 목표가 될 수는 없다는 것을 아는 것이 중요하다.

지금 당장 자신의 자원과 재능을 알아차리고 접촉하여 그것을 꽃 피우고 열매를 맺게 할 수 있는 자기계발에 자신의 시간을 투자해야 한다. 그 속에서 얻게 되는 설레임이 새로운 변화와 성취의 자원을 끌어당기고 완성시키는 자성을 키워주게 된다.

30분의 법칙

성공한 사람은 성공의 이유가 있고 실패한 사람은 실패의 이유가 있다. 그것은 어떤 전략을 선택하여 사용했는가의 결과물이다.

성공하는 사회적 우등생과 실패하는 사회적 열등생의 차이를 만드는 핵심은 여러 가지 관점에서 접근할 수 있지만 '전달 오차'를 줄이는 습관이라고 정의할 수 있다. 전달 오차는 모든 학습과 경험 과정뿐 아니라 인간관계에서도 필연적으로 나타나는 현상이다.

예를 들어 강의를 하는 교수는 자기가 하는 강의 내용의 핵심을 학생들이 모두 이해하고 받아들였을 것이라고 착각하지만 전달 오차에 의해 학생들은 교수의 강의 내용을 평균적으로 약 15%정도밖에 받아들이지 못한다.

세계 3대 컨설팅 업체 중 하나였던 베인 앤 컴퍼니에 따르면 어떤 제품에 대해 그 회사의 직원이나 세일즈맨은 약 80%가 그 제품의 우수성에 대해 인정하지만 그 제품을 사용하는 고객은 겨우 8%정도만 그 제품이 최고라고 생각한다는 것이다.

이러한 결과는 바로 전달 오차에 의해 생기는 현상이며 이 전달 오차를 줄이는 것이 바로 30분의 법칙이다. '유비무환'은 준비가 있으면 걱정이 없어진다는 단순한 의미만 있는 것이 아니라 준비를 통하여 전달 오차를 줄이는 성공의 핵심 습관을 가져야 한다는 깊은 뜻도 함께 포함되어 있다.

우리는 약속시간이나 교육에 참여할 때 시간을 정확히 지키려고 애쓰며 시간의 통제를 받는 사람이 있는가 하면 '30분의 법칙'을 활용하여 시간의 지배에서 벗어나 여유롭게 준비를 하는 사람이 있다. 30분의 법칙은 약속이나 행사, 교육에 참가할 때 30분 일찍 준비하거나 도착하여 여유있는 상태에서 효과적인 커뮤니케이션 조건을 만들어 전달 오차를 줄이는 성공습관을 말한다.

시간에 정확하게 맞추어 약속이나 교육에 참여한다는 것은 역설적인 관점에서 보면 지각의 가능성을 높이는 것이다. 정확한 시간에 맞추어 바쁘게 준비하는 과정에서 자신의 포지션이 좋지 않을 수도 있고 커뮤니케이션 능력이 떨어질 수도 있다. 많은 사람들이 시간을 정확히 맞추려고 하다가 오히려 지각을 하거나 허겁지겁 서두르다 중요한 것을 놓칠 때가 많다.

특히 교육이나 행사, 세미나에 참가할 때 30분의 법칙은 매우 중요하다. 30분 먼저 도착하여 강사와 가장 가깝고 시선이 잘 마주치는 자리를 선점하여 교육 전에 교육 준비상황과 진행 절차를 관찰하면서 교육장의 전체적인 분위기와 흐름을 파악할 수 있다.

중앙 시야와 주변 시야를 함께 갖게 되어 객관적인 전체성을 가지고 여유로운 마음으로 주도적인 학습을 할 수 있게 된다.

그리고 교육 중에도 강사의 언어적인 정보의 전달뿐 아니라 비언어적인 메시지와 강사의 기운까지도 느끼게 되면서 전달 오차를 줄여 같은 교육을 받아도 전혀 다른 차원의 교육적 효과를 얻게 되는 것이다. 또한 여러 교육생 중 30분 먼저 도착한 사람은 강사와의 개인적인 이야기나 질문을 통해 귀한 정보를 얻을 수도 있고 특별한 관계를 맺기도 한다.

전쟁을 할 때도 양쪽 군대가 서로 멀리서 이동할 때는 먼저 도착한 군대가 유리한 지형을 선점하여 효율적인 전략을 짜고 여유 있게 휴식을 취하면서 지친 상태의 적을 기다릴 수 있기 때문에 유리한 상태에서 싸움을 할 수 있다. 반면에 늦게 도착한 군대는 허겁지겁 경황이 없는 상태에서 주변 환경의 자원을 활용하지도 못하고 심신이 지친 상태에서 적과 힘든 싸움을 해야 하기 때문에 불리한 입장이 될 수밖에 없다.

미국의 성공한 CEO에게 "당신의 성공 비결은 무엇입니까?"라는 질문을 했다. 그러자 그는 "나의 성공 비결은 어릴 때부터 어머니의 말을 잘 실천한 습관 때문이었습니다. 교회에 갈 때 30분 전에 도착하여 목사님과 가장 가까운 자리에 앉아 목사님의 말씀을 들으라고 했습니다. 이것이 나의 성공을 만든 비결인 습관입니다"라고 대답했다. 30분의 법칙을 활용한 것이 그의 성공 비결이었다.

30분의 법칙을 활용하여 전달 오차를 최대한 줄이게 되면 더 많은 긍정의 성취 자원을 끌어당길 수 있게 되어 자신이 원하는 성공을 이루는데 좀 더 유리해진다. 참으로 간단한 성공 비결인 것 같지만 30분 일찍 준비하는 습관을 가진 사람이 우리 주위에 많이 없는 이유는 손해 보는 것을 견디지 못하는 합리적인 심리 때문이다.

대부분의 사람들은 시간을 30분 먼저 준비하는 것은 비합리적이며 낭비라고 생각하고 손해보지 않으려는 심리로 시간을 정확하게 맞추려고 노력한다. 30분의 법칙은 우선에 시간적인 작은 손해를 보게 되지만 30분의 법칙이 반복되면서 형성된 적극적인 습관과 마음의 여유가 더 큰 성취결과를 만드는 시작이 된다.

30분 일찍 교육에 참여하여 제일 앞자리에 앉아 교육을 받는 사람은 이미 적극적인 배움의 자세를 자기 안에 만들어 놓은 사람이기 때문에 몰입된 학습을 하게 되며 같은 수업을 받으면서도 더 많은 학습 효과를 얻을 수밖에 없다. 이 같은 효과가 나타나는 것은 30분 미리 오는 준비된 마음에서 만들어지는 배움에 대한 열정과 설레임이 있기 때문이다.

성공을 간절히 원한다면 어느 장소나 상황에서도 가장 눈에 띄는 자리에 앉아 가슴을 당당하게 펴고 자신의 존재를 드러내는 습관을 만들어야 한다. 그러기 위해서 30분의 법칙을 생활 속에서 실천하는 것이 필요하다. 모든 인간관계와 교육, 소통 과정에서 전달 오차가 나타나며 사회의 우등생과 열등생의 차이를 만드는 것이 그들이 가진 자원이나 재능의 차이가 아니라 어릴 때부터 형성된 전달 오차의 차이를 만드는 작은 습관 때문이다.

30분의 법칙을 사용하여 전달 오차를 최대한 줄일 수 있는 적극적이고 긍정적인 습관을 몸에 익힌 사람은 다른 사람과 환경의 메시지와 정보를 알아차리고 접촉하는 민감성과 유연성이 뛰어나다. 그래서 자기 안에 있는 긍정적인 자원과 에너지를 증폭시키고 외부의 모든 성취 자원을 끌어당길 수 있는 자신의 상태를 계속 업그레이드하면서 사회적 우등생이 되는 것이다.

 반면에 전달 오차를 줄이지 못하고 경직된 자신의 경계 안에 숨어 소극적이고 회피적인 습관을 몸에 익힌 사람은 다른 사람과 환경의 메시지와 정보의 핵심을 알아차리지 못하고 접촉 경계 혼란을 겪게 되면서 성취 자원과 완전한 접촉을 하지 못한다.
이러한 둔감성은 왜곡된 세상모형을 만들어 자신과 외부의 성취 자원을 차단시키고 잘못된 선택과 행동으로 자신을 무기력한 사회의 열등생으로 만들 수 있는 가능성을 높이게 된다.

 30분의 법칙은 전달 오차를 줄이는 최선의 선택이며 자신을 사회적 우등생으로 만드는 핵심 습관이다. 이 습관은 누구나 쉽게 선택할 수 있는 성공 자원이지만 소수의 사람들만이 자신의 성취 자원으로 활용하고 있을 뿐이다.

성공하고 싶다면 말을 바꾸어라

할 수 없다는 말을 반복하게 되면 그 말과 관련된 수많은 신경회로가 활성화되어 할 수 없다는 생각을 자주 하게 되고 할 수 없다는 생각이 반복되면 그 생각과 관련된 믿음이 생겨 할 수 없는 사람이 된다. 우리는 할 수 없다는 생각과 말을 반복하는 것만으로 마음에 강한 믿음을 만들어 할 수 없는 자신의 상태를 만들고 그것이 진짜 자기라는 착각 속에 스스로를 통제해버린다.

반대로 '할 수 없는 것이 없다'는 부정을 부정하는 말을 사용하고 '할 수 있다'는 말과 생각을 반복하게 되면 할 수 있는 자신의 상태를 만들게 된다. 그래서 일상생활 속에서 무의식 중에 사용하는 '할 수 없다'는 말을 '할 수 있다'로 바꾸는 것만으로도 엄청난 긍정적인 변화와 성공의 결과를 얻을 수가 있다.

이와 같이 우리의 생각을 말로 표현하게 되면 두 배의 실행력을 가지게 된다. 그 말이 긍정적인 말이든 부정적인 말이든 상관하지 않고 자신의 생각을 입 밖으로 뱉게 되면 그 말이 현실이 되는 성공확률이 두 배나 높아지게 되는 것이다.

성공을 부르는 두 동물이 있다. 바로 '하마'와 '돼지'이다. 이 두 동물이 서로 짝을 이루게 되면 '하마 돼지'가 된다. 하마 돼지는 하면 된다는 절대긍정의 성공 신념을 강화하는 나의 별명이다. 우리 마음속에 하마와 돼지라는 두 동물을 키우게 되면 무엇이든 할 수 있다는 절대긍정의 신념과 태도를 가지게 되어 삶의 활력과 성공을 부르는 초능력적인 멘탈의 힘을 얻을 수 있다.

사람들은 어떤 일을 하는데 있어서 그 일을 시작해보기도 전에 안 된다는 부정적인 생각과 말을 너무 쉽게 하며 안 되는 이유를 주장하고 그것을 합리화시키는데 자신의 자원과 에너지를 소모하면서 아무런 행동도 하지 못하는 무기력한 상태에 머물러 있는 경우가 많다. 이러한 무기력한 상태는 힘든 일이 닥쳤을 때 자신의 힘으로 충분히 해결할 수 있는데도 불구하고 할 수 없다는 부정적인 생각으로 아무것도 할 수 없는 자신의 상태를 만들어 더 나은 선택을 할 수 있는 민감성과 유연성을 상실하게 만든다.

만약 그 일이 자신의 힘으로 해결할 수 없는 문제라면 그것은 자신의 일이 아닌 것이며 자신의 일이 아닌 것에 초점을 일치시킬 이유가 전혀 없다. 잘못된 생각과 말이 부정적인 신념을 만들고 그 속에 스스로를 가두게 되는 것이다.

안 된다는 부정적인 생각과 말은 자신 안에 존재하는 긍정의 무한 성취 자원과의 접촉을 방해하여 할 수 없는 자신에 대한 합리화와 자기변명을 늘어놓는 무기력한 자신을 만들게 된다.

우리는 어떤 일이든 일 그 자체가 힘들거나 불가능한 것이 아니라 그 일을 할 수 없다는 자신이 가진 부정적인 신념에서 벗어나는 것이 더 힘이 든다. 부정적 자기 제한 신념이 자신의 소중한 자원과 잠재력을 과소평가하고 오히려 부족한 단점에만 초점을 맞추면서 자신의 경계를 좁히게 되는 것이다.

이렇게 해서 우리 마음에 잘못 새겨진 '안 된다', '할 수 없다' 등의 부정적인 단어들이 활성화되어 두 배의 파워를 가지게 되면 어떤 일도 할 수 없는 무기력한 자신의 상태를 만들어버린다.

자신의 무기력한 경계를 활력 있게 바꾸고 안전지대 사이즈를 확장하기 위해서는 '하마 돼지'가 가지고 있는 절대긍정의 성공 신념을 자기 안에 만들어야 한다. '실패하면 어쩌지'라는 섣부른 걱정을 접고 성공할 수 있다는 신념을 키우는 '하마 돼지'를 반복적으로 마음에 새기고 표현하는 습관이 무엇이든 할 수 있는 자신의 상태를 만들게 된다. '해볼까', '괜찮을까' 등의 확신이 없는 말 대신에 '하마 돼지', '한다', '할 수 있다'라는 긍정과 성취의 말을 반복하게 될 때 그 말이 더 큰 성취력을 가지게 되는 것이다.

반복해서 사용한 말은 뇌에 피드백되어 강한 신경망을 형성하여 장기기억 영역인 잠재의식에 강하게 프로그래밍된다. 이렇게 프로그래밍된 말은 자신의 세상모형을 바꾸어 새로운 변화를 가져온다. 새롭게 변화된 자신의 세상모형이 그 이전과는 다른 관점을 갖게 되고 다시 생각과 말을 바꾸게 되는 순환고리를 만든다.

우리 뇌는 일관성을 지키려는 성향을 가지고 있기 때문에 자신이 한 말에 대한 믿음을 만들어 그 믿음을 지키려는 책임감과 실행력을 가지게 된다. 그리고 그것을 현실로 만들기 위해 잠재의식에서 자동화된 시스템을 가동시킨다.

 자신이 반복적으로 사용하는 말이 믿음을 만들고 그 믿음이 자신을 통제하게 되면서 말이 자신의 존재와 정체성을 강화시켜준다. 무엇이든 말로 표현하는 순간 제일 먼저 자신의 뇌에 프로그래밍 되면서 상태에 영향력을 미치게 되고 그 상태가 모든 성취의 결과를 창조하는 초능력적인 멘탈의 힘을 만들어주는 것이다.

 아침에 일어나 눈을 뜨자마자 제일 먼저 스스로에게 긍정의 멘탈언어를 들려주게 되면 그 언어와 관련된 현실이 실현될 확률이 매우 높아지는 이유가 우리의 말에는 실행의 힘이 있기 때문이다.

 사람에 따라 그 시기가 빨리 올 수도 있고 늦게 올 수도 있지만 마음의 조급함을 버리고 꾸준히 자기 자신에게 긍정의 멘탈언어를 들려주게 되면 언젠가는 그 성취가 이루어지게 되는 것이 말이 가지고 있는 성취의 힘이다. 어떠한 말이든 반복하면 성취력을 가지기 때문에 그 말은 현실적인 결과를 만들어낸다. 이것이 말을 바꾸면 삶이 바뀌는 과학적이고 합리적인 원리이다.

연결

제주도와 부산은 표면적으로는 바닷물에 의해 육지와 섬으로 단절되어 있는 것처럼 보이지만 실제로는 단절된 것이 아니라 비국소성을 가진 다양한 연결 상태로 존재한다.

관점을 바꾸어 보면 바닷물로 단절된 것이 아니라 바닷물로 연결되어 있으며 물속으로 들어가서 보면 땅으로 연결되어 있다.

그리고 하늘로는 비행기로 연결되어 있고 물 위로는 배로 연결되어 있으며 다양한 전파로도 연결되어 있다는 것을 알 수 있다.

우리가 살아가는 세상은 눈에 보이는 일상적 실재의 CR적인 세계와 눈에 보이지 않지만 존재하고 있는 비일상적 실재의 NCR적인 세계가 다양하게 연결되어 비국소성으로 존재한다.

예를 들어 환상통은 헛통증이라고도 부르는데 질병이나 전쟁, 사고로 다리를 잘라냈는데도 현실에서 존재하지 않는 다리에서 통증을 느끼는 것을 말한다. 즉, 몸의 한 부위나 장기가 일상적 실재의 관점에서는 없는 상태인데도 뇌에 신경이 존재하기 때문에 비일상적 실재의 감각을 실제로 느끼는 것이다.

　오감에 의한 일상적 실재는 현실적이고 물질적인 입자 형태의 구조이고 육감에 의한 비일상적 실재는 마치 거울 속에서 움직이는 것과 같은 파동 형태의 구조이다.

　많은 사람들이 안타깝게도 눈앞에 보이지 않고 만질 수는 없다는 이유로 분명히 존재하고 있는 NCR의 파동에 대해 믿지 않고 그것을 활용하지 못한다. 이 상태에서 CR의 현실에 안주하며 호기심과 실험정신을 잃어버리고 더 큰 변화와 성취가 어려운 상태에 머물러 있게 된다. 자신이 원하는 성취를 이룬 소수의 사람들만이 NCR의 무한 성취 자원을 알아차리고 그 자원을 활용하여 CR의 현실에서 더 큰 성취를 이룰 수 있는 능력을 가지고 있을 뿐이다.

　우리 눈에 보이지 않을 뿐이지 우주에는 수많은 전파와 에너지가 가득 찬 상태로 존재한다. 특정한 전파는 특정한 주파수에만 연결되어 라디오나 TV의 원하는 채널을 선택하여 접촉할 수 있도록 해주듯이 성취를 위한 주파수에 맞는 자신의 채널을 사람들마다 다르게 가지고 있다. 중요한 것은 이 채널을 어떤 사람은 가지고 있지만 어떤 사람은 가지고 있지 않다는 사실이다.

　좀 더 정확히 말하면 성취 자원을 알아차리고 접촉할 수 있는 자신의 안테나와 채널은 모두 가지고 있는 자원이지만 그것을 알지 못하고 사용하지 못하기 때문에 원하는 전파를 수신할 수 없는 상태에 있는 것이다. 그 상태의 차이가 삶의 결과를 창조하게 된다.

　지진이 일어날 때 우리가 지진을 미리 알아차릴 수 있는 것은 땅이라는 매질을 통해 지진파를 감지할 수 있기 때문이다.

지진파를 미리 감지할 수 있는 능력을 가지고 있다는 것은 지진으로 인한 피해를 막을 수 있는 준비와 행동을 위한 시간적 여유를 가지게 된다는 것이다.

수면에 어떤 흐름이 일어날 때 물이라는 매질이 수면파를 일으키게 되고 어떤 소리가 전해지기 위해서는 공기라는 매질을 통해서 음파가 전달된다. 우리가 원하는 성취를 이루기 위해서는 멘탈이라는 매질을 통해 세상의 성취 자원과 연결을 만들어야 한다.

이처럼 우리 눈에 보이지 않지만 존재하고 있는 파동적 구조를 가진 성취 자원이 우리의 마음과 세상에 가득 차 있으며 그것을 자신의 것으로 만들기 위한 자신만의 안테나와 채널을 찾아 사용할 수 있는 멘탈상태를 먼저 만들어야 하는 것이다.

자기 안에 먼저 자신이 원하는 미래의 꿈과 목표를 선명하게 시각화하여 설레임을 느낄 수 있는 자신의 멘탈상태를 만들어야 외부의 성취 자원과 연결을 만들어내는 채널을 가질 수 있게 된다.

설레임이 있는 긍정적인 멘탈상태를 만들고 그 파동이 세상에 가득 찬 성취 자원과의 연결을 만들어 자신이 원하는 미래의 꿈과 목표를 성취하게 도와주는 매질의 역할을 하게 해야 한다. 멘탈이라는 매질이 자신과 환경적인 성취 자원과의 연결을 짓고 통로를 만들게 되면서 현실적인 성취를 실현하게 되는 것이다.

먼저 자기 안에 성취를 생생하게 만들게 되면 좁혀져 있던 인식의 한계를 좀 더 넓게 확장하게 되어 그 성취와 관련된 더 많은 신호를 잡을 수 있는 자기 안의 안테나와 채널을 가지게 된다.

그것이 사명일 수도 있고 꿈이나 목표일 수도 있다. 중요한 것은 자기 안에 선명하게 시각화된 이미지가 만들어지면 외부세계의 모든 성취 자원들을 끌어당겨 초점을 일치시키고 주파수를 맞추면서 원하는 성취를 실현시키게 된다는 것이다.

데이비드 봄은 "우주공간은 아무것도 없는 텅 비어있는 공간이 아니라 그 무엇으로 꽉 차있다"라고 가정했으며 우주를 꽉 채우고 있는 그 무엇을 '활성 정보'라고 불렀다. 이 활성 정보는 시작도 끝도 없이 끊임없는 움직임을 가지며 우리 주위를 맴돌고 있다.

우리가 어떤 멘탈을 가지고 있느냐에 따라 우주에 가득 찬 활성 정보와의 특정한 연결을 짓고 그와 관련된 현실적 성취를 이루게 되는 채널을 갖게 된다. 결국 우리 주위를 계속 맴돌고 있는 기회라는 것은 우리 안에 그 무엇이 먼저 만들어지지 않고서는 나 자신의 성취를 위한 그 어떤 연결도 만들지 못한다.

자신의 내면에 그 무엇이 만들어졌을 때 그와 관련된 활성 정보를 감지하고 그것과의 연결을 만들어 접촉하는 과정에서 자신이 원하는 미래의 성취를 현실로 만들 수 있는 채널을 확보하게 된다. 기회는 찾아오는 것이 아니라 우리의 내면에 그 기회와 연결을 만들 수 있는 그 무엇이 만들어질 때 나의 것이 되는 것이다.

CR의 함정

 일반적으로 사람들은 일상적 실재인 CR의 물질적이고 현실적인 입자가 먼저 형성되고 부차적으로 비일상적 실재인 NCR의 세계가 만들어진다고 믿는 경향이 있다. 이 말은 물질적 관점에서 보면 부분적으로는 맞는 이야기일 수도 있다. 우리가 현실적으로 물질적 가치와 힘에서 완전히 자유로울 수 없기 때문이다.

 실제로 사람들은 가족의 생계를 위해 자신의 적성과 관계가 먼 일을 평생 동안 하거나 돈을 벌기 위해 자신의 꿈을 포기하는 삶을 살아가는 경우도 있다. 이러한 현상은 입자적인 물질의 힘이 우리 자신을 통제하고 있기 때문이다.

 이처럼 일상생활 속에서 CR의 힘이 우리에게 미치는 영향은 어떤 면에서 보면 절대적이라고 할 만큼 크다. CR의 입자적이고 물질적인 힘이 우리의 NCR적인 멘탈의 자원을 통제하고 제한하는 것이다. 표면적으로 드러나 있는 현상으로만 보면 분명히 눈에 보이고 접촉할 수 있는 CR의 세계가 절대적으로 우선이고 NCR은 CR에 의해 통제당하고 있는 것처럼 보인다. 그래서 많은 사람들이 CR의 세계에 대한 지나친 집착과 믿음을 가지고 있는 것이다.

그리고 스스로 CR의 지배를 선택하여 CR의 노예가 되기도 하고 스스로를 구속시키기도 한다. 많은 사람들이 집착하는 CR의 자원은 유한자원으로서 이미 누군가에 의해 어떤 형태로든 소유당하고 있기 때문에 당연히 새로운 성취와 창조에 대한 현실적 제한이 생길 수밖에 없다.

예를 들어 CR적 현실에서 가난 때문에 돈이 없어 배움의 기회를 가지지 못했다면 현실적으로 직업의 선택에 제한이 있고 더 좋은 기회를 자신의 것으로 만들지 못하게 된다. 또한 물질적으로 가진 것이 적은 사람이 성취를 위한 자원을 접촉할 수 있는 기회를 많이 만들지 못하고 주어진 환경에 지배당하는 수동적인 삶을 살아갈 가능성이 더 높은 것이 사실이다. 이러한 상태는 CR이 NCR을 지배하고 있는 삶의 패턴이며 우리가 CR의 입자적 세계에 통제당하고 매몰될 때 생기는 수동적인 삶의 결과이다.

CR의 입자적인 세계가 우리에게 요구하는 것은 현재 상황에 적절히 순응하는 통제된 상태로 남아있기를 원한다. 기존의 기득권을 가진 개인이나 집단의 경우 현재 자신들이 누리는 안정된 구조와 질서가 잘 유지될 수 있도록 도움을 주는 CR의 체계를 수용하고 충성하는 조건화된 인간을 요구하고 있다.

대부분의 사회구조와 현실은 한정된 정치적 권력과 경제력, 사회적 지위를 이미 선점한 사람들을 중심으로 그들이 가진 CR의 힘을 빌리거나 혜택을 보기 위해 많은 사람들이 몰리게 된다. 이것이 대부분의 사람들이 생각하는 CR이 먼저이고 NCR이 부차적인 것이라고 믿게 만드는 확실한 이유이다.

하지만 데이비드 봄의 양자물리학에서는 기존의 관점과는 반대적인 주장을 한다. NCR의 파동이 먼저이고 이 파동이 국소적으로 응집되어 부차적으로 입자가 생성된다는 관점이다. 우리가 가진 사명이나 꿈, 목표, 신념 등과 같은 파동이 먼저 존재하고 부차적으로 입자적인 물질과 현실이 만들어진다는 것이다.

지금 닭이 먼저냐 달걀이 먼저냐를 따지는 진실게임에 대한 이야기를 하려는 것이 아니다. CR적인 세계를 경시하거나 무시하고 왜곡하기 위한 이야기를 하려는 것은 더더욱 아니다. CR의 세계가 우리의 삶에서 너무나 중요하다는 것을 잘 알고 있기에 기존의 CR적인 세계를 바꿀 수 있는 새로운 NCR적인 관점을 가지기 위한 다른 차원의 이야기를 하고자 하는 것이다.

역사적으로 위대한 성취를 이룬 위인이나 훌륭한 사람들의 성공 요인을 멘탈적 관점에서 살펴보면 그들은 대부분 CR의 유한자원이 가진 한계에 구속되지 않고 NCR의 충만한 힘으로 CR의 통제에서 벗어나 경계를 확장하여 성취를 더 키웠다는 사실이다.

그들이 가진 사명과 신념에 따라 현실이 창조되었던 것이며 위대한 업적을 이룬 사람들은 자신의 CR적 세계에 지배받거나 노예가 된 것이 아니라 NCR의 무한 성취 자원을 활용하여 CR을 통제하는 능력을 가진 사람들이었다는 것이다.

우리가 CR적 현실에서 그 무엇을 이루고자 한다면 먼저 NCR적 차원의 우리 마음에 그 무엇을 선명하게 만들어야 하며 이것이 성공한 소수의 사람들만이 활용한 멘탈의 비밀이다. 시각화 훈련, 멘탈 리허설, 이미지 트레이닝 등은 우리 안에 먼저 NCR의 성공이미지를 만들어 부차적으로 CR의 성취를 이루는 멘탈의 힘을 활용하는 훈련방법이다.

지금 현재의 삶에 새로운 변화와 성취가 필요하다면 먼저 자신의 마음에 원하는 그것을 선명하게 시각화하여야 한다. 마음에 그려진 것은 그것이 어떤 것이든 CR의 세계에서 반드시 현실로 만들어진다. 이것이 NCR이 먼저이고 CR이 부차적으로 생성되는 성공의 원리이고 멘탈의 법칙이다.

무한자원인 NCR의 가치와 힘을 깨닫게 되면 NCR이 CR을 돕고 CR이 NCR을 돕게 되어 개인의 행복지수는 더 높아지게 된다. 물질적 성취만이 우리를 행복하게 해주는 것이 아니라는 깨달음을 얻게 될 때 진정한 멘탈의 고수가 되는 것이다.

교감과 일치하기

우리는 대부분 일상적 실재인 CR의 현실세계 속에서의 알아차림과 접촉을 통해 교감하며 다른 사람들과의 관계를 유지하고 발전시켜나간다. CR은 현실적이고 물질적인 공간, 시간, 크기, 나이, 입자, 사람 등과 같이 일상적인 생활 속에서 보고 접촉할 수 있는 광범위한 실재를 의미하며 고전적인 현실이다.

고전적 물리학인 뉴턴의 운동법칙은 CR적인 관점이며 많은 사람들이 이 관점으로 세상에 대한 관찰과 접촉을 하며 그것을 절대적 현실이라고 믿고 있다.

하지만 심리학과 멘탈적 관점에서 접근하면 경험, 꿈꾸기, 느낌, 영혼, 사명, 꿈, 신념, 성장, 감정 등과 같은 비일상적 실재인 NCR의 2차적 세계가 분명히 존재하고 있으며 그것은 또 다른 형태의 현실이다. 고전적 물리학인 뉴턴의 운동법칙만이 절대적인 진리가 아니라 측정할 수 없고 볼 수 없지만 분명히 존재하고 있는 또 다른 세계에서의 진리가 존재하고 있는 것이다.

우리는 CR과 NCR적인 두 개의 세상이 있다는 것을 지각하고 있지만 어떤 지각들은 교감을 하고 어떤 지각들과는 교감을 하지 못한다. 이 지각과 교감이 자연스럽게 이루어지는 사람은 일치시키기를 통하여 CR적인 자원이 NCR의 성취를 키우게 되고 NCR적 자원이 CR의 성취를 키우는 시너지 효과를 얻게 된다.

우리가 믿고 교류하는 CR과 NCR은 그 어느 것도 하나 자체로 완전한 절대적인 실재가 될 수 없는데도 불구하고 우리는 그것이 절대적인 의미와 가치를 가지고 있는 진리라는 왜곡된 자신의 신념을 가지고 살아간다. 누구나 자기 안에 이 두 개의 세상과 교류하고 접촉할 수 있는 채널과 자원을 가지고 있지만 그것을 사용하는 방법을 모르거나 잘못 사용함으로써 성취를 위한 지각과 교감이 이루어지지 않는 것이다. 이것이 우리가 원하는 변화와 성취를 방해하는 개인의 경계이다.

우리가 어떠한 변화나 성공을 이루기 위해서는 NCR적인 새로운 선택과 결단이 필요하다. 변화나 성공을 위해서는 변화하기 힘든 일상적 실재인 CR의 유한자원에만 초점을 맞추는 것보다 일상적인 현실의 경계를 확장할 수 있고 시간과 공간에서 비교적 자유로울 수 있는 NCR적인 사명이나 꿈, 신념에 초점을 맞추는 것이 필요하다. NCR의 초점을 강화시켜 CR과 교감이 되는 완전한 일치시키기가 될 때 우리가 원하는 변화와 성공의 결과를 더 크게 얻을 수 있는 상태가 만들어진다.

우리는 대부분 일상적 실재인 CR의 생활패턴에 중독된 습관의 순환고리에 갇혀있기 때문에 새로운 선택과 결단을 하는 것에 심각한 두려움과 거부감을 가지며 변화를 힘들어한다.

자신의 NCR적 자원과 CR적 자원을 일치시킬 수 있는 지각과 교감을 위한 선택을 할 수만 있다면 자신의 경직된 경계를 확장하여 두 가지 실재를 통합할 수가 있다. 두 가지 자원을 알아차리고 그 자원과의 건강한 접촉을 통해 일치시키기가 되면 더 커다란 사회 공동체 속에서도 일치된 자신의 존재로 공동체와 상호작용하는 능력을 가지게 된다.

많은 사람들이 성장과정에서 부모나 어른들로부터 잘못된 내사와 부정적인 피드백으로 인하여 한정된 CR의 세계에 구속되고 조건화되어 NCR의 무한 성취 자원을 잃어버리게 된다. 우리는 잃어버린 NCR의 자원을 되찾아 CR적 자원과의 연결을 강화하여 교감을 회복할 수 있는 선택과 행동을 해야 한다.

CR과 NCR은 명확하게 분리되어 있는 것이 아니라 서로에게 영향력을 행사할 수 있는 연결 상태로 존재한다. 다만 우리가 그동안 연결을 끊어버리거나 약화시키는 선택을 했을 뿐이다.

헤아림과 알아차림

　자신이 가진 가치관이나 태도와 다른 행동을 하는 사람에 대해 우리는 다름을 수용하지 못하고 부정하거나 틀렸다고 생각하기 쉽다. 이러한 왜곡적인 관점은 자기중심적 편향성과 지나친 자기 확신 때문에 생기며 그로 인해 다른 사람에 대해 쉽게 틀리다고 판단하는 오류를 범하게 된다.

　사람들은 모두가 다르다. 사람들은 모두가 다른 유전자를 가지고 태어났으며 성상과정에서 학습과 경험이 저마다 다르기 때문에 모두가 다른 개성과 인격을 가지고 있다. 모두가 다르다는 다름에 대한 차이를 수용하지 못하고 자신의 주관적이고 왜곡된 세상모형을 가지게 될 때 상대에 대해 틀리다는 편협된 관점과 사고를 가지고 사람들을 대하는 함정에 빠지기 쉬워진다.

　남자와 여자가 다르고 부모와 자식이 다르며 부자와 가난한 사람이 다르고 스승과 제자가 다르다. 우리는 모두가 다름의 차이를 가지고 있는 다른 존재일 뿐이다. 어느 누구에 대해서도 자신과 다르다는 단순한 한 가지 이유만으로 상대가 틀렸다고 함부로 생각하거나 판단해서는 안 된다.

예를 들어 바둑알 다섯 개를 보고 어른과 아이는 헤아리는 방식이 다를 수 있다. 어른은 '다섯 개'라고 표현하지만 아이는 '검은 돌 3개와 흰 돌 2개'라고 어른과 다르게 표현했다면 이것은 아이가 어른과는 돌을 헤아리는 방식의 차이를 가지고 있는 것이다.

어른의 표현이 옳고 아이의 표현이 틀린 것이 아니며 아이의 표현이 옳고 어른의 표현이 틀린 것도 아니다. 다만 서로의 헤아리는 방식이 다를 뿐이지 옳고 틀림의 문제가 아닌 것이다.

서로가 헤아리는 방식의 차이를 가지고 있다는 것은 서로의 심리적 상태와 초점이 다르다는 것이다. 각자 다른 자신의 관심과 초점에 따라 모든 것이 선택되어지고 그 선택에 의해서 결과적인 차이를 만드는 것일 뿐이다.

아이는 전체적인 돌의 총 숫자보다 돌의 색에 대한 관심이 더 많기 때문에 초점이 색을 구분하는 것으로 모아지면서 검은 돌 3개와 흰 돌 2개라고 표현한다. 반면에 어른들은 더 많은 학습과 경험을 통해 검은 돌과 흰 돌의 가치를 비슷하거나 같은 것으로 받아들이기 때문에 초점이 색상보다는 전체적인 숫자에 관심을 두고 돌이 다섯 개라고 표현하는 것이다.

서로의 관심과 초점의 차이에 따라 헤아리는 방식이 다른 것일 뿐이지 어느 것이 옳고 틀림의 절대적인 준거가 될 수는 없다.

무엇을 헤아린다는 것은 누가 어떤 세상모형으로 어떻게 헤아리는

가에 따라 달라지는 것일 뿐이다. 즉, 관심과 초점을 어디에 두는가에 따라 헤아림의 방식이 달라지는 것이다.

우리가 헤아리거나 알아차리는 대상은 자신의 주관적인 심리상태에 따라 그 대상의 일부만을 접촉하는 경우가 많다. 지도는 영토가 아니듯이 단지 부분적으로만 사실일 뿐이며 우리가 알아차리고 헤아리는 것은 모두가 근사치에 불과할 수도 있다.

우리는 자신과 가까운 사람의 마음을 완전히 이해하고 있다고 생각하기 쉽지만 실제로는 마음의 일부분만 접촉하고 그 마음에 가까이 다가가는 근사치에 불과한데도 그것이 절대적이라는 착각을 하게 된다. 그런데도 우리는 부분적으로만 사실인 근사치에 대한 자신의 왜곡된 신념을 일반화시켜 마치 그것이 절대적인 사실이라고 왜곡시키는 오류를 범하는 경우가 많다.

그래서 자신과 차이를 가지고 있는 다름을 가진 사람에 대해 틀리다는 왜곡된 주관적인 자기 확신을 가지고 다른 사람들과의 관계를 만들면서 오해와 갈등의 불씨를 키우기도 한다.

우리는 자신의 세상모형을 통해 이루어지는 알아차림과 접촉에 대해 객관적이라고 생각하기 쉽지만 실제로는 생략, 왜곡, 일반화된 자신의 세상모형이 선택한 초점에 따라 주관적인 편향성을 가지게 될 수밖에 없는 것이다. 우리가 완전한 실재라고 믿고 있는 것이 절대적 진리가 아니고 부분적으로만 사실인 근사치에 불과하다는 사실을 깨닫는 것이 중요하다.

PART 4
삶의 경계

우리는 많은 종류의 경계를 가지고 살아가고 있으며
어떤 경계를 가지고 있느냐에 따라
자신과 다른 사람, 환경에 대한
알아차림과 접촉이 이루어진다.

삶의 기초수

　우리의 성취와 행복은 대부분 사회적 관계 속에서 만들어지는 인간관계 능력에 의해 좌우되며 인간관계 능력은 곧 커뮤니케이션 능력이라고 할 수 있다.

　그래서 사람들은 원활한 의사소통을 위해 끊임없이 학습과 경험을 축적하며 다른 사람들과의 소통을 할 수 있는 능력을 어릴 때부터 반복적으로 배우게 된다. 그리고 다른 사람의 말이나 생각에 대해 의식과 잠재의식적인 차원에서 수용하고 동의하며 행동하도록 소통과 교감을 할 수 있는 능력을 뇌에 프로그래밍시킨다.

　이러한 커뮤니케이션 능력이 있기 때문에 자신이 알고 있는 정보와 다른 비슷한 정보에 대해서도 쉽게 반응하고 수용하며 교감을 하게 되어 원활한 의사소통을 할 수가 있는 것이다.

　중요한 것은 일상적 실재인 일상생활 속에서 우리가 경험하는 모든 느낌에 대해 모두 알아차리거나 표현할 수 없고 그것이 모두 인정되는 것도 아니다. 다만 우리의 마음은 경험하는 부분적인 접촉만이 절대적인 실재라고 착각하기 쉽다는 것이다.

우리가 자주 만나 소통하고 있는 사람이 어떠한 CR과 NCR의 실재를 갖고 있는가에 따라 나 자신의 관점과 경험이 달라지고 믿음이 달라질 수가 있다. 이것은 우리가 만나는 모든 사람은 비국소성으로 연결되어 서로에게 영향을 미치고 있기 때문이다.

만약 자신에게 영향력을 행사할 수 있는 사람이 CR의 한 부분에 대해서 부정적으로 왜곡된 절대적 신념을 가지고 있으면 그 영향으로 자신의 비일상적 실재인 NCR의 긍정적인 신념이 영향을 받아 부정적으로 변화하게 된다.

부정적인 사람과의 관계가 오랫동안 지속되면 자신의 CR과 NCR의 전체적인 관점과 경험이 부정적으로 영향을 받게 되어 자신의 긍정적 자원을 알아차리지 못하고 접촉하지 못하는 상태로 경계가 좁혀질 수도 있다. 부정적인 한 부분만을 선택하고 그것이 전체라는 왜곡된 관점과 믿음을 형성하게 되는 것이다.

우리의 삶에서 만나는 수많은 사람들 중에 특히 자신에게 큰 영향을 미치는 멘토 역할을 하는 모델이 CR과 NCR의 실재에 대해 왜곡되고 편향된 관점과 신념을 갖고 있다면 모델링 효과에 의해 그대로 닮아갈 가능성이 높아진다. 강력한 라포가 형성된 멘토에 대한 믿음이 작용하고 있기 때문에 설사 그것이 부정적이고 왜곡된 믿음이라 할지라도 아무런 비판 없이 수용하여 자연스럽게 모델을 닮아가게 될 수밖에 없다.

부정적인 사람과의 관계 속에서 형성된 왜곡된 믿음 때문에 부정적인 습관의 순환고리에 중독된 채로 일상적 실재인 CR의 한 부분에만 초점을 맞추고 NCR의 무한 성취 자원을 알아차리지 못하고 접촉할 수도 없게 된다. 지금 우리가 초점을 맞추고 있는 목표와 전략이 부정적인 사람과의 잘못된 관계에 의해 프로그래밍된 것일 수도 있다는 것이다. 이것이 우리가 살아가면서 훌륭한 스승과 좋은 친구를 만나야 하는 중요한 이유이다.

수학에서 '기초수'는 1에서 10까지이며 10 이상의 더 큰 수를 얻기 위해서는 1과 2와 같은 기초수를 다시 사용하여야 한다. 만약 우리의 삶에서 기초수를 가지고 있지 않다면 더 큰 숫자를 얻을 수가 없다. 우리는 기초수를 활용하여 원하는 더 많은 숫자를 얼마든지 창조할 수 있다.

수학에서 기초수를 가지고 끝없이 더 큰 숫자를 창조할 수 있듯이 우리의 삶에도 성취를 위한 '기초수'가 있어야 한다. 삶의 무한 성취를 창조하는 기초수가 성장기에 부모나 권위자에 의해 만들어진 것일 수도 있고 성인이 된 이후의 사회적 관계 속에서 형성된 것일 수도 있다. 아니면 그 기초수가 자신의 사명일 수도 있고 선명한 꿈이나 목표일 수도 있으며 신념과 전략일 수도 있다.

주변의 건강한 모델을 찾아 삶의 기초수가 되는 자신의 분명한 사명과 목표를 찾는 것이 중요하며 그것을 만들기 위해 우리의 자원과 에너지를 일치시키는 것이 필요하다.

우리는 모두가 사회적 존재로서 살아가고 있고 많은 사람들과의 다양한 관계 속에서 서로에게 영향력을 미치면서 생활하고 있다.

그 관계가 자신의 성취하는 삶을 위한 기초수를 가질 수 있는 긍정적인 역할을 할 수 있도록 해야 한다. 삶의 건강한 기초수는 멀리 있는 것이 아니라 우리 가까이 있고 자주 만나는 긍정적인 사람들과의 건강한 관계에서부터 만들어진다.

  우리의 존재와 정체성은 사회적 관계 속에서 증명할 수 있기 때문에 삶의 건강한 기초수를 만들기 위해서는 좋은 사람들과의 긍정적이고 건강한 관계가 우선되어야 하는 것이다. 모든 성취와 행복은 우리 삶의 기초수가 되는 사회적 관계 속에서 만들어지며 그 관계는 내가 원하는 만큼 내 것을 먼저 나누어 줄 수 있는 자신의 마음에서부터 시작된다.

삶의 경계

 우리 안에는 의식하지 못하지만 밖으로 표출되기를 기다리는 비일상적 실재인 NCR의 수많은 자원들과 에너지가 충만해 있다. 이 자원과 에너지가 일상적 실재인 CR로 표출이 될 때 자신의 건강한 존재를 드러내는 것이며 경계가 확장되는 것이다.

 우리가 어떤 생각을 더 이상 확장하지 못할 때 사고의 경계에 도달하게 되며 어떤 말을 더 이상 하지 못할 때 의사소통의 경계에 도달하게 되고 어떤 움직임을 더 이상 지속하지 못할 때 행동의 경세에 노달하게 뵌다. 이처럼 우리는 모두가 자신만의 독특한 경계를 가지고 있으며 자신의 유연한 경계를 가지고 소통을 확장할 수 있을 때 숨겨진 자원을 더 많이 만날 수 있고 외부환경과의 다양한 접촉을 넓힐 수도 있다.

 우리는 살아가면서 수많은 CR적인 경계를 만나지만 실제로 우리가 만나는 대부분의 경계는 우리 안에 존재하는 NCR적인 경계에서 먼저 만들어진다. 다른 사람들과의 관계나 환경과의 연결과 소통에서 자신을 구속하고 있는 표면적인 경계의 너머에는 자기 내면의 경계가 먼저 존재하고 있는 것이다.

우리는 자신을 가두고 있는 내면의 좁혀진 경계를 확장하고 뛰어넘을 수 있을 때 외부의 경계가 더 이상 자신을 구속하는 힘을 가지지 못하게 만들 수 있다. 자신의 마음속에서 만들어진 이 경계를 넘어서야 진정한 자신과의 만남을 통하여 내면에 숨겨진 성취자원과 에너지를 찾게 되고 그 힘이 외부의 더 큰 경계도 뛰어넘을 수 있게 해주는 강력한 힘이 되는 것이다.

그래서 우리의 숨겨진 무한한 초능력을 발휘할 수 있는 확장성과 유연성을 가진 건강하고 튼튼한 경계가 필요하다. 건강하고 튼튼한 경계는 자기 내면에 특정한 형태의 울타리를 만들어 환경과의 부정적인 융합에서 자신을 지켜주면서도 자유로운 연결과 소통을 통해 안전지대 사이즈를 확장한다.

우리가 가진 경계 자체가 직접적으로 문제되는 것이 아니라 경계의 형태가 경직되어 확장성과 유연성을 가지지 못하거나 경계가 완전히 무너져 외부의 부정적인 연결과 융합되는 것이 문제가 된다. 건강한 경계는 자신을 보호하기 위한 중요한 안전지대를 만들어 주는 튼튼한 보호막이 되고 유연한 소통의 통로가 되지만 건강하지 못한 경계는 자신의 한계를 만드는 족쇄가 되고 부정을 끌어들이는 블랙홀이 될 수도 있다.

자신만의 명확한 경계를 만드는 저마다의 독특한 세상모형을 가지고 세상과 소통하기 때문에 자신의 경계는 철저히 주관적일 수밖에 없다. 우리는 생략, 왜곡, 일반화된 주관적인 자신의 세상모형으로 자기 자신이 세상의 중심이 되는 왜곡된 착각이 만든 경계 속에 갇힌 채로 살아가는 존재이다. 그렇기 때문에 사람들마다 가진 경계의 형태가 모두 다를 수밖에 없는 것이다.

 우리가 일상생활 속에서 만나는 사람들의 말을 자세히 들어보면 대부분 같은 말을 되풀이하고 있다는 것을 알게 된다. 그리고 행동을 관찰해보면 비슷하거나 같은 행동을 계속해서 반복하고 있음을 관찰할 수 있다. 사람들은 모두가 자신만의 서로 다른 세상모형이 만든 주관적인 경계를 만들어 그 속에서 반복적인 습관의 순환고리에 중독된 채로 살아간다.

 그래서 우리는 다른 사람의 말과 행동을 자세히 듣거나 관찰해보면 다음에 어떤 말을 하고 어떤 행동을 할 것인지 점쟁이처럼 예측할 수도 있다. 이러한 예측이 가능한 것은 한 개인의 말과 행동은 자신이 가진 경계 속에서의 반복적인 패턴을 사용하기 때문이다. 마치 손오공이 잔재주를 아무리 부려도 부처님 손바닥 안에서 놀고 있듯이 사람들의 마음과 행동을 유추할 수 있는 것은 개인이 가진 경계를 알 수 있을 때 가능해진다.

 바둑이나 장기를 둘 때 상대가 가지고 있는 경계 안에서 수가 나오기 때문에 상대의 경계를 안다는 것은 상대를 자신의 의도대로 리딩 할 수 있는 능력을 가지는 것과 같다. 자신과 다른 사람이 가지고 있는 경계를 알아차리고 접촉할 수 있다면 그것을 활용하여 긍정적인 변화와 성취를 이룰 수 있게 된다.

우리는 각자가 많은 종류의 서로 다른 경계를 가지고 살아가고 있으며 어떤 경계를 가지고 있느냐에 따라 자신과 다른 사람, 환경에 대한 알아차림과 접촉이 이루어진다. 만약 그 경계가 심하게 왜곡되거나 좁혀져 있다면 자신의 내면적 관찰과 접촉을 단절시킬 수도 있다. 이렇게 되면 자신의 내면적 접촉뿐 아니라 외부환경과의 건강한 알아차림과 접촉까지도 방해하여 경직되고 좁혀진 경계에 스스로가 구속되는 상태를 만들게 된다.

이와 같이 경계가 허물어져 자신을 지키지 못하는 것도 문제지만 경계가 너무 단단하게 고정되어 경직된 상태도 문제가 되는 것이다. 그래서 튼튼하고 분명한 경계를 가지면서도 그 경계가 유연성을 함께 가질 때 수용성과 확장성을 가질 수 있게 된다.

우리가 가진 건강한 경계를 확장하여 더 많은 기회와 자원과의 연결을 통해 자신의 자원과 에너지를 증폭시킬 수 있어야 한다.

자신의 경계는 성취를 위한 또 다른 형태의 자원이 되고 에너지가 될 수 있을 뿐만 아니라 외부의 성취 자원과 에너지를 연결하고 끌어당기는 통로가 될 수 있는 것이다.

비국소성

　우리의 몸과 마음은 표면적으로는 분리되어 있는 것처럼 보이지만 완전한 분리가 아닌 상보적인 연결을 짓고 있다. 몸과 마음이 상호작용을 하고 있기 때문에 몸의 상태에 따라 마음 상태가 바뀌고 마음의 상태에 따라 몸 상태가 바뀌게 되는 것이다. 어느 한 가지를 바꾸기 위해 다른 한 가지를 바꾸어야 하며 한 가지를 바꾸면 다른 한 가지도 함께 바뀌는 것이 우리 마음과 몸이 가진 비국소성과 상보적 관계이다.

　한 개인이 성장과정에서 어떠한 학습과 경험을 반복하느냐에 따라 자신만의 정체성과 특별한 감각 체계를 만들게 된다. 이렇게 형성된 자신만의 정체성과 감각 체계로 외부세계와의 밀접한 연결을 짓고 다양한 접촉과 소통을 통해 서로에게 영향을 미치는 비국소성을 가지고 있는 것이다.

　이러한 비국소성은 인간관계에서도 그대로 작용하고 있다. 함께 생활하는 가족 구성원 중에서 한 명이 정신질환을 앓게 되면 가족 전체가 정신적 고통에 시달리게 되는 것은 가족이라는 융합된 관계가 가지고 있는 비국소성 때문이다.

일상적 실재인 CR에서는 가족 구성원이 분리되어 있는 것처럼 보이지만 비일상적 실재인 NCR적으로는 강한 융합관계에 있기 때문에 가족 전체가 정신적인 고통을 겪게 되는 것이다. 성장기에 부모나 영향력 있는 주변 어른들의 건강한 멘탈과 역할이 절대적으로 중요한 이유가 신체적으로는 분리되어 있지만 정신적으로는 비국소성으로 강하게 융합되어 있기 때문이다.

사회생활에서도 우리는 비국소성이 지배하는 다양한 연결을 만들고 있으며 다른 사람들과의 관계 속에서 서로에게 어떤 형태로든 영향력을 미치면서 살아간다. 그래서 사람들과 어떤 관계를 유지하고 발전시켜 나가는가에 따라 자신의 존재와 정체성이 영향을 받게 되는 것이다. 그렇기 때문에 살아가면서 훌륭한 스승과 좋은 친구를 사귀는 것이 중요하다. 좋은 사람들과의 관계를 통해 자신의 내면에 잠재된 긍정적인 성취 자원과 에너지를 활성화하여 더 큰 변화와 성취를 이룰 수 있게 된다.

이처럼 우리는 자기 자신의 변화가 개인의 변화로 멈추어 있는 것이 아니라 다른 사람과 세상의 변화로 이어지는 비국소성을 가지고 있다는 것을 알 수 있다. 결국 우리는 자신의 경계로서 외부 세계와 연결을 짓고 있는 사회적 존재이기 때문에 비국소성을 가지게 될 수밖에 없다.

특히 리더나 교육적인 위치에 있는 사람이 가지고 있는 막강한 영향력은 더 큰 비국소성을 가지기 때문에 더욱더 중요하다.

만약에 자신이 여러 사람에게 영향력을 미치는 위치에 있는 리더는 자신의 생각과 말, 작은 행동 하나까지도 신중해야 하며 자신의 멘탈상태 또한 긍정적이고 건강해야 한다.

한 개인의 운명조차도 자기 자신의 경계 안에서만 결정되고 바뀌는 것이 아니라 비국소성에 의해 주변 사람들과 환경적인 연결 속에서 영향을 받고 있는 것이다.

우수성과 탁월성을 가진 사람은 자신의 사명과 꿈, 성공 신념을 강화하고 증폭시켜 스스로를 먼저 변화시킨다. 그 변화가 주변 사람들과 세상을 변화시키는 연결을 확장하여 자신뿐만 아니라 다른 사람의 더 큰 성공을 지원하기도 한다. 이처럼 자신의 변화가 개인의 작은 변화로 머물러 있는 것이 아니라 다른 사람의 변화와 연결되어 있는 것이며 모든 변화는 자신에서부터 시작된다.

우주의 모든 구성요소와 자원도 전체와 독립적으로 떨어져 존재하지 않으며 공간적, 시간적으로 분리되어 있지 않다.

사람의 마음과 뇌의 작용 또한 홀로그램적인 특성으로 비국소성의 원리가 적용되고 있다. 우주의 모든 부분들 속에 온 우주가 숨겨져 있는 홀로그램적인 원리처럼 우리의 마음속에 이미 다른 사람과 세상이 모두 들어있는 홀로그램적 존재이다.

삶의 제곱근

우리의 삶은 지극히 수학적이라고 할 수 있다. 그것은 수학적 원리와 관점에서 우리의 삶을 조명해보면 그동안 살아오면서 경험했던 변화와 성취의 근본적인 시작과 뿌리가 어디에 있는지를 쉽게 이해하고 찾을 수 있기 때문이다. 본질적인 답을 구하게 되면 우리의 미래에 다가올 삶의 경험과 결과를 자신이 원하는 대로 바꿀 수 있는 수학적인 관점을 가질 수 있게 된다.

우리의 삶 속에서 사용하는 수학적 프로그램이 '-, +, ×' 중에서 어떤 프로그램을 활용하고 있는가에 따라 전혀 다른 경험을 하게 되고 그 경험에 의해 성취결과를 얻는다. 이 수학적 프로그램 중에서 '-' 프로그램을 사용하게 되면 삶의 변화가 없거나 더 나쁜 결과를 얻게 되며 '+' 나 '×' 프로그램을 사용하게 되면 우리의 삶이 더 긍정적인 성취결과를 얻을 수 있게 된다.

살아가면서 뺄셈의 법칙인 '-' 프로그램을 많이 사용하게 되면 자신의 부정적인 자원을 활성화시켜 내면의 자원과 세상의 수많은 자원과의 단절을 가져와 자기 자신을 제한하거나 축소하여 심리적 병인으로 발전되거나 무기력한 상태를 만든다.

 반면에 덧셈의 법칙인 '+' 프로그램을 많이 사용하게 되면 기존의 삶에 새로운 숫자를 더하는 방식으로 작용하여 성취와 관련된 긍정적인 학습과 경험을 축적하게 되는 것이다.

 이러한 과정에서 자신의 숨겨진 자원을 더 많이 찾고 외부자원과의 연결도 다양하게 확대해 나가게 된다. 대부분의 사람들이 어제의 학습과 경험을 토대로 새로운 자극과 정보를 수용하고 반응해 가는 과정에서 인간관계와 삶의 영역을 계속 확장해가는 '+'적인 프로그램을 많이 사용하고 있다.

 곱셈의 법칙인 '×' 프로그램은 다른 프로그램과 차원이 다른 삶의 경험과 성취를 이룰 수 있게 해준다. 특히 제곱이라고 부르는 곱셈 형태는 더 큰 변화와 성공을 만들어낼 수 있는 프로그램으로서 성취를 위한 중요한 작동원리가 된다.

 제곱은 숫자 자체를 곱하거나 그 숫자만큼의 횟수를 더해야 하는 방식으로서 3의 세곱은 3 × 3 = 9라는 답이 나온다. 숫자 3을 제곱하기 위해서는 숫자 자체를 3번 더해야 하는 것이다. 9라는 답을 얻게 해주는 씨앗 역할은 3이라는 숫자이며 3이라는 숫자가 9의 뿌리인 제곱근이 된다.

 우리의 삶에서 9라는 일상적 실재인 CR적 성취를 이루었다면 그 이면에는 3이라는 NCR적 씨앗과 뿌리가 있는 것이다. 3의 제곱은 9이며 9의 제곱근은 3이다. 숫자의 제곱근은 숫자의 본질과 같은 것이며 그 본질이 9라는 숫자를 창조한다. 그래서 숫자 9의 본질은 3이 되는 것이다.

우리의 삶에서도 3이라는 숫자의 본질과 같은 삶의 본질이 되는 기초수가 존재한다. 그것이 사람에 따라 사명일 수도 있고 목표와 신념일 수도 있다. 삶의 기초수에 의한 제곱의 프로그램이 작동되면서 성취 패턴을 만들 수 있을 때 자신과 환경의 모든 자원이 일치되어 원하는 성취결과를 만들 수 있게 된다. 자기 자신의 경계를 유연하게 확장하여 더 큰 성취를 이루고자 한다면 자기 삶의 제곱근을 찾아야 한다.

우리 삶에서 9라는 성취를 이루게 해주는 3이라는 씨앗과 제곱근은 바로 비일상적 실재인 NCR의 자원에서 찾을 수가 있다. 우리가 어떤 사명과 꿈, 목표, 성공 신념이라는 제곱근을 만들어 그것을 확대하고 증폭시키고 제곱의 프로그램을 사용하는가에 따라 현실적 성취가 달라지게 된다.

우리는 누구나 제곱근의 씨앗을 가지고 있지만 그것을 활용할 수 있는 능력은 모두가 다르게 가지고 있다. 인생에서 제곱근은 우리 안에 이미 존재하고 있는 것이며 3이라는 씨앗과 뿌리를 찾기만 한다면 9라는 제곱의 답을 얻게 되는 것이다.

작은 바램이나 희미하고 막연한 꿈은 '+'나 '×'의 힘을 얻지 못하기 때문에 현실에서 실현되기가 쉽지 않다. 하지만 선명하고 커다란 꿈은 제곱근의 역할을 하게 되어 현실에서의 원하는 성취결과를 얻게 해준다. 선명한 꿈이나 목표가 반드시 이루어지게 되는 것은 그것이 제곱근의 역할을 하기 때문이다. 우리가 살아온 삶의 발자취를 돌이켜보면 오래전에 가졌던 크고 선명한 사명과 꿈에 의해 지금 현재 삶의 결과가 만들어지게 되었다는 것을 알 수 있다.

우리가 살아온 지난날들이 '-, +, ×' 프로그램 중 어떤 것을 선택하고 사용하였는가에 따라 지금 현재의 삶이 결정되어진 것이다. 그중에서 어떤 제곱근을 지속적으로 강화하고 활성화시켰는가에 따라 삶의 성취 과정과 결과가 완전히 달라지게 된다.

수학에서의 제곱근과 마찬가지로 우리 삶에서도 사물과 사람에게서 제곱근을 찾을 수 있는 능력을 갖추기 위해 멘탈에 대한 이해와 사용방법을 배우고 실천하는 것이 중요하다. 이처럼 우리의 삶은 지극히 수학적이라고 할 수 있다. 삶의 본질적인 답을 우리의 기초수를 활용한 제곱근에서 찾게 될 때 자신이 원하는 삶의 성취 결과를 얻을 수가 있게 되는 것이다.

CR과 NCR의 조합

1623년 갈릴레오는 무게, 거리, 시간 등으로 측정되고 표현될 수 있는 수학적으로 실수인 물질의 1차적 특성과 측정될 수 없고 만질 수는 없지만 존재하는 사랑, 색, 가치 등의 허수인 2차적 특성으로 구분하였다.

물질의 1차적 특성은 일상적 실재인 CR적 경험이며 2차적 특성은 비일상적 실재인 NCR적 경험이다. 수학에서 허수와 실수를 혼합해서 나온 결과를 복소수라고 하는데 우리의 삶에서도 마찬가지로 허수인 NCR과 실수인 CR이 조합된 복소수가 삶의 과정을 통제하며 특정한 결과를 만들어낸다.

NCR과 CR은 표면적으로는 분리된 것처럼 보이지만 서로 혼합되고 연결되어 있기 때문에 CR의 현실에 큰 변화와 성취를 이루기 위해 NCR의 힘을 조합해서 더 큰 힘을 얻어야 한다.

비일상적 실재인 NCR은 비물질적이기 때문에 현실적인 경계와 제한에서 완전히 자유로우며 끊임없이 확장하고 증폭시키려는 본질적인 힘을 가지고 있어 물질적인 CR에 접목하거나 혼합하게 되면 현실적인 성취결과를 더 키우는 작용을 하게 된다.

이것이 우리가 9의 제곱근인 3이라는 NCR적인 꿈과 사명, 신념을 CR에 더해야 하는 이유이다. 우리의 삶은 CR과 NCR의 조합이며 이 조합의 비중에 따라 삶의 과정과 결과가 달라지는 것이다.

CR과 NCR은 동서와 남북의 방향으로 두 개의 축을 가진 그래프로 쉽게 이해할 수가 있으며 두 축의 위치에서 만나는 꼭짓점에 따라 삶의 결과가 만들어진다. 이 두 개의 축에서 CR과 NCR이 어느 방향으로 얼마나 많이 이동하느냐에 따라 두 방향이 만나는 꼭짓점의 위치가 바뀌게 된다.

CR의 축은 물질적이고 현실적으로 유한자원이기 때문에 한계가 정해져 있으며 지금 현재의 현상에 대한 고정된 믿음을 만들어 변화를 거부하고 현상을 지키려는 성질을 가지고 있다. 반대로 NCR의 축은 무한자원이기 때문에 물질적이고 현실적인 경계가 없으며 끊임없이 확장하고 증폭하려는 성질을 가지게 된다.

따라서 NCR적인 축을 더 키우는 것이 CR적인 축과의 만남에서의 꼭짓점을 확장하게 하여 원하는 삶의 과정과 결과를 더 키우는 자원과 힘을 많이 얻게 되는 것이다.

우리의 삶에서 CR과 NCR의 두 축이 만든 그래프를 이해하는 것은 매우 중요하다. 이 그래프는 측정될 수 없고 만질 수 없다는 이유만으로 많은 사람들이 그것을 믿지 않고 무시하는 NCR의 위대한 힘을 정량적으로 묘사하고 있어 객관적인 관찰과 알아차림을 가질 수 있는 중요한 단서가 된다.

예를 들어 마당에 심어져 있는 향나무가 있다고 생각해보자. 이 향나무를 관찰하고 측정하는 방법 중에 잎이 무성하고 높이가 2m라는 알아차림과 접촉은 CR적인 것이다. 또 다른 관점에서 이 향나무는 부모님이 우리 가족처럼 관리하며 사랑으로 키운 가족과 같은 나무이며 세상에서 가장 아름다운 향나무라는 생각은 NCR적인 알아차림과 접촉이다. 이 향나무는 CR과 NCR의 두 가지 관점과 특성을 함께 가지고 있는 것이다.

향나무가 가족과 같다는 비유와 아름답다는 의미를 부여하는 것은 NCR적인 것이지만 NCR의 관점과 의미가 CR적인 향나무의 건강한 성장을 돕고 있다. 만약 NCR적인 알아차림과 접촉이 약했다면 마당에 심어져 있는 향나무를 톱으로 베어낼 수도 있고 향나무 대신 다른 나무를 심을 수도 있을 것이다.

이처럼 우리의 삶은 CR과 NCR의 조합으로 창조되며 우리의 CR에 어떤 NCR의 가치와 의미를 부여하는가에 따라 삶의 과정과 결과가 달라지게 된다. 또한 어떤 NCR의 제곱근을 가지느냐에 따라 CR적인 삶의 결과가 바뀌기도 한다.

중요한 것은 우리가 가진 CR은 고정된 유한자원으로서 한계를 가지고 있지만 NCR은 확장성을 가진 무한자원으로서 그 어떤 한계와 구속에서도 자유롭다는 것이다. 그래서 우리가 더 초점을 맞추어야 하는 것은 무한 성취의 자원과 에너지를 증폭시킬 수 있는 NCR적 자원이다.

내적 표상

　우리는 어릴 때부터 성장과정에서 부모와 주변 사람들이 보여주는 말과 행동을 거울처럼 비추어 모델링하면서 그대로 닮아가고 그 대상이 비추어주는 반응과 피드백을 내면화시켜 자기만의 세상 모형을 만드는 내적 표상을 가지게 된다.

　우리의 존재는 사회적 관계 속에서 타인의 반응과 태도에 대한 알아차림과 접촉을 통해 자신의 존재와 정체성을 만들어가기 때문에 주변 사람의 생각과 감정, 행동에 영향을 많이 받을 수밖에 없다. 특히 어린 시기에는 스스로 생존할 수 있는 능력을 가지고 있지 못하기 때문에 부모의 보호와 보살핌이 절대적으로 필요하며 이 시기에 부모와의 관계를 통해 세상과 접촉하고 소통하는 자신만의 독특한 세상모형을 만들게 된다.

　그래서 잠재의식적인 생각과 감정, 행동에는 자신이 아닌 부모와 다른 사람이 반영되고 있을 수도 있다. 우리의 존재와 정체성은 성장과정에서 부모와 권위를 가진 주변 사람들의 생각과 가치관, 행동 등에 영향을 받아 프로그래밍되어 내적 표상이 만들어지며 외부와의 연결통로가 되는 자신의 세상모형을 가지게 된다.

이 과정에서 자신이 알지 못하는 가운데 진짜 자기가 아닌 주변 사람들에 의해 잘못 내사된 가짜 자기가 뿌리를 내려 진짜 자기를 통제하거나 억압하는 과정에서 자신을 잃어버리기도 한다.

성인이 된 이후에도 우리는 사회적 관계 속에서 자신의 존재와 정체성을 유지하고 확장해가기 때문에 주변 사람들과 사물의 반응을 반영하거나 영향을 받게 되고 어떤 경우에는 모델링을 통하여 자신의 세상모형을 변화시키는 가소성을 가지게 된다. 그래서 주변 사람들과 어떤 관계를 형성하는가에 따라 자신의 세상모형에 영향을 미쳐 자기 대상을 만들게 되는 것이다.

우리는 자신을 스스로 볼 수 있는 방법이 없기 때문에 자신을 비추며 거울 역할을 하는 다른 사람의 반응과 피드백을 통해 자신의 존재와 정체성을 확인하게 된다. 다른 사람의 반응과 피드백이라는 거울을 보며 그 속에 비친 자신의 모습을 이미지화시켜 거울에 비친 그 모습이 진짜 자기라고 생각하며 자신의 세상모형을 만들게 되는 것이다.

자신을 비추는 거울의 종류에 따라 자신의 모습이 바뀌게 된다는 것을 알지 못하고 반복적으로 거울에 비추어진 자신의 모습을 내면화시켜 절대적인 내적 표상을 만들게 되는데 이것을 자기 대상이라고 한다.

자기 대상의 첫 번째 역할은 당연히 부모이며 성장과정에서 부모가 반복적으로 보여주는 반응과 태도를 모델링하여 내면화시키며 형성된다. 부모가 긍정적인 반응과 피드백을 반복해서 보여주면 부모와의 관계에서 안정적이고 편안한 정서를 갖게 되면서 긍정적인 생각과 태도, 반응들을 자신에게 반영하여 내적 표상을 만들어 긍정적인 자기 대상을 형성한다.

반대로 우울증이 있는 부모가 우울한 얼굴과 태도를 반복해서 보여주면 아이는 우울한 정서를 그대로 내사하여 부정적인 자기 대상을 형성하고 자신의 내적 표상을 우울하게 만들어버린다.

우리는 다른 사람들과 어떤 형태로든 서로 관계를 맺고 살아갈 수밖에 없는데 중요한 사람들과의 관계 속에서 가진 경험들이 마음에 흔적을 남기고 내면화되면서 자신의 세상모형을 만들어 가게 된다. 이때 대상이 되는 다른 사람의 반응과 피드백이 자기 안에서 내면화되고 마음의 표상을 만들게 되면서 이것이 바로 우리 마음의 지도인 내적 표상이 되는 것이다.

모든 학습과 경험은 이렇게 형성된 자신의 내적 표상에 의해 생략, 왜곡, 일반화의 필터링을 거쳐 처리된다. 결국 우리가 누군가를 사랑하고 미워하는 것과 세상을 부정적으로 보고 긍정적으로 보는 것도 그것이 꼭 절대적인 진실이 아닐 수도 있다.

생략, 왜곡, 일반화된 필터에 의해 형성된 내적 표상이 이후의 정보 입력과 처리, 출력에서 또다시 생략, 왜곡, 일반화 과정을 거치기 때문에 우리가 보고 접촉하는 세상은 우리의 내적 표상이 만들어내는 세상에 대한 모형일 뿐이다.

자기 대상

 자신을 흔들려고 하는 외부의 자극과 공격으로부터 스스로 지키기 위해서는 자신에 대한 강한 응집력을 가지고 방어막을 치거나 문제에서 분리될 수 있는 멘탈의 힘을 가지고 있어야 한다.

 자기 응집력이 약한 사람은 외부에서 부정적이고 충격적인 자극과 공격이 들어오면 방어하지 못하고 쉽게 영향을 받거나 융합되면서 자결성을 상실하게 되어 수동적이 되거나 통제당하게 된다.

 자신을 지킬 수 있는 자기 응집력을 강화시키기 위해서는 먼저 건강한 자기를 만들어야 한다. 건강한 자기를 만들기 위해서는 자기 안에 정신적 에너지를 충전해야 하며 그 에너지는 외부와의 관계 속에서 공급받을 수도 있고 자신의 내적 표상을 바꿈으로써 내면에서 자체적으로 에너지를 공급받을 수도 있다.

 먼저 외부와의 관계 속에서 에너지를 공급받는 과정은 우리가 직접적으로 자신을 관찰할 수 없기 때문에 자신이 가진 거울을 통해서 다른 사람과 세상을 보고 접촉하며 연결을 만들어가야 한다.

일차적으로 자신을 비추는 거울의 역할은 어릴 때부터 내사의 대상이 되는 부모의 몫이며 권위를 가진 주변 사람들의 모든 반응과 피드백이 거울에 비추어져 자기 자신의 세상모형을 형성하는 자기 대상을 만들게 된다.

우리는 다른 사람의 반응과 피드백이라는 거울을 통해 자신을 비추며 자기 대상을 형성하게 되기 때문에 외부의 자극과 반응에 어떤 형태로든 영향을 받을 수밖에 없다. 자기 응집력을 키우기 위해서는 어릴 때부터 건강한 자기 대상을 만드는 환경을 제공해주는 것이 무엇보다 중요하며 외부의 자극과 피드백을 바꿈으로써 자기 대상을 자신이 원하는 상태로 변화시킬 수 있다.

첫째, 자기 옆에 건강하고 긍정적인 자기 대상을 두어야 한다. 성장과정에서 어떤 사람과 친구를 사귀느냐에 따라 자신의 존재와 정체성을 만들어가기 때문에 좋은 사람들과의 관계를 확장해야 한다. 긍정적이고 유연한 사고와 적극적인 행동을 하는 주변 사람들과의 다양한 인간관계가 중요하다.

둘째, 존경의 대상인 모델을 만들어야 한다. 존경의 대상을 모델링하여 좋은 것을 자기 안으로 받아들이고 이상화된 존경의 존재가 내면화될 수 있을 때 그와 관련된 연결을 확장하여 자기 대상이 긍정적인 영향을 받게 된다. 훌륭한 모델링 대상을 갖는다는 것은 자기 안에 긍정적인 변화를 위한 소중한 씨앗을 심는 것이며 변화를 위한 강력한 힘을 가지는 것이다.

우리가 어떤 존경의 대상을 가질 때 그 대상을 모델링하는 과정에서 자기 안에 감추어진 자원을 발견하여 끄집어내고 그것을 활용하여 원하는 성취를 실현시키게 되는 힘을 얻을 수 있다.

존경의 대상은 자기 주변의 가까운 곳에서 찾아도 되고 시공간을 초월하여 역사 속 인물이나 큰 성취를 이룬 사람들의 스토리 속에서 찾아도 된다. 그 과정에서 존경의 대상을 자기화시킨다.

셋째, 존경의 대상으로부터 긍정적인 지지와 피드백을 받는 경험이 필요하다. 멘토 역할을 하는 존경의 대상이 자신을 인정해주고 칭찬을 해주게 되면 자기 안에 잠들어 있는 긍정적인 성취 자원과 에너지를 충전하게 되어 자신의 재능이 꽃피고 열매를 맺게 된다.

그래서 어릴 때부터 가정에서 부모의 긍정적인 코칭 역할과 피드백이 중요하고 학교에서 훌륭한 스승, 사회에서 존경하는 멘토를 만나고 그들의 반복적인 지지와 긍정적인 피드백을 받을 수 있는 환경적인 조건이 더없이 중요한 것이다. 존경의 대상이 자신을 긍정적으로 인정하고 피드백해줄 때 자신 안에 긍정의 에너지를 충전하여 넓은 세상을 향해 힘껏 기지개를 켜고 비상하는 성취의 날개를 가질 수 있게 된다.

'당신은 정말 잘할 수 있다. 당신의 성장은 한계가 없을 것이다. 당신은 마음만 먹으면 무엇이든 할 수 있는 능력을 가지고 있다'라는 존경의 대상이 보내주는 긍정적인 지지와 피드백이 필요하다. 그것이 자기 안에 숨겨진 재능이나 가능성을 일깨워 변화를 위한 에너지를 충전시키고 그것을 성취 자원으로 꽃 피우는 자기 대상을 만들어 주게 된다.

다른 관점에서 보면 자신의 내적 표상을 변화시키는 멘탈훈련을 통해서도 자기 대상과 응집력을 얼마든지 긍정적인 상태로 변화시킬 수 있다. 주변 사람들의 반응과 태도는 자신이 통제할 수 없는 것이지만 자기 자신의 내적 표상은 반복적인 멘탈훈련을 통해 스스로 얼마든지 변화시킬 수가 있기 때문이다.

우리의 삶에서 일어나는 모든 변화와 성취는 표면적으로는 외부의 환경적인 영향을 받을 수밖에 없는 것처럼 보이지만 그 영향이 절대적인 것은 아니다. 오히려 진정한 변화의 시작과 과정, 결과는 자기 내면에서 가능한 것이며 그 변화를 위한 자원과 에너지도 자기 안에 이미 존재하고 있다.

우리는 자기 안에 있는 이 소중한 자신의 자원을 알아차리고 활용하는 방법을 제대로 배우지 않았기 때문에 외부의 반응과 피드백에 의해 영향을 받는 상태에서 수동적으로 통제당하고 있을 뿐이다. 어릴 때 형성된 자기 대상은 성인이 된 이후에도 쉽게 변화하시 않지만 자기 대상은 완전히 고착화된 것이 아니기 때문에 반복적인 멘탈훈련을 통해 얼마든지 바꿀 수가 있다.

우리는 마음의 결단만 한다면 언제든 자기 자신을 원하는 상태로 바꿀 수 있는 멘탈의 능력을 가지고 있으며 이것이 인간의 뇌가 가지고 있는 신경가소성의 힘이다. 뇌의 가소성은 외부 자극과 피드백에 의해 영향을 받게 되지만 스스로 내면을 자극하는 반복적인 생각과 시각화 훈련, 언어 사용법을 통해서도 자기 대상과 자기 응집력을 긍정적으로 바꿀 수 있는 힘을 가지고 있다.

마음으로 책 읽기

책을 가까이하고 많이 읽는 사람의 뇌가 민감성과 유연성이 더 뛰어난 이유는 새롭고 다양한 정보가 입력되는 과정에서 많은 신경회로가 활성화되거나 새롭게 생성되는 신경가소성 때문이다. 책을 많이 읽는다는 것은 더 나은 선택을 할 수 있는 융통성을 갖게 해주기 때문에 성취 가능성을 더 높이게 된다.

위대한 업적이나 성취를 이룬 사람들은 대부분 자신의 경계를 확장하기 위해 다양한 정보의 네트워크를 형성하는데 도움이 되는 책을 가까이했다는 사실이다.

자신을 끊임없이 업그레이드하고 개발하기 위해 도전하는 사람은 풍부한 인문학적 소양뿐만 아니라 전문적인 지식을 얻기 위해 공부를 하는 습관이 형성되어 있어 나이가 들어도 책을 가까이하며 건강한 학습 능력을 유지하며 살아간다.

하지만 책을 보는 습관이 제대로 형성되지 못한 사람은 현실에 안주하고 변화를 거부하는 강한 관성을 가지고 있어 책을 멀리하거나 책을 읽더라도 책 자체가 천연적인 수면제가 된다. 이런 사람은 책만 보면 하품을 하거나 졸음이 와서 눈으로는 책을 보고 있지만 내용을 전혀 알지 못한 채 습관적으로 페이지만 넘긴다.

　책을 읽을 때 마음이 연결되지 않고 눈으로 글을 읽을 뿐인 사람은 저자가 글을 쓸 때 전하고자 했던 깊고 오묘한 깊이에 다다를 수 없다. 글로 표현된 것은 저자의 심층적인 마음과 깨달음이 표상되면서 생략, 왜곡, 일반화의 과정을 거치기 때문에 얕은 글 읽기로는 글을 쓴 저자와 마음이 흠뻑 젖을 정도의 깊이 있는 교감을 갖지 못하는 것이다.

　책을 읽을 때 마음이 흠뻑 젖는 준비 없이 눈으로만 보게 되는 글 읽기는 결코 자신의 것이 되지 못하고 수박 겉핥기와 같은 가벼운 접촉만 있을 뿐이다. 어떤 책이든 글을 읽을 때는 계속해서 내리는 비가 메마른 대지를 흠뻑 적시는 것과 같이 마음이 흠뻑 젖는 감각으로 읽어야만 자신의 지혜가 될 수 있다.

　책을 보며 푹 젖는 읽기가 아닌 눈으로만 읽는 얕은 글 읽기는 읽는 대로 모두 잊어버려 글을 읽은 사람과 읽지 않은 사람의 구별이 없어지게 만든다. 평소 책을 가까이하지 않고 읽는 습관이 되어 있지 않은 사람은 책을 읽으면서도 책의 내용에 흠뻑 빠지기보다는 심리적 간섭에 의해 엉뚱한 잡념이 가득해지기가 쉽다.

　질적으로 깊이 있는 읽기를 하지 않고 양적으로 빨리 읽기만 하려는 것은 소나기가 짧은 시간 내려 땅위를 휩쓸고 지나갈 때 지표면은 젖지만 땅속은 메말라 있는 것처럼 심층적인 만남과 접촉이 어려워지고 책에서 읽은 지식이 자신의 지혜가 되지 못한다.

그래서 자신의 지혜를 확장하기 위해서는 마치 양파껍질을 하나씩 벗기듯이 점차적으로 본질에 접근할 수 있는 깊이 있는 책 읽기가 필요한 것이다.

 의무감으로 억지로 읽는 책 읽기와 짧은 시간에 하는 벼락공부는 눈으로만 책을 읽고 지식으로만 축적시키기 때문에 책에 숨어있는 본질에 접근하기가 쉽지가 않다. 마치 마른 스펀지가 강하게 물을 흡수하듯이 필요에 의한 간절함으로 글을 읽을 수 있을 때 몰입된 접촉 속에 온전히 저자의 생각을 만날 수 있게 된다.

 책을 읽고 공부를 하는 것은 껍질을 벗겨내고 알맹이를 찾는 과정과도 같은 것이다. 더 나은 공부를 위해서 기존의 기억을 활성화시켜 책의 내용과 일치시키기를 통하여 책 속에 있는 지혜와 정보가 자신의 기억 체계에 연결되는 과정을 만들어야 한다.

 그 과정에서 새롭게 입력되는 정보들 중에 쓸데없는 껍질과 쭉정이는 솎아내고 필요한 알맹이만 받아들여 자신의 변화와 성장을 이루는 영양분이 되도록 해야 하는 것이다. 결국 자기 안에 저장되어 있는 기억 체계에서 책의 내용과 관련된 정보들을 활성화시키기 위해 비에 흠뻑 젖는 것과 같은 깊이 있는 학습이 필요하다.

 책을 읽을 때 새로운 정보와 같거나 비슷한 기존의 기억 정보 중에서 얼마나 많은 연결과 일치가 이루어지는가에 따라 마른 스펀지의 흡수력과 같은 놀라운 학습의 효과를 얻게 된다.

공부는 기억이 누적되고 확산되는 과정이며 그 과정을 위해서 새로운 정보와 기존의 기억 시스템의 연결을 일치시켜 활성화시킬 수 있는 집중된 멘탈상태를 만드는 것이 중요하다.

외부의 자극과 정보에 의해 함께 활성화된 뉴런은 시냅스 연결이 강화되고 연결이 강화된 뉴런은 함께 활성화되어 자신의 존재와 정체성을 만들게 된다. 이처럼 우리가 책을 읽는 것은 기억 시스템의 연결을 강화하는 것이며 모르는 것을 하나씩 알아가면서 '앎'이 우리 안에 쌓이고 그 앎이 지식의 차원을 넘어 지혜가 되어 자신의 경계를 확장하는 좋은 습관이다.

책을 읽고 공부를 한다는 것은 단순히 눈으로 책을 읽는 것이 아니라 몰입이라는 경지에서 마음으로 읽어야 한다. 책을 읽을 때는 단순히 페이지를 넘기는 얕은 읽기보다 한 페이지를 읽더라도 자신의 지식 체계와 학문에 보탬이 될 수 있는 깊이 있는 알아차림과 접촉을 가질 수 있는 학습이 필요하다.

저자가 글을 쓴 의도와 핵심에 접근할 수 있는 읽기가 될 때 그 핵심 의도와 내용이 차곡차곡 쌓이면서 정보의 네트워크가 형성되고 학습의 다양한 시너지 효과를 만들게 되는 것이다.

행복 찾기

 사람들은 모두가 자신의 삶이 행복해지기를 바라는 마음이 서로 다르지 않다. 우리가 살아가는 최종 목적이 행복을 추구하는 것이기 때문이다. 그래서 모두가 행복해지기 위해 더 많이 공부하고 열심히 일하여 많은 성취를 이루려고 노력하는 것이다. 우리가 좀 더 행복해지기 위해서는 먼저 우리가 추구하는 행복에 대한 가치와 기준에 대한 명확한 이해가 필요하다.

 우리는 일반적으로 공부를 많이 해서 많은 지식을 가진 사람이나 특정한 종교생활을 하는 사람, 사회적으로 높은 지위를 가진 사람과 돈을 많이 가진 사람이 더 많이 행복할 것이라는 왜곡된 관점으로 그것이 절대적이라는 믿음을 가지기 쉽다.

 하지만 행복은 이러한 현실적이고 물질적인 조건에서만 느낄 수 있는 것은 아니다. 지식수준과 사회적인 지위가 낮고 돈이 여유롭지 않는 사람들도 얼마든지 더 많이 웃고 행복을 느끼며 살아갈 수 있다. 이것은 행복이 단지 일상적 실재인 CR의 물질적이고 현실적인 입자의 세계에서만 존재하는 것이 아니라 비일상적 실재인 NCR의 멘탈적 가치와 긍정적인 인간관계 속에서 더 많이 찾을 수 있기 때문이다.

오히려 행복은 NCR의 멘탈적 가치와 상태에 따라 그 느낌이 많이 달라지게 된다. CR적인 조건들이 행복의 중요한 수단이나 조건일 수는 있지만 그것이 절대적인 행복의 가치나 기준이 될 수는 없다. 그것은 우리의 내적 표상이 어떻게 형성되어 있는가에 따라 행복에 대한 관점과 느낌이 달라지기 때문이다.

즉, 행복은 CR적인 관점에서의 객관적인 기준이나 판단이 절대적인 것이 아니라 자신의 NCR적인 내적 표상에 의한 주관적 기준이나 판단에 의한 느낌이 더 많이 작용한다는 뜻이다.

사람들은 CR적 자원인 돈에 대한 끝없는 욕심으로 더 많은 돈을 가지려고 집착하지만 돈을 많이 가질수록 절대적으로 더 많이 행복해지는 것은 아니다. CR적으로 아무리 많은 돈을 가지고 있어도 NCR적인 가치니 사명, 사랑, 꿈이 없다면 결코 행복을 크게 느끼지 못하고 공허한 삶이 되기 쉽다. 현실적으로 돈이 행복의 중요한 조건은 될 수 있지만 돈에 집착하는 순간 자신의 삶에서 돈의 가치가 절대적인 힘을 가지게 되면서 돈의 노예가 되어 진정한 행복과는 거리가 멀어지게 되는 것이다.

우리는 몸이 건강해야 행복해질 수 있다. 하지만 몸이 건강한 것이 행복을 위한 조건은 될 수 있지만 건강하기 때문에 절대적으로 행복한 것은 아니며 몸이 아픈 것이 행복에 위협이 될 수는 있지만 아픈 것이 절대적으로 우리를 불행하게 하지는 않는다.

이처럼 행복은 우리의 주관적인 내적 표상과 관점에 의한 NCR적인 느낌이며 CR적인 조건은 행복의 중요한 요소가 될 뿐 그것이 절대적인 기준과 판단이 되는 것은 아니라는 것이다.

그리고 행복은 완전한 조건에서 찾는 특별함이 아니라 부족하고 불완전한 일상생활 속에서 더 나은 것을 바라보고 추구하며 상대적으로 부정적인 조건보다 긍정적인 조건을 더 많이 만들어가는 과정에서 만들어진다.

우리 속담에 '남의 떡이 더 커 보인다'라는 말이 있는 것처럼 우리는 자신이 가진 긍정의 자원과 가능성을 알아차리지 못하고 가지지 못한 것에 초점을 맞추면서 남이 가진 것에 과한 욕심을 낼 때 행복과 멀어지는 안타까운 상태에 빠지기 쉽다.

자신의 초점을 긍정의 자원과 가능성에 맞출 때 행복은 더 가까이 다가온다. 그 이유는 행복은 우리의 삶에서 부정적인 요소와 상황이 전혀 없는 것을 뜻하는 것이 아니라 부정적인 것보다 긍정적인 요소와 상황이 더 많거나 긍정에 대한 희망을 더 많이 가질 때 생기는 것이기 때문이다. 그래서 행복을 긍정과 부정이 51 : 49의 비율이라고 하는 것이다.

많은 사람들이 착각하는 것이 바로 이 부분이다. 사람들은 원래부터 부정보다 긍정적인 자원을 훨씬 많이 가지고 있지만 주변 환경에 의해 부정적인 경험과 피드백이 반복되는 과정에서 긍정의 자원들과 멀어진 것일 뿐이다. 행복은 결코 CR적인 물질에서만 주어지는 것이 아니다. 즉, 돈이나 권력, 명예 등과 같은 외부적인 조건에 의해 절대적으로 결정될 수 있는 것이 아니라는 것이다.

CR적인 물질의 풍요와 경제적 여유가 사회적 비교대상이나 부분적인 행복의 조건이 될 수는 있지만 그것이 행복을 결정짓는 절대적인 준거가 되지는 못한다. 우리 모두가 추구하는 진정한 행복은 NCR과 CR의 균형과 아름다운 조합에서 찾을 수 있고 그것은 우리 안에 이미 존재하거나 얼마든지 창조할 수 있다.

그리고 두 가지 실재가 아름다운 균형과 상보성을 가지는 시작은 우리의 삶에서 NCR의 비중을 더 높이는 것이다. 끌어당김의 강력한 자성과 확장성을 가진 NCR의 비중이 높아지면 현실적인 CR의 크기와 가치도 함께 변화하게 된다. 우리가 경험하는 일상적 실재에서의 모든 물질적인 성취는 NCR의 가치를 함께 가질 수 있을 때 더 큰 행복을 느끼게 해준다.

마음의 씨앗

 우리 속담에 '콩 심은데 콩 나고 팥 심은데 팥 난다'라는 말이 있다. 마음의 비옥한 토양에 어떤 씨앗을 뿌리는가에 따라 우리가 얻는 수확이 달라진다. 긍정의 씨앗을 뿌리면 긍정의 열매를 수확하게 되고 부정의 씨앗을 뿌리면 부정의 열매를 수확하게 된다.
우리 삶의 결과는 마음의 밭에 어떤 귀한 씨앗을 뿌렸는가에 의해 수확하는 열매와 같은 것이다.
 우리의 삶에서 일상적 실재인 현실에서의 성취는 대부분 비일상적 실재인 마음에서 만들어진 신념의 결과물이다. 이 신념이 바로 초능력적인 멘탈의 힘이며 이 힘은 그 무엇이든 가능하게 만드는 창조적인 능력을 가지고 있다.
 초능력적인 멘탈의 힘을 긍정적이고 창조적으로 사용하면 성취와 행복을 끌어당기는 자성을 가지게 되지만 부정적이고 파괴적으로 잘못 사용하게 되면 실패와 좌절을 경험하며 무기력한 상태에 빠지게 만든다. 이 세상에 그 어떤 것보다 더 강력한 창조력과 파괴력을 동시에 갖고 있는 것이 바로 우리가 가진 멘탈의 힘이며 우리가 선택한 멘탈의 힘이 어떤 것이냐에 따라 삶의 결과와 운명이 좌우되는 것이다.

　세상의 모든 창조물은 우리의 마음이 만들어낸 산물이라고 할 수 있다. 우리가 어떤 대상과 물체를 볼 때 눈으로 보는 것이라고 착각하기 쉽지만 눈은 단순히 사물을 비추어주는 렌즈의 기능만 할 뿐 실제로 보는 것은 뇌의 기억 시스템을 활용하여 저장된 이미지를 만들어내는 자신의 내적 표상으로 보게 되는 것이다.

　이처럼 우리의 마음이 모든 것을 만들어내기 때문에 마음을 바꿈으로써 세상을 바꿀 수도 있다. 세상에 존재하는 그 어느 것도 마음의 작용없이 존재하는 것은 없다. 왜냐하면 존재하는 모든 대상과 물질은 우리의 마음으로 보고 접촉하기 때문에 마음이 없다면 그 어떤 것도 자기 안에 존재하지 않기 때문이다.

　모든 것은 마음에서 만들어진다는 '일체유심조'의 진리를 이해한다면 마음이 기지고 있는 놀라운 힘을 어떻게 활용할 수 있을지에 대한 답을 쉽게 찾을 수가 있을 것이다.

　우리가 일상생활 속에서 사용하는 가구나 전자제품, 자동차, 건물 등을 만든 것도 그 시작은 사람의 마음이다. 밤의 어둠을 걷어내고 낮처럼 환하게 밝혀주는 조명을 발명한 것도 어떤 한 사람의 마음에서 생긴 신념으로 창조된 것이다.

　모든 소유물이 인간의 창조적인 마음과 신념에 의해 생긴 것이고 그러한 세상을 보고 접촉하는 것도 우리의 마음과 신념에 의해 이루어지게 된다. 우리의 마음속에 어떤 대상이 내재되어 있지 않다면 그 대상에 대한 알아차림과 접촉이 힘들어진다. 우리 마음속에 내재되어 있지 않는 낯설고 새로운 것을 알아차리고 접촉하는데 더 많은 시간과 노력이 필요하게 되는 것은 우리가 보고 있는 것이 단순히 눈으로 보는 것이 아니라 마음으로 보기 때문이다.

인간의 존재는 살, 뼈, 근육, 피, 세포 등으로 구성된 물질적인 CR의 체계와 사명과 꿈, 신념, 사고, 목표 등으로 채워진 정신적인 NCR의 체계가 조합되어 상보적인 작용을 하고 있다. CR적인 몸과 NCR적인 정신은 분리되어 있지만 서로 완전히 분리될 수 없는 상보적인 연결을 짓고 있기 때문에 어느 한 가지를 바꾸면 다른 한 가지도 함께 바뀌게 되는 것이다.

어느 한 가지를 바꾸기 위해서는 다른 한 가지를 바꾸어야 하는 것이 CR과 NCR의 관계이다. 두 가지 중에서 어느 것이 먼저인가에 대한 물음은 닭이 먼저라는 주장과 달걀이 먼저라는 상반된 주장처럼 영원히 풀리지 않는 문제와 같이 의미 없는 주장이다.

몸이 있어 정신이 존재하고 정신이 있어 몸이 정상적인 기능과 작동을 할 수 있기 때문에 어느 것이 먼저인가를 따지는 것은 더 이상 아무런 의미가 없다. 다만 현실에서의 물질적 세계인 CR의 움직임이 가상적인 정신적 세계인 NCR의 마음에 의해 창조가 시작되었으며 현실에서의 모든 행동과 물질에는 사람의 마음이 깃들어 있고 그것을 관찰하고 접촉하는 것도 우리의 마음이라는 것을 깨닫는 것이 중요하다.

어떤 사람의 말을 듣고 행동을 관찰해보면 그 사람의 마음 상태를 유추할 수 있다. 그리고 유명한 화가의 그림이나 유명 작가의 글을 읽으면 그 작가의 정신세계와 접촉할 수 있게 된다.

이것은 우리의 마음과 신념이 말과 행동, 작품에 묻어나기 때문이며 이처럼 일상적 실재에서의 모든 현상 속에는 비일상적 실재인 정신이 함께 깃들어 있다는 것을 알 수 있다.

세상 모든 것에 우리의 마음이 깃들어 있다는 말은 세상 모든 것은 우리의 마음속에 있다는 것과 같은 뜻이다. 우리의 마음을 소우주라고 하는 것은 NCR적인 마음에서 모든 것을 창조하기 때문이다. 즉, 우리의 마음에 원하는 그 무엇을 키우게 되면 그것이 현실적인 창조로 나타나는 것이다.

자신이 원하는 부와 성공, 행복을 끌어당기는 시작과 뿌리도 우리의 NCR적인 마음에서 생기며 우리의 마음이 곧 모든 창조와 성취를 이루게 해주는 시작이다. 모든 것은 우리 마음에 뿌린 씨앗이 싹트고 자라서 수확을 거두는 것일 뿐이다.

PART 5

희망

우리의 멘탈은 아무리 퍼내도
마르지 않는 샘물과도 같다.
가슴 설렘이 있는 선명한 희망이
우리 안에 마르지 않는 샘물인
멘탈의 위대한 힘을 찾아내고
활용할 수 있게 만들어준다.

희망의 실현

 우리가 선명하게 그릴 수 있는 비일상적 실재의 NCR적인 희망은 일상적 실재인 CR의 세계에서 물질적이고 현실적인 창조를 실현시켜주는 힘을 가지고 있다. 그런데도 그 희망이 실현되는 사람과 실현되지 못하는 사람이 생기는 이유는 사람에 따라 외부의 자극과 정보에 의한 심리적 간섭이 다르게 생기기 때문이다.

 자신의 희망이 현실적으로 실현되지 못하는 것은 우리의 관념이나 사고의 대부분이 완전한 자신의 것이 아니라 다른 사람의 생각과 사고가 내사되었거나 영향을 받고 있어서이다. 다른 사람의 생각이 자신의 마음을 지배하여 가짜 자기와 진짜 자기가 충돌하게 되면 심리적 간섭에 의해 희망에 대한 내면적 일치와 초점 맞추기가 힘들어 희망이 더 이상 실행력을 가질 수 없게 된다.

 인간은 사회적 관계 속에서 살아가기 때문에 자신의 존재와 정체성을 증명하기 위해 다른 사람과 외부와의 다양한 채널을 만들어 소통하고 있다. 책, TV, 신문, 잡지, 인터넷, 가족, 친구, 이웃 등 다양한 관계와 채널을 가지고 서로 소통하는 과정에서 자신의 상태를 유지하거나 업그레이드시키며 존재와 정체성을 만든다.

만약에 이러한 다양한 채널과 정보가 입력되는 과정에서 우리의 내적 표상에 부정적인 영향을 미치게 되면 자신이 가진 소중한 자원과 잠재력을 상실하고 무기력한 상태에 빠질 수도 있다. 하지만 긍정적인 자극과 정보가 피드백되어 내면적인 일치시키기와 초점 맞추기가 되면 자신이 마음먹은 모든 성취를 실현할 수 있는 초능력적인 멘탈의 힘을 얻을 수가 있게 된다.

외부의 자극과 정보가 입력되는 과정에서 우리의 내적 표상에 긍정적인 영향을 미치게 될 때 자신의 꿈과 희망에 대한 선명한 이미지가 그려진다. 긍정적인 내적 표상에 의한 이미지를 현실화시키기 위해 초점을 맞추고 자신의 모든 자원을 일치시켜 현실적인 성취를 실현시키게 되는 것이다.

우리의 잠재의식은 희망에 초점이 일치된 프로그램이 입력되면 24시간, 365일, 평생 동안 자신의 선명한 꿈과 희망을 성취시키기 위해 쉬지 않고 작동하며 그것을 완결 지으려 한다. 자신의 희망에 초점이 맞추어지고 그것을 성취하기 위한 내적 일치가 이루어지면 비슷한 외부적 자원과의 연결을 찾아 자신과 일치시키기를 통해 현실적이고 물질적인 성취를 이루게 되는 것이다.

이처럼 외부의 자극과 정보가 어떤 것이냐에 따라 우리의 희망을 키우는 성취의 디딤돌이 되기도 하고 희망을 잃어버리는 패배적인 걸림돌이 되기도 한다. 중요한 것은 자신의 내적 표상이 만들어낸 지금 현재의 상태가 아무런 심리적 간섭 없이 희망이라는 초점에 대한 일치시키기를 할 수 있어야 한다는 것이다. 이러한 현재의 긍정적인 상태가 외부의 자극과 정보를 소중한 자원으로 활용하여 미래의 희망을 더 키우고 실현시킬 수 있는 자신을 만든다.

 모든 것은 우리 안에 이미 존재하며 우리 안에 존재하지 않는 그 어떤 기회와 자원도 외부세계에 존재하지 않는다.

다만 우리 안에 이미 존재하고 있는 자원을 스스로 발견하고 접촉하여 희망에 초점이 모아질 때 외부의 유사한 자원을 찾을 수 있고 그것과 접촉하여 자신의 성취를 위한 통합된 자원으로 활용할 수 있게 되는 것이다. 모든 자원은 우리의 마음속에 있는 희망에 대한 신념이 성취를 이루는 힘의 근원이 되고 이것이 바로 멘탈이 가진 위대한 성취능력이다.

 외부의 다른 사람에 의해 잘못 내사된 부정적인 가짜 자기가 있다면 그것을 차단하고 진정한 자아를 발견할 수 있는 자신의 상태를 만들어야 한다. 즉, 자신의 참모습을 발견하고 활용할 수 있는 능력을 가지게 될 때 자신의 꿈과 희망이 현실로 성취되는 경험을 할 수 있다.

 우리의 멘탈은 아무리 퍼내도 마르지 않는 샘물과도 같다.

가슴 설레임이 있는 선명한 희망이 마르지 않는 샘물과도 같은 멘탈의 위대한 힘을 찾아내고 그것을 성취 자원으로 활용할 수 있게 만들어 주는 것이다.

성공 신념 강화하기

　우리는 밤에 잠을 자면서 꿈을 꾸게 되지만 눈을 뜨고 활동하는 낮에도 생생하게 꿈을 꾼다. 낮에 꾸는 선명한 꿈에 대해 오감적으로 반복해서 시각화시키게 되면 현실적인 실현 가능성을 더 크게 키워주는 성공 신념으로 강화된다.

　시각화를 통해 자신이 가진 꿈의 크기가 크고 선명하면 꿈과 현재 상태의 차이가 많이 벌어지게 되고 그 벌어진 간격을 좁히기 위해 자신의 현재 상태를 바꾸어 꿈을 향해 다가가게 만든다.

하지만 자신이 가진 꿈의 크기가 작거나 희미하면 꿈과 현재 상태의 간격을 제대로 지각하지 못하게 되거나 지각을 한다고 해도 꿈을 향해 자신을 변화시키는 선택과 행동을 쉽게 하지 못하고 적당한 구실과 변명으로 꿈을 포기해 버리는 선택을 하기 쉽다.

　그래서 비일상적 실재인 NCR의 정신세계에서 꿈의 크기를 키우고 선명하게 만들어 그 꿈이 반드시 이루어지게 될 것이라는 성공 신념을 키우게 될 때 그 꿈이 일상적 실재인 CR의 세계에서 현실로 창조될 수 있는 힘을 가지게 되는 것이다.

　성공을 위해서는 크고 선명한 꿈이 필요하다. 멋지게 성공한 자신의 행복한 모습이 뇌에 선명하게 시각화될 수 있도록 반복해서 꿈을 꾸고 그 꿈을 실현하기 위한 자신의 자원과 에너지를 일치시킬 때 그 꿈은 더 이상 NCR의 상상 속에 존재하는 꿈이 아닌 CR의 현실로 창조되는 힘을 가지게 되는 것이다. 꿈이 실현된 멋진 자신의 모습을 반복해서 상상하면 그것이 성공 신념으로 굳어져 그 신념의 힘이 현실에서의 성공을 이끌어주게 된다.

　우리 삶의 모든 성취결과는 신념에 의해 창조되고 신념은 우리의 삶에 변화와 성공을 위한 강력한 에너지와 동기를 만들어준다. 성공을 위한 모든 자원은 이미 우리 안에 존재하고 있으며 성공에 대한 강한 신념이 생길 때 우리 안에 있는 자원과 바깥 세계의 새로운 자원들과의 연결이 이루어지는 과정에서 원하는 성공의 결과를 얻을 수 있다.

　에밀 쿠에는 "우리의 믿음이 우리를 통제한다"라고 했다. 우리가 무엇인가를 반복해서 생각하고 상상하면 그것이 믿음을 만들게 되고 그 믿음이 강화되어 우리의 신념이 되며 그 신념이 자신의 삶을 통제하는 힘을 가지게 된다는 것이다.

　우리 안에는 우리가 알지 못하는 무한한 성취 자원의 능력을 가진 거인이 잠들어 있으며 성공을 이루기 위해서는 우리 내면에 잠들어 있는 거인을 깨우는 자극이 필요하다. 우리의 잠재의식에서 조용히 잠자고 있는 이 거인은 누군가가 깨워주기를 바라며 특정한 사명과 명령이 내려지기를 기다리고 있다. 잠재의식은 무한 성취 자원이 숨겨져 있는 보물창고이며 그 능력의 한계가 무한하기 때문에 원하는 그 무엇이든 명령만 전달되면 그것을 창조하기 위해 작동된다.

우리의 위대한 잠재의식은 의식에서 내린 지시나 명령을 수행하는 충실한 하인 역할을 하기 때문에 꿈과 성공 신념에 관한 반복적인 명령이 전달되면 그것을 실행하기 위해 밤낮없이 일을 한다. 잠재의식은 반복적으로 내려진 명령을 완수할 때까지 24시간 일을 하며 그래도 명령을 완전히 수행하지 못하면 365일, 평생 동안 잠시도 쉬지 않고 작업을 하게 된다.

의식이 잠든 한밤중에도 잠시도 쉬지 않고 잠재의식은 충실하게 작업을 하며 꿈의 성취를 위해 최선의 노력을 다하여 기적적인 결과를 만들어낸다. 이처럼 꿈에 대해 의식에서 반복적으로 생각하고 상상하면 그것이 신념이 되고 잠재의식에 명령으로 전달되면서 무한 성취의 능력을 가진 거인을 깨워 원하는 꿈을 실현시키는 초능력적인 멘탈의 힘을 얻게 되는 것이다.

물리학자인 아서 에딩턴 경은 "정신은 덩어리의 원자구조를 바꾸는 힘이 있으며 세계의 역사는 물리적인 법칙에 의해서 운명이 결정되는 것이 아니라 원인과 결과에 따르지 않는 자유의지에 의해서 변화되는지도 모른다"라고 했다. 이 말은 잠재의식의 위대한 성취와 창조의 힘에 대한 훌륭한 설명이다.

우리의 잠재의식은 의식에서 자유의지로 반복해서 뿌려진 씨앗에 대해 아무런 저항 없이 받아들인다. 잠재의식은 어떤 씨앗이든 가리지 않고 의식에서 뿌리는 데로 싹을 틔우는 비옥한 토양과 같기 때문에 잠재의식에 반복해서 그 무엇을 심게 되면 그것이 무엇이든 가리지 않고 자라게 하여 원하는 결실을 맺게 해준다.

우리의 잠재의식에 성공에 대한 반복적인 생각과 욕구를 가득 채우고 '나는 할 수 있다. 나는 반드시 성공한다'는 자기 확신의 씨앗을 반복해서 심어야 한다. 무엇이든 할 수 있다는 자기 확신이 중요한 이유는 우리의 마음속에 어떤 대상이 내재되어 있지 않다면 바깥세상에서 그 대상에 대한 어떤 성취도 이루어지지 않기 때문이다. 우리가 무엇을 성취하기 위해서는 먼저 우리 마음속에 그 무엇을 선명하게 만들 수 있는 자유의지가 필요하다.

원하는 것에 대해 먼저 마음속에 간절함을 만들고 그 간절함이 반복되어 신념으로 굳어지게 되면 우리가 바라는 꿈이 반드시 이루어지게 되는 것이 멘탈의 법칙이다. 그 어떤 성취도 내 안에 없는 것이 이루어지지 않는다는 사실을 아는 것이 중요하다.

새벽형 인간

 나는 요즘도 새벽에 일찍 일어나 글을 쓰는 습관을 유지하고 있다. 새벽에 일찍 일어나 몸을 씻고 맑은 멘탈상태로 글을 쓰면 새로운 영감이 잘 떠오르고 글이 자연스럽게 불려 나온다.
이처럼 새벽에 책을 읽거나 글을 쓸 때 영감이 더 잘 떠오르는 것은 밤에 잠을 자면서 낮 동안의 학습과 경험 과정에서의 모든 기억된 정보들이 신경회로의 안정적인 연결과 정리 정돈된 상태를 유지하고 있기 때문이다.
 우리의 잠재의식은 잠을 자고 있는 동안에도 하루에 입력된 정보들을 쉬지 않고 정리 정돈하여 신경회로를 조직화시켜 평온한 상태를 만든다. 그래서 편안하게 잠을 자고 난 후에 어제까지 잘 해결되지 않던 문제가 쉽게 풀리기도 하고 새로운 아이디어가 떠오르는 경험을 하기도 하는 것이다.
 낮 동안의 의식적 경험 과정에서 어떤 문제에 대한 답을 바로 구하지 못하는 경우가 많은 이유는 의식의 제한된 용량과 새로운 환경에 주의 초점을 전환하는 뇌의 기능 때문이다.

우리 뇌는 간단한 문제에 대해서는 의식과 전의식에 있는 기존의 기억을 활용하여 언제든지 원하는 답을 구할 수 있게 해준다. 이것은 시험을 치를 때 최근에 공부했던 내용에 대해 의식적인 초점을 모아 전의식과 얕은 잠재의식에 저장된 답을 찾아 불러낼 수 있기 때문이다. 하지만 의식은 변화하는 환경적 정보와 상황에 능동적으로 대처하며 주의력을 다양하게 확대하거나 빠르게 전환해야 하기 때문에 대부분의 정보는 나중에 처리하기 위해 잠재의식에 따로 보관하는 선택을 하게 된다.

이러한 처리되지 못한 낮 동안의 학습과 경험에 대해서 잠을 자는 동안 잠재의식적 차원에서 처리를 하며 쉽게 해결 방법을 구하기도 한다. 우리의 뇌는 한낮의 해결되지 않는 문제와 스트레스가 남아 있다면 잠을 자는 동안에 잠재의식에서 대부분의 문제를 해결하는 능력까지도 가지고 있는 것이다.

그리고 잠을 자는 동안 잘 정리 정돈된 우리의 뇌는 바람 한점 없는 잔잔한 아침 호수처럼 고요하고 편안한 상태를 유지하고 있다. 잔잔한 호수에 작은 돌을 던지는 자극만으로도 파장이 일어나면서 큰 물결과 파도를 만들듯이 새벽의 책 읽기와 글을 쓰는 습관이 마음의 큰 물결과 파도를 만들게 된다.

마찬가지로 새벽에 글을 쓰게 되면 헵의 원리에 의해 특정 뉴런이 자극되어 활성화되면서 서로 병렬적으로 연결된 이웃 뉴런들이 함께 활성화되고 그 연결이 강화되면서 영감이 떠오르고 새로운 글들이 체계적으로 불러 나오는 것이다. 일반적으로 새벽에 일찍 일어나는 생활패턴을 가진 사람이 원하는 미래의 꿈과 목표를 쉽게 이루고 성공의 가능성이 더 높은 이유는 새벽에 일찍 일어났을 때의 뇌 상태가 다르기 때문이다.

일찍 일어나는 생활습관을 몸에 익혀 새벽의 긍정적인 기운과 잘 정리된 신경회로가 촉수를 세우고 있는 잠재의식을 활용할 수만 있다면 자기 안에 잠재된 무한 성취의 자원과 에너지를 증폭시켜 초능력적인 힘으로 위대한 기적을 창조할 수도 있다. 이처럼 위대한 업적을 남긴 성공한 사람들 중에 새벽에 일찍 일어나는 습관을 가진 사람이 많은 이유는 그들의 뇌 상태가 달랐기 때문이다.

저녁에 쓴 글을 새벽에 홀로 깨어 조용히 읽어보면 시간에 따라 글의 맥락과 깊이가 다르게 느껴지는 것을 알 수 있다. 글을 쓰고 있을 때의 상태와 시간이 다르기 때문에 같은 주제에 대해 쓰는 글의 맥락과 깊이가 달라지는 것이다. 이러한 효과는 새벽에 하는 공부뿐만 아니라 정원 가꾸기, 운동, 사색, 산책을 할 때도 다르게 나타난다. 나의 경험으로는 그중에서도 새벽에 일찍 일어나 책을 보거나 글을 쓰는 습관을 가질 수 있었던 것이 가장 탁월한 선택이 되었다고 생각한다.

새벽에 일찍 일어나는 습관을 규칙적으로 만들기 위해서는 잠자리에 들기 전에 '나는 내일 새벽 5시에 눈을 뜰 것이다', '나는 새벽에 일찍 일어나서 즐거운 책 읽기를 할 것이다', '나는 새벽에 일찍 일어난다'와 같은 암시를 반복하며 잠을 청하는 것이 도움이 된다.

일찍 일어난다는 암시를 반복하면 뇌는 그 암시를 받아들여 믿음을 만들고 그 믿음이 자신의 몸을 통제하게 만들어 정확하게 원하는 시간에 깨어나게 만들어준다.

기상시간을 종이에 크게 적어 책상 앞이나 누웠을 때 잘 보이는 곳에 붙여두는 것도 도움이 된다. 그리고 새벽에 눈을 뜨면 제일 먼저 따뜻한 물에 샤워를 하고 신체적으로 각성이 될 수 있게 하여 새벽에 일어나는 즐거움을 뇌에서 기억하게 해야 한다.

새벽형 인간이 되기 위한 습관을 3개월만 반복하면 일찍 일어나는 패턴이 형성되고 1년이 경과하면 완전한 습관으로 자동화되어 새벽형 인간으로 완벽하게 변화하게 된다. 새벽에 하루 3시간을 자기계발을 위한 시간으로 활용할 수 있게 되면 일 년에 1095시간을 덤으로 사용할 수 있고 10년이면 456일을 덤으로 활용할 수 있게 되어 성공의 조건을 더 갖게 되는 것이다. 이것이 우리가 새벽형 인간으로서 살아가야 하는 이유이다.

마음의 고속도로

　자기 안에 충만한 성취 에너지인 멘탈의 힘을 믿지 않는 사람에게는 자신이 바라는 그 어떤 성취도 우연히 생기지 않는다.
　자기 안에 먼저 성취에 대한 그림을 선명하게 시각화할 수 있을 때만 그 성취를 위한 외부적 변화와 멘탈의 힘을 가지게 된다. 그 어떤 성취도 우연이나 요행으로 주어지는 것은 없으며 우리 마음에 뿌려진 믿음이라는 씨앗에 의해 얻게 되는 결과일 뿐이다.
　자기 마음 안에 간절히 원하는 그 무엇을 선명하게 그릴 수만 있다면 원하는 성취의 시기가 빨리 찾아오거나 늦게 찾아오는 차이와 크고 작고의 크기에 대한 차이를 가질 뿐 원하는 성과를 반드시 얻게 되는 것이 멘탈의 법칙이다.
　이렇게 간절히 원하는 것을 반복적으로 선명하게 시각화하여 믿음을 만들고 그것을 뇌에 프로그래밍시키기만 한다면 우리는 어떠한 형태로든 간절히 원하는 것을 CR적인 현실로 실현시켜주는 초능력적인 멘탈의 힘을 가질 수 있다.

우리의 멘탈이 가진 힘은 원하는 것에 대해 아무런 주저함과 의심 없이 확고한 믿음을 가질 수 있을 때 그 어떠한 제한도 없이 원하는 성취를 실현시키는 힘을 가지게 된다. 우리 안에 절대적인 믿음을 반복적으로 지속하게 되면 그 믿음이 자동화되어 내현기억으로 남게 되면서 목표한 성취를 이루기 위해 자신과 환경의 모든 자원을 활용하여 원하는 결과를 만들게 되는 것이다.

많은 차량이 통행하기 위해 건설한 고속도로에 진출입로가 없다면 그 길로 차가 한대도 다니지 못하게 된다. 우리의 삶에서 원하는 성취를 위한 믿음이 바로 마음의 고속도로에 진출입하는 통로 역할을 한다. 이 마음의 고속도로는 누구에게나 공평하게 주어진 무한 성취의 자원이지만 마음의 고속도로에 진입하는 믿음의 크기는 모두가 다르게 가지고 있다.

이처럼 마음의 고속도로를 활용할 수 있는 능력을 가지게 해주는 것은 우리가 가진 믿음의 크기와 강도의 차이에 의해 달라지게 된다. 우리는 성취할 수 있는 자원을 가진 사람과 가지지 못한 사람이 있는 것이 아니라 이 마음의 고속도로에 진출입할 수 있는 믿음을 가진 사람과 믿음을 가지지 못한 사람이 있을 뿐이다.

쭉 길게 뻗은 마음의 고속도로를 자신의 삶에서 성취 자원으로 사용할 수 있기 위해서는 마음의 진출입로가 필요하고 그 진출입로가 바로 우리의 믿음인 것이다. 마음의 고속도로에 진출입할 수 있는 믿음이라는 열린 통로가 필요하며 마음의 자원과 에너지를 충분히 활용하기 위해서는 성공에 대한 믿음이 우리 자신과 삶을 통제하게 만들어야 한다.

아직도 자신이 원하는 삶의 목표를 향해 달릴 수 있는 고속도로의 진출입로를 찾지 못하고 방황하는 사람들에게 필요한 것은 더 많은 고속도로를 건설하는 것이 아니라 진출입할 수 있는 믿음을 가지는 것이다. 아무리 마음의 고속도로를 많이 만들어도 드나드는 믿음이라는 마음의 진출입로가 좁거나 막혀있다면 자신의 삶에서 그 어떤 성취도 이루어지지 않기 때문이다.

우리의 믿음이 우리의 꿈과 목표를 성취시켜 주는 마음의 고속도로를 달릴 수 있게 해주는 진출입로의 역할을 하게 해야 한다. 그래서 성공을 이루고 싶다면 그 성공을 자신의 마음에 먼저 생생하게 시각화시키고 그것이 반드시 실현된다는 성공에 대한 믿음을 가지는 것이 무엇보다 중요하다.

믿음이 중요한 이유는 할 수 있다는 믿음이 마음의 고속도로를 이용하여 원하는 변화와 성취를 할 수 있게 만들어주기 때문이다. 어떤 일이든 우연히 이루어지는 것은 없다. 우리가 우연이라고 생각하는 대부분의 것들은 누군가의 믿음에 의해 창조되는 결과물일 뿐이다. 우리가 우연이라고 생각하는 대부분의 것들은 우연을 가장한 우리의 믿음이 선택한 결과이며 이것은 우리의 믿음이 우리를 통제하고 있기 때문에 나타나는 당연한 결과이다.

암시와 집단최면

 반복적인 암시는 의식의 이해와 분석과정을 거치지 않고 의식을 우회하여 기존의 잠재의식에 저장된 기억들과의 조합을 통해 새로운 신경망을 활성화시킨다. 반복된 암시를 통해 잠재의식에 뿌린 대로 새롭게 프로그래밍되어 변화와 성취를 위한 강력한 멘탈의 힘을 가지게 되는 것이다.

 어떤 암시든 반복해서 듣게 되면 그것에 대한 믿음을 만들어 자신의 신념으로 굳어지게 되고 그 신념이 자신을 통제하여 외부와의 연결을 만들게 된다. 암시의 힘은 우리의 삶에서 다양하게 작용하고 있으며 그것이 자기암시일 수도 있고 타인암시일 수도 있지만 어떤 형태이든 상관없이 우리는 대부분 암시에 의한 최면상태에서 살아간다고 볼 수 있다.

 암시와 최면은 인간관계에서도 절대적인 영향을 미칠 뿐만 아니라 국가의 통치와 경영에도 중요한 기능과 역할을 한다. 암시를 통해 국민을 집단최면상태에 빠지게 하여 권력자의 특정한 욕망을 실현시키거나 통치의 수단으로 이용할 수도 있다.

역사적으로 살펴보면 독재자들은 암시의 원리와 사용방법을 알고 암시를 이용하여 국민 모두가 하나의 국가적 신념을 가질 수 있도록 집단최면상태로 몰아넣어 자신이 원하는 것을 이루는 수단으로 이용하였다. 독재자들은 국민 모두가 하나의 암시를 통해 국가적 신념을 가질 때 생기는 집단 역동의 폭발적인 에너지를 자신의 권력을 강화하거나 확장하는 수단으로 삼았으며 그 힘을 활용하여 국민을 통제하기도 하고 다른 나라를 집어삼키려는 야욕을 가진 침략국가가 되는 선택을 하기도 했다.

독일의 히틀러는 이러한 집단최면을 이용하여 모든 국민을 하나의 국가적 신념의 틀 속에 가두어 자신의 개인적인 욕망과 힘을 키우고 그 힘을 이용하여 세계를 지배하려는 자신의 망상을 현실에서 실현시키려 했던 인물이다. 독재자 히틀러에 대해 프랑스의 심리학자인 리넨 포벨은 "그는 암시의 원리와 그 기법에 대한 사용법을 잘 알고 있었다"라고 말했다.

히틀러는 독일 국민 모두에게 암시를 통해 집단최면을 걸어서 집단 환상을 가지게 만들었다. "오늘 우리는 독일을 갖는다. 내일 우리는 세계를 갖는다"는 행진곡이 울려 퍼지고 독일 국민이 가장 우수하고 탁월한 민족이라는 왜곡된 신념을 가지도록 집단최면상태로 몰아가면서 국민이 광 집단으로 변해갔다.

히틀러에 의해 잘못 이용된 암시가 집단최면이 되어 균형과 이성을 잃어버린 상태에서 침략전쟁을 일으키고 수많은 유태인을 학살

하는 끔찍한 범죄를 저지르기까지 했다. 이처럼 암시의 놀라운 힘을 정당하지 못하게 사용하면 개인과 집단, 국가의 운명까지도 불행하게 만드는 강력한 힘을 가지게 되는 것이다.

독일에 히틀러가 있다면 이탈리아에는 무솔리니라는 독재자가 있으며 러시아에는 스탈린이 있다. 그들은 국민들을 집단최면상태로 몰아넣을 수 있는 암시의 놀라운 위력을 잘 알고 있었고 그것을 활용하여 권력을 강화하거나 침략전쟁을 일으키기도 했다.

일본의 침략적 근성과 군국주의도 정당하지 못한 그릇된 암시에 의해 생긴 것이라고 볼 수 있다. 그들은 자신들이 하늘의 후손이라는 망상을 가지고 있었으며 그들의 왕을 천황이라고 불렀다. 자신들이 하늘의 후손으로서 세계를 통치할 능력과 운명을 가지고 있다는 집단최면에 빠져 주변국들을 식민지화시키기 위한 침략전쟁을 일으켜 많은 사람들을 희생시키는 만행을 저질렀던 것이다.

2차 세계대전에서 원자폭탄에 의해 패전국이 된 일본은 그동안 수면 아래에 감춰진 과거의 망령된 암시가 다시 작동되기 시작하면서 집단최면으로 우경화된 정치인들에 의해 군국주의가 부활하고 또다시 전쟁국가의 길로 가려하고 있다.

또한 우리와 가장 가까이 있는 북한의 경우는 지구 상의 유일한 세습 국가로서 암시와 집단최면을 통한 통치를 보여주는 완결판이다. 다른 모든 독재 국가들은 독재자가 죽게 되면 망하거나 체제가 바뀌었지만 북한은 유일하게 3대에 걸쳐 주체사상으로 똘똘 뭉쳐 흔들림 없는 내부 결속력을 가지고 있다. 굶주림과 가난에 허덕이는 주민들을 어떻게 통제하였기에 이런 체제가 유지될 수 있는지를 살펴보면 북한 체제는 태어나면서부터 반복적인 세뇌교육과 사상교육을 통해 전체 인민을 하나의 신념으로 뭉치게 하여 집단최면상태로 만들어 통제하고 있다는 것을 알 수 있다.

이처럼 암시는 그 원리와 사용방법을 알고 활용할 수 있게 되면 자신뿐만 아니라 다른 사람의 생각과 행동을 통제할 수 있는 놀라운 능력을 가지게 된다. 이러한 암시가 반복되어 자신의 확고한 신념으로 굳어지게 되면 그 신념이 가진 통제적인 힘의 지배를 받게 되는 것이다.

사업을 하는 사람들이나 영업을 하는 사람들도 암시를 활용하여 자신의 성공 신념을 더 강화시킨다. 특히 집단을 이루어서 하는 일이나 여러 사람들을 대상으로 하는 사업의 경우 관계 속에서 겪게 될 어려움을 견디고 극복할 수 있는 강력한 성공 신념을 강화하기 위한 긍정적인 암시 기법을 많이 활용한다.

예를 들어 네트워크 사업의 경우에 신규 회원과 사업자를 늘리기 위해 그들의 사업 시스템과 제품에 대한 반복적인 교육과 홍보를 하는 것과 함께 성공한 사람들을 앞에 내세워 스토리텔링을 통해 회원들의 성공 신념을 강화하며 집단최면 효과를 극대화시킨다.

스토리텔링은 강력한 암시 기법으로서 의식을 우회하여 잠재의식에 그대로 녹아들기 때문에 아무런 저항 없이 스며들어 마음과 행동을 지배해 듣는 사람들을 집단최면에 빠지게 만든다.

그래서 눈앞에 있는 성공한 사람과 자신을 동일시하여 자신도 성공자의 반열에 오를 수 있다는 환상과 성공 신념을 스스로 강화하며 암시와 최면상태를 유지하게 된다.

일반적으로 특정한 상황을 수용하는 암시와 집단최면상태에 중독되면 강력한 신념을 만들기 때문에 그 상황에서 벗어나기가 어려워진다. 현대의 선진국형 네트워크 사업이 정착되기 전에 과거의 불법 다단계 사업에 휘말려 사기를 당한 대부분의 사람들은 정당하지 못한 소수의 사람들이 의도한 달콤한 암시와 집단최면의 피해자인 경우가 많았다.

분명히 자신의 눈앞에 큰 성공을 이룬 사람들이 존재하고 있고 성공한 사람의 이야기가 자신과 유사한 경험이 있는 경우 그들의 성공사례 발표에 자신도 모르게 최면상태로 빠지게 되는 것이다.

이처럼 사람들을 대상으로 하는 모든 사업의 밑바탕에는 의도자의 숨겨진 암시와 집단최면의 힘이 작용하고 있으며 그러한 힘이 자신도 모르게 자신을 통제하고 있다. 우리는 이 놀라운 힘을 가진 암시를 긍정적으로 사용할 수 있는 원리와 기법을 이해하고 활용할 수 있을 때 더 나은 선택과 결과를 얻게 된다.

부자가 되는 멘탈의 비밀

 사람들은 대부분 현실에서의 물질적 풍요와 여유를 즐길 수 있는 부자가 되고 싶은 욕구를 갖고 있다. 이러한 부자가 되고 싶은 마음은 누구나 가지고 있으며 그들은 모두 부자가 될 자격이 있다.
 우리는 부자가 되기 위한 멘탈의 원리와 기법을 이해하고 활용할 수 있는 능력에 따라 원하는 부자가 되는 삶의 성취결과를 얻기도 하고 그렇지 못한 삶의 결과를 얻기도 한다.
 멘탈코칭센터에서 멘탈 상담과 트레이닝을 진행하면서 사람들의 마음을 변화시키는 것이 쉬우면서도 어렵다는 것을 잘 알고 있다. 오랜 시간 동안 수많은 학습과 경험에 의해 조건화된 사람의 고정된 마음과 행동을 변화시킨다는 것이 심리학 책에 있는 이론처럼 간단한 것이 아니다. 그것은 CR적인 현실에서 습관에 중독된 우리의 뇌가 새로운 변화에 저항하며 기존의 상태를 유지하려는 강한 관성을 가지고 있기 때문이다.
 우리는 일상적 실재인 CR의 물리적 세계에 살아가면서도 비일상적 실재인 NCR의 정신적인 가치를 연결하여 교감을 하게 된다. 우리가 가진 CR의 크기와 가치가 NCR에 영향을 미치고 NCR의 크기와 가치가 CR을 변화시키는 힘을 가지고 있으면서 이 두 가지는 비국소성으로 서로 연결이 되어있다. 이러한 CR의 자원과 가치가 NCR의 자원과 가치와 교감하며 만들어진 상황적 특성이 개인의 삶에 특정한 통제력을 가지게 되어 그 사람만의 생활패턴을 만들고 운명을 결정짓게 되는 것이다.

 CR과 NCR은 표면적으로는 분리된 것처럼 보이지만 실제로는 연결되어 비국소성을 가지기 때문에 CR을 바꾸든 NCR을 바꾸든 두 가지 중에서 어느 것을 바꾸어도 나머지 하나는 함께 변화가 일어나게 된다. 일반적으로 사람들은 이 두 가지 중에서 CR을 바꾸기 위해 삶의 초점을 맞추고 에너지를 사용하는 경향이 많다.

 이러한 현상은 우리의 뇌가 물질적이고 현실적인 CR의 성취를 우선적인 가치로 여기게 만드는 물질에 대한 과거의 학습과 경험이 축적되어 있기 때문이다. 우리의 뇌는 본능적으로 쾌락과 안전함을 추구하려 하기 때문에 CR적인 물질이 주는 풍요로움과 편리함을 오감적으로 느끼며 물질에 우선적으로 초점을 맞추면서 물질의 힘에 통제당하도록 학습되어 있는 것이다.

 그렇다고 물질적인 성취를 추구하는 것이 나쁘다는 것은 아니다. 우리 삶에서 물질적인 여유와 풍요는 중요한 행복의 가치와 준거가 된다. 다만 많은 사람들이 초점을 맞추고 추구하는 물질적인 CR의 성취는 이미 한계가 정해져 있는 유한자원이라는 것이다.

일상적 실재인 CR의 한정된 자원은 누구나 원하는 만큼 가질 수 없기 때문에 우리는 유한자원인 CR적인 소유와 확장에 더 많이 집착을 갖게 되는지도 모른다.

비국소성의 원리를 이해하고 활용할 수만 있다면 원하는 부자가 되는 성취가 어려운 것은 아니다. 사람에 따라 누군가에게는 성취의 시기가 빨리 올 수도 있고 다른 누군가에게는 늦게 올 수도 있다. 그리고 성취의 크기가 크게 오고 작게 오는 차이를 가질 수도 있지만 원하는 성과를 반드시 얻는 것은 변함이 없다.

예를 들어 부자가 되기 위해 돈을 많이 벌고 싶은 사람이 있다면 CR과 NCR의 원리와 비국소성을 활용할 수 있는 방법을 알아야 한다. 돈은 이미 누군가에 의해 소유당하고 있는 유한자원이기 때문에 현실적으로 자신이 만족할만한 만큼의 돈을 충분히 가지기가 쉽지 않다. 하지만 NCR의 꿈과 목표, 성공 신념을 키운다면 CR적인 돈을 더 많이 끌어당길 수 있게 된다.

돈을 많이 벌어 부자가 되는 것이 자신의 삶에서 중요한 가치가 되고 목표라고 한다면 CR과 NCR의 교감을 통해 얼마든지 성취를 실현시킬 수가 있다. CR의 특성은 현상을 유지하려는 관성을 가지고 있어 현실의 상태를 바꿀 수 있는 힘이 약하지만 NCR의 특성은 확장하려는 힘을 가지고 있기 때문에 비국소성에 의해 CR적 성취에 큰 영향력을 미치게 된다.

그래서 물질적이고 현실적인 CR의 세계에서 부자가 되기 위해서는 강한 확장성과 자성을 가진 NCR의 멘탈적인 힘을 활용하는 것이 필요하다. 돈을 자기 삶의 우선 가치로 만드는 메타프로그램을 갖게 되면 모든 자원이 돈을 끌어당길 수 있는 자성을 키우는 것에 초점이 맞추어지게 되면서 외부적 연결도 돈을 우선하여 만들게 된다. 그래서 돈을 벌 수 있는 선택과 행동에 의해 자신이 원하는 부자에 더 가까이 가게 되는 것이다.

NCR은 그 어떤 제한도 없는 무한 성취 자원이기 때문에 누구나 사용할 수 있으며 NCR의 크기를 키우고 선명하게 할수록 CR의 현실적인 변화를 더 크게 가져올 수가 있다. 우리의 사명과 꿈, 목표, 성공 신념을 강화하는 긍정의 자기암시와 멘탈트레이닝을 통해 자신이 원하는 것에 대한 NCR을 키우면 그 어떤 CR적 성취도 실현할 수 있는 초능력적인 멘탈의 힘을 가지게 되는 것이다.

NCR을 어떻게 키우고 강화하는가의 선택에 따라 그 실현의 크기와 시기가 다를 뿐이지 NCR은 반드시 CR을 만들어내는 힘을 가지고 있다. 이처럼 멘탈적 관점에서의 비국소성을 가진 CR과 NCR의 연결과 교감을 활용할 수 있는 능력을 가지게 되면 누구나 멘탈의 힘을 성취 자원으로 쉽게 활용할 수 있게 된다.

부자가 되고 싶은 마음은 누구나 가질 수 있지만 아무나 부자가 될 수 있는 것은 아니다. 부자가 되고 싶다면 자기 안에 부자와 관련된 꿈과 목표, 성공 신념을 일치시켜 부자가 될 수밖에 없는 강력한 끌어당김과 성취의 힘을 가질 수 있도록 해야 한다. 자기 자신의 마음에 먼저 크고 선명한 부자를 만들어야만 현실에서의 부자가 만들어질 수 있기 때문이다.

그리고 변화해야 할 지금 현재의 상태나 상황에 대한 현실을 냉정하게 바라보고 접촉하는 용기가 필요하다. 현실의 CR적인 고통을 더 키우고 선명하게 만들어 NCR과 CR의 차이를 뇌에서 분명하게 느끼도록 만들어야 한다.

우리 뇌는 목표와 현재 상태의 차이를 견디지 못하기 때문에 마음의 부조화를 어떤 방법으로든 해결하기 위해 자신의 모든 자원과 에너지를 일치시키면서 NCR적인 힘으로 CR적인 창조를 실현시키게 된다. NCR의 분명하고 선명한 목표가 잠재의식에 작동되면 그것이 완전히 성취될 때까지 밤낮없이 24시간, 365일, 평생 동안 그 작업을 진행하여 목표를 달성시킨다.

중요한 것은 운명의 신은 아무에게나 부자가 되는 것을 허용하지 않는다는 것이다. 부자가 되는 멘탈의 비밀을 이해하고 완전한 믿음을 가진 사람에게만 CR적인 부자가 되는 성취를 허용한다.

이것이 부자가 되는 멘탈의 비밀이다.

완전한 모델링

우연히 세계 최고의 스포츠 선수가 되는 일이 생길 수 없다는 것을 우리는 잘 알고 있다. 마찬가지로 위대한 영웅이나 위인들이 어느 날 우연히 역사에 기록될 만한 훌륭한 성취를 이루는 것 또한 불가능하다는 것을 잘 알고 있다.

우리의 삶에서 우연한 변화나 그냥 우연히 이루어지는 성취가 없는데도 그것을 우연이라고 쉽게 믿는 경우가 많은데 실제로 우연의 일치는 대부분 존재하지 않는다. 우연한 일치라고 생각하는 대부분의 것이 우연이 아닌데도 그것이 우연이라고 착각하고 그것에 대한 믿음을 가지게 되면서 생기는 현상일 뿐이다.

우리가 사실이라고 믿고 있는 것이 사실이 아닐 수 있으며 객관적이라고 믿고 있는 것조차 객관적인 사실이 아니라 우리의 내적 표상에 의해 왜곡된 특정 부분과의 제한된 만남일 수도 있다. 우리는 자신의 마음속에 세상을 바라보는 각자의 내적 표상을 가지고 있으며 이 내적 표상은 저마다의 다른 학습과 경험에 의해 생략, 왜곡, 일반화되어 독특한 형태와 틀을 가지고 있다.

일상생활 속에서 우리가 보고 느낀 것에 대한 언어적인 표현 역시 그것을 보고 느낀 그 자체가 아니며 자신의 내적 표상에서 필터링을 거쳐 만든 마음의 지도가 반영된 것일 뿐이다. 중요한 것은 지도는 영토가 아니라는 것이다. 우리가 가지고 있는 지도는 영토를 반영할 그림일 뿐 그림 자체가 영토는 아니다.

일상생활 속에서 우리의 인식과 표현은 경험하는 것을 모두 인식하거나 표현할 수 없고 인식하거나 표현할 수 있는 것이 모두가 사실이 되는 것도 아니다. '도가도 비상도'라는 말은 도를 도라고 말로서 표현하는 순간 그것은 이미 도가 아니다는 뜻이다. 도의 심오한 경지를 몇 마디의 말로써 정의할 수 있다면 그 도는 진짜 도와는 거리가 멀어진 가짜 도가 되기 때문이다.

사람들은 모두가 자신만의 성공과 행복을 추구하고 있지만 성공과 행복을 위해 초점을 맞추고 있는 대상이나 목표가 진짜가 아닌 잘못된 것일 수도 있다는 것을 알아야 한다. 우리의 일상적인 사고 패턴이나 행동은 일상적 실재인 CR의 부분에만 초점을 맞추고 있을 수 있기 때문에 특정한 선택이 가장 근본적이고 최선의 선택과는 거리가 먼 것일 수도 있다는 것이다.

그래서 우리가 알고 있는 것이 사실이 아니라 부분적으로만 사실일 수 있고 단지 유사하거나 근사치일 수도 있다는 사실을 알아차리는 것이 중요하다. 왜냐하면 많은 경우에 우리가 알고 있고 믿고 있는 것이 완전한 사실이 아니라 그것이 부분적으로 사실이거나 사실의 근사치에 불과한 것일 수 있기 때문이다.

　우리는 목장에 있는 염소 10마리를 헤아릴 수 있고 그것을 종이에 부호로 적을 수도 있지만 종이에 적힌 10이라는 숫자가 염소 자체는 아니다. 단지 염소를 상징하는 부호일 뿐이며 염소를 헤아릴 때의 숫자나 언어는 실제 염소가 아닌 것이다. 염소에 대해 더 알고 싶다면 목장에 있는 염소를 직접 만나보아야 한다. 종이에 적힌 염소는 목장에 있는 염소를 표시한 부호일 뿐 그 염소가 흰 염소인지 흑염소인지를 알 수가 없기 때문이다.

　그리고 염소를 직접 만나봐도 우리는 염소 자체가 아니기 때문에 완전한 염소를 만나지 못한다. 목장에 있는 염소는 우리의 마음이 비추는 모형으로 보고 있기 때문에 진짜 염소를 볼 수 없는 것이다. 우리의 마음은 염소의 어느 한 부분을 비추고 있을 뿐이다. 이처럼 우리가 알고 있는 대부분의 것들은 사실 그 자체가 아닌 사실의 일부이거나 유사한 지도일 뿐인데도 그것을 진짜 영토라고 착각하며 살아가고 있는 것이다.

　성공을 위한 모델링 과정에서도 비슷한 경험을 하게 된다. 성공이라는 결과를 얻기 위해서는 모델의 우수성과 탁월성의 핵심적인 기술을 완전하게 모델링해야 한다. 그 과정에서 자신의 내적 표상에 맞는 일부만 모델링하거나 진짜 핵심이 아닌 핵심기술의 언저리에서 맴돌게 되면 성공과는 멀어지게 된다.

　그런데도 우리는 엉터리 모델링을 하면서도 그것이 완전한 모델링이라고 착각하며 성공할 수 없는 원인을 엉뚱한 곳에서 찾거나 자기 방어를 위한 변명과 자기 합리화를 하는 경우가 많다.

완전한 모델링이 되지 않으면 성공의 핵심적인 기술이 완전히 자신의 내면으로 스며들지 않기 때문에 자신의 성공을 이룰 수 있는 초능력적인 멘탈의 힘을 가질 수 없게 되는 것이다.

  많은 사람들이 성공한 사람들을 모델링하여 자신이 원하는 성취를 이루려고 노력하지만 성공을 이루지 못하는 근본적인 이유가 모델링 대상이 가지고 있는 성공의 핵심이 아닌 근사치에 불과한 언저리에서 맴도는 엉터리 모델링을 했기 때문이다.

즉, 성공의 핵심기술이 아닌 핵심과 유사한 흉내내기와 성공의 일부분만 모델링하여 완전한 모델링이 되지 않았기 때문에 성공이라는 결과를 얻지 못한 것일 뿐이다.

  성공한 사람의 핵심기술에 대한 완전한 모델링은 반드시 모델의 성취와 같은 성취를 이룰 수 있게 해준다. 우리가 원하는 성취의 결과를 얻지 못하는 것은 성공한 모델이 가지고 있는 핵심기술에 대한 완전한 모델링이 되지 않기 때문이지 성공 자체가 불가능한 것이 아니라는 사실이다.

학습된 불안

　학교 운동부 선수들을 대상으로 상담이나 멘탈트레이닝을 진행하다 보면 나이 어린 선수들이 일부 코치나 감독의 지나친 폭언과 폭력적인 코칭으로 인하여 심각한 멘탈적인 문제를 가지고 있는 경우를 관찰할 수 있다.

　운동에 소질이 있어 어린 나이에 전문적인 운동 기술을 학습하고 고강도 체력을 기르는 과정을 견디고 극복하는 것이 훌륭한 선수로 성장하는데 매우 중요한 과정이다. 하지만 일부 자질이 부족한 코치는 어린 선수의 운동능력을 빠르게 향상시키고 단기간에 원하는 성적을 얻기 위해 강압적이고 폭력적인 코칭 방법을 선택하게 되면서 멘탈적으로 심각한 부작용이 생기게 된다.

　어린 나이에 코치의 감정이 섞인 폭언과 신체적 체벌이 반복되는 열악한 코칭 환경 속에서 성장하게 되면 실수나 실패에 대한 두려움과 불안을 학습하게 되어 운동 수행에 지장을 받게 되거나 성인이 된 이후에도 긴장과 불안으로 인한 심신의 부조화 때문에 심리적 장애를 겪을 수도 있다.

이러한 상황 불안이 반복되면서 학습된 불안이 일반화되어 경쟁 불안이나 시합 불안을 키우고 멘탈적인 문제로 자신의 운동실력을 제대로 발휘하지 못할 뿐만 아니라 친구나 다른 사람들과의 관계 능력에도 심각한 장애를 갖게 된다.

일부 선수 출신의 학교 운동부 코치의 경우 자신이 과거에 체벌을 받으며 훈련했던 경험에 의해 부적 강화된 자신의 삐뚤어진 코칭 패턴을 그대로 어린 선수들에게 사용하는 경우가 많다. 체벌이 단기적으로 어린 선수의 기술이나 수행을 향상시키고 성적을 좋게 만들 수 있는 효과가 있다는 것을 잘 알고 있기 때문에 일부 자질이 부족한 코치가 자신의 코칭능력을 검증받는 수단으로 어린 선수에게 상습적인 폭언과 체벌을 남용하고 있는 것이다.

폭언과 체벌을 반복적으로 활용한 트레이닝은 단기간에 걸쳐 표면적으로는 집중과 몰입, 경기력 향상을 가져오는 것처럼 보이지만 선수 입장에서 보면 결과 목표에만 초점이 모아지고 긴장과 불안 등의 부정적 정서를 반복 경험하며 조건화되기 때문에 장기적으로 선수들의 심리적 불안을 높이고 내적 동기를 저하시켜 수동적이고 회피적인 태도를 갖게 만든다.

그래서 자신의 잠재의식에서 무조건 잘해야 되고 이겨야만 하는 경쟁 불안이 높아지면서 강박적인 태도를 보이거나 주변을 지나치게 의식하는 자의식이 높아지고 실수나 실패에 대한 불안과 공포가 조건화되어 자신감을 잃어가게 되는 부작용을 겪게 된다.

이러한 나쁜 코칭 환경에서 성장하는 어린 선수는 자기 안에 잠들어 있는 무한한 가능성과 잠재력을 알아차리지 못하고 활용할 수도 없는 상태가 된다. 자신을 만나는 긍정적인 경험을 할 수 없기 때문에 운동 수행과 향상에 한계를 만나게 될 수밖에 없는 것이다. 이렇게 되면 마음의 경계를 축소시켜 그 속에서 보호받고 싶어 하며 외부의 자극이나 정보에 지나치게 민감하게 반응하면서 새로운 변화에 대한 적응이 힘들고 회피하는 선택과 행동을 하게 된다.

그리고 이러한 잘못된 코칭에 잘 적응한다고 해도 운동만 잘하는 단순한 사람으로 성장하게 될 위험성이 높아진다.

인성과 인간에 대한 존엄성을 상실하고 창의적이고 유연한 사고를 할 수 없는 단순하고 기계적인 사람으로 성장할 가능성이 높아질 뿐만 아니라 그러한 폭력을 학습하여 자신도 폭력적인 사람이 되는 폭력의 대물림이라는 심각한 문제가 생기게 될 수도 있다.

이러한 상태는 어린 선수의 멘탈에 심각한 문제가 생긴 것으로 봐야 한다. 이 상태에서는 자신의 기술이나 실력이 아무리 뛰어나다고 해도 중요한 시합에서 자기 의지와 상관없이 찾아오는 높은 각성과 불안이 증폭되어 좋지 않은 결과를 얻을 수 있기 때문이다.

지나친 각성과 불안은 주의의 폭을 지나치게 좁히게 되어 시합과 관련된 중요한 단서를 놓쳐 실점을 하게 만들거나 신경과 근육이 경직되어 운동반응과 행동을 제대로 할 수 있는 유연성을 상실하여 원하는 결과를 얻지 못하게 만든다.

어린 선수가 잘못된 코칭 과정이 반복되면서 불안과 공포가 조건화되면 그것이 좁혀진 경계를 만들고 스스로 그 속에 갇히게 되는 부작용을 겪게 된다. 지나친 긴장과 불안의 경계를 극복하지 못하면 아무리 탁월한 운동 기술과 재능을 가지고 있다고 해도 소용이 없다. 이 상태에서는 자신감을 상실하여 자신이 가진 능력의 1%도 제대로 사용하지 못하기 때문이다.

원래 경계는 자신과 외부환경 사이에 보호막과 같은 안전한 울타리의 역할을 하며 외부의 불확실성과 공격적인 자극에서 자신을 지키기 위해서 방어막을 치는 긍정적인 의도를 가지고 있다. 하지만 코치의 잘못된 코칭이 반복되면 어린 선수의 건강한 경계를 무너뜨리고 병든 경계를 만들게 된다.

행동주의 심리학에서의 조건형성이론은 잘하는 행동에 대해서는 강화를 하고 잘못된 행동에 대해서는 처벌을 하여 바람직한 행동을 형성하는 긍정적인 교육적 효과를 기대할 수 있는 학습방법이다. 그런데 일부 자질이 부족한 코치들이 조건형성이론을 잘못 이해하여 실수나 실패, 목표를 달성하지 못한 것을 잘못된 행동으로 왜곡시켜 체벌을 가함으로써 실수나 실패에 대한 불안과 공포를 학습하게 되는 부작용을 일으키게 만든다.

조건형성이론에서 처벌은 긍정적 교육효과가 있을 때만 사용하는 것이다. 실수나 실패, 목표 미달은 긍정적인 피드백과 격려가 필요한 과정일 뿐인데도 그것을 선수의 잘못이라는 왜곡된 귀인을 하는 것은 코치의 전략 부재와 멘탈코칭능력이 부족하여 생긴 결과를 은폐하려는 비겁함이 숨어있는 것이다.

코치는 항상 세 가지 철학을 마음에 새겨 실천해야 한다.
'모든 사람에게는 무한한 가능성이 있다', '그 가능성과 잠재력은 그 사람 안에 있다', '목표를 이루기 위해 모든 자원을 일치시킬 수 있도록 방향을 제시하고 격려해줄 수 있는 코치의 멘탈코칭능력이 필요하다'는 것이 코치가 가져야 할 코칭 철학이다.

코치의 역할은 눈앞의 작은 성과를 위해 처벌을 남용하는 것이 아니라 선수의 강점을 찾아 강화해주고 실수했을 때 즉시 격려를 해주어 자신감을 갖도록 해주는 것이다. 이것은 어린 선수에게만 해당되는 것이 아니라 모든 인간관계나 코칭 환경에서 꼭 필요한 내용이다. 문제에 초점을 맞추는 것이 아니라 원하는 변화와 성장에 초점을 맞추는 코칭이 필요하다.

불안이 우리의 삶에 길게 그늘을 드리울 때 우리가 가진 모든 성취 자원이 빛을 보지 못하고 묻혀버리게 될 수도 있기 때문에 불안을 학습하지 않는 선택을 하여야 한다. 그리고 이미 학습된 불안을 갖고 있다면 그것을 삶의 활력에너지로 전환하기 위하여 멘탈을 강화하는 공부와 훈련이 필요하다.

마음의 시나리오

　우리는 살아오면서 누구나 한 번쯤은 마음의 상처를 받았거나 고통을 겪는 경험을 해보았다. 그리고 저마다의 성장과정에서 마음의 작은 상처 한 가지씩은 가지고 살아가게 된다. 그러한 마음의 상처에 구속되지 않고 마음을 긍정적으로 사용하여 자신이 원하는 삶의 성취와 행복을 일구어 나갈 수 있는 긍정적인 멘탈능력을 가지는 것이 중요하다.

　우리는 표면적으로 모두가 비슷한 삶을 살아가는 것처럼 보이지만 서로 다른 과거의 학습과 경험에 의해 만들어진 각본으로 저마다 다른 삶을 살아가고 있다. 이처럼 각본이 새겨진 우리의 마음에 대해서 한마디로 명쾌하게 정의를 내리고 간단하게 설명할 수 있으면 좋겠지만 그것이 그렇게 쉽지가 않다.

　그 이유는 마음에 대해서 절대적인 정의를 내린다는 것은 마치 앞을 보지 못하는 장님이 코끼리 다리를 만지며 자신이 만지고 있는 것이 커다란 건물의 기둥이 틀림없다고 주장하는 것과 마찬가지이기 때문이다.

　수많은 종교와 철학자, 심리학자들이 마음에 대해서 나름대로 정의를 내리고 있지만 그 어떤 정의도 마음에 대해서 완벽하게 설명하지는 못한다. 마음이란 '이것이다'라고 몇 마디의 말로써 정의할 수 있다면 아마 그 마음은 진짜 마음이 아니라 말하는 사람의 생략, 왜곡, 일반화된 주관적인 관점에서의 마음일 뿐이다.

　어떤 관점과 실마리로 접근하던 우리가 만나는 마음은 전체 마음이 아닌 부분적인 마음이라고 할 수 있다. 우리가 마음을 온전히 그대로 만나고 소통하는 것이 쉬운 일이 아니기 때문에 그 마음을 이해하고 사용할 수 있는 공부가 필요한 것이다.

　사람의 마음이 한 가지 마음만 있는 것이 아니라 여러 가지 마음이 존재하며 서로 다른 마음이 부딪치고 갈등하는 과정에서 분아가 일어나기도 하고 고통과 혼돈을 겪기도 하며 때로는 하나로 통합이 되어 놀라운 창조와 성취를 이루어 내기도 한다. 이러한 여러 가지 마음 중에서 우리를 고통스럽고 힘들게 하는 마음 상태를 만드는 원인과 해결방법을 찾는 것이 중요하다.

　마음에 대한 많은 심리학 이론 중에서 미국의 정신과 의사인 에릭 번 박사의 교류분석이론이 마음의 상처와 고통에 대해 쉽게 이해하고 활용하는데 도움이 된다. 교류분석이론에 의하면 인간은 세 가지 자아상태가 있는데 이 세 가지 자아가 우리 마음에서 서로 다른 모습으로 존재한다고 본다.

　첫째, 어버이 자아는 애정을 베풀고 양육적이면서도 비판적이고 훈육적인 역할을 하는 부모와 같은 마음이다. 일반적인 부모가 보여주는 연합된 태도와 행동은 어버이 자아가 표출되는 것이다.

둘째, 어른 자아는 이성적이며 논리적이고 현실적인 역할을 하는 성장한 어른과 같은 마음이다. 교사나 코치, 상담사처럼 분리된 객관적인 관점에서의 태도와 행동은 어른 자아가 표출되는 것이다.

셋째, 어린이 자아는 순수하고 감정적이며 충동적인 특성을 가지고 있는 어린이 같은 마음이다. 어린이 자아는 어버이 자아의 따뜻한 사랑과 보호, 관심을 필요로 하며 동시에 잔소리, 충고, 비판도 수용하면서 성장하게 된다.

만약 성장과정에서 어린이 자아가 적절한 사랑과 관심이 결핍되고 부정적인 자극이나 비판이 반복적으로 주어지면 마음의 상처를 갖게 되어 성인이 된 이후에도 그 마음의 상처 때문에 힘든 삶을 살아갈 가능성이 매우 높아진다.

특히 어린 시기에 스스로 견디기 힘들 만큼의 부정적이고 충격적인 경험이 감정과 연합되어 기억될 때 어린이 자아는 마음의 큰 상처를 입게 되어 그 상처가 오랫동안 자신의 삶에서 부정적인 영향을 미치게 된다. 가장 큰 영향력을 행사하는 부모의 어버이 자아뿐만 아니라 성장과정에서 만나는 스승과 주변 어른들의 어른 자아가 건강하게 제공될 때 건강한 어린이 자아가 형성될 수 있다.

교류분석의 세 가지 자아상태는 분아상태와 비교하면 이해에 도움이 된다. 분아는 우리 마음 안에 또 다른 마음의 씨앗이 자라서 한 가지 이상의 다른 마음이 존재하고 있는 것이다.

우리 마음의 분아는 누구나 쉽게 경험하는 것이지만 분아된 마음이 지속적으로 통합되지 못하고 갈등을 일으킬 때 산만함과 스트레스를 받게 되어 정신적인 문제를 일으킬 수 있다. 분아가 심해지면 마음이 한 곳으로 모아지지 않기 때문에 정상적인 판단과 행동을 제때 하지 못하는 심리적인 문제가 생기게 된다.

이러한 분아가 평소에는 잠재의식에 묻혀 있기 때문에 큰 문제를 일으키지 않는 것처럼 보이지만 특정 상황이나 자극에 의해 분아가 생기게 되면 마음의 갈등과 혼란을 겪게 되면서 의미 있는 결단과 행동을 하지 못하는 상태에 빠질 수도 있다.

사람의 성격은 생의 초기에 부모로부터의 반복적인 학습이나 내사에 의해 형성되며 주변 환경에 대한 경험이 피드백되어 인생 각본을 만들고 각본에 의해 삶이 결정된다고 본다. 이것을 생활 각본이라고 하며 개인의 삶은 이 생활 각본에 의해 삶의 방식이 달라지고 결과도 달라지기 때문에 각본을 바꿀 수만 있다면 미래의 삶도 바꿀 수가 있게 되는 것이다.

중요한 것은 이 각본은 얼마든지 바꿀 수가 있다는 것이다. 각본을 바꿀 수 있는 멘탈 사용방법을 알고 그것을 실천한다면 삶의 결과를 자신이 원하는 대로 창조할 수 있게 된다. 삶의 모든 결과는 바로 마음의 각본에 의해 실행된다고 볼 수 있다.

이처럼 우리는 각본에 의해 결정된 삶을 살아가기 때문에 이미 미래의 삶이 결정된 것처럼 보이지만 각본을 바꿀 수 있는 자유의지의 능력이 우리에게 있기 때문에 얼마든지 미래를 바꿀 수 있다는 것을 알아야 한다. 이 각본은 한번 조건화되면 일반적으로 쉽게 변화하지 않도록 마음에 깊이 뿌리내리기 때문에 쉽게 바꿀 수는 없지만 그렇다고 각본이 절대적으로 바뀌지 않는 것은 아니다.

우리 삶의 각본은 NLP의 프로그래밍과 같은 개념이며 어릴 때 한번 프로그래밍된 각본은 평생에 걸쳐 개인의 삶에 영향을 미치게 된다. 그래서 "세 살 버릇 여든까지 간다"라는 말이 생긴 것이다. 다행한 것은 프로그래밍된 각본은 새로운 학습과 경험을 통해 얼마든지 바꿀 수가 있다는 사실이다.

자신이 원하지 않는 각본을 자신의 운명으로 받아들이고 그 각본에 충실한 삶을 살아가기를 원하지 않는다면 자신이 원하는 새로운 각본을 만들어야 한다. 이것이 우리가 멘탈에 더 많은 관심을 가지고 공부를 하며 트레이닝을 하는 이유이다.

시간적 맥락

사람들은 과거와 현재, 미래를 연결하는 각자의 다른 시간선을 가지고 있으며 우리의 삶은 이 시간선에서 자신의 존재와 정체성을 지각하면서 세상과 접촉하며 살아간다. 현재 삶의 결과는 과거라는 원인에서 생겨났기 때문에 현재는 과거의 산물이라고 할 수 있으며 미래는 현재라는 원인에서 생겨나기 때문에 현재의 산물이라고 할 수 있다.

그래서 우리의 경험은 원인이면서 결과가 되고 우리의 현재는 과거의 결과이면서 미래의 원인이 되기도 한다. 우리의 삶 자체가 과거와 현재, 미래의 시간선에 놓여있는 것이고 우리가 어떠한 시간선을 가지고 있는가에 따라 현재의 상태와 세상모형이 만들어지게 되는 것이다.

미국의 테드 제임스 박사는 NLP와 최면치료의 원리를 응용하여 '시간선 치료'를 개발하였다. 이 시간선 치료는 다양한 심리적 문제를 해결하는데 많은 도움이 되는 간단하면서도 독특한 심리치료기법으로서 심리상담과 치료에 많이 활용되고 있다.

시간선 치료의 핵심은 시간을 바꿈으로써 부정적인 내적 표상을 약화시키거나 삭제시키고 반면에 긍정적인 내적 표상을 증폭시키거나 확대시켜 현재의 상태를 원하는 대로 바꾸는 것이다.

즉, 시간선 치료기법은 뇌의 기억 시스템에 연합된 감정과 정서를 바꾸는 작업이며 프로그래밍된 것을 바꾸기 위한 해답을 과거와 현재, 미래의 시간선에서 찾는다.

우리가 현재 겪고 있는 대부분의 심리적인 문제는 과거의 부정적인 학습과 경험에 의해 조건화된 시간선에서 가지고 있는 문제인 경우가 많다. 이 문제의 뿌리에 해당하는 과거의 부정적인 경험에 의해 부정적인 정서와 자기 제한 신념의 시간선이 만들어지고 자신만의 좁혀진 경계와 안전지대를 만들게 된다.

우리는 현재를 살아가면서도 과거의 시간선 속에 마음의 뿌리를 내린 채로 살아가고 있다. 완전히 텅 빈 머리로 오늘이라는 현재를 살아가는 것이 아니라 과거에 학습하고 경험했던 기억이 저장된 과거의 시간선으로 자신의 세상모형을 만들어 살아가고 있는 것이다. 그래서 우리는 현재를 보면서도 시간선의 기억에 저장된 거울을 비추어 현재를 만나고 소통하게 된다.

우리에게 완전한 현재는 존재하지 않으며 존재할 수도 없다. 우리의 뇌를 깨끗이 비우고 텅 빈 상태로 만들지 않는 한 완전한 현재는 존재할 수가 없기 때문이다. 결국 우리의 존재와 정체성은 과거와 현재, 미래의 시간선에서 만들어지며 이 시간선을 우리가 의도하는 상태로 바꾸어주기만 한다면 현재의 경험과 세상이 바뀌게 된다는 것이다. 지나간 과거에 대한 기억을 완전히 지울 수는 없지만 그 기억에 대한 관점을 바꾸거나 새로운 입력과 삭제를 하는 선택은 얼마든지 가능하기 때문에 원하는 변화가 가능하다.

과거의 부정적인 경험이 만든 왜곡되고 일반화된 시간선에서 긍정적으로 조작된 새로운 시간선을 가지게 되면 현재의 상태와 세상모형이 긍정적으로 바뀌게 된다. 이러한 시간선에 대한 개념을 일상적 실재의 CR적인 관점으로 이해하는 것이 쉽지는 않지만 비일상적 실재의 NCR적인 관점에서 보면 얼마든지 이해할 수 있고 실현 가능한 현실이 되는 것이다.

예를 들어 어릴 때 자전거를 타고 가던 중 넘어졌던 아픈 경험에 의해 자전거에 대한 공포기억을 만들었다면 그것이 성인이 된 이후에도 계속 부정적인 영향을 미치게 될 가능성이 높다. 이러한 공포 경험이 자전거에 대한 부정적인 정서와 자기 제한 신념을 만들어 자전거를 타지 못하게 만든다.

하지만 시간선에서 보면 과거에는 자전거가 무서웠지만 현재는 어른이기 때문에 자전거를 쉽고 안전하게 탈 수가 있다. 자전거 탈 때 과거 문제 상황을 현재의 어른이 된 상황에서 경험을 하게 되면 넘어지지 않고 안전하게 자전거를 잘 탈 수가 있기 때문에 더 이상 자전거는 공포의 대상이 아닌 것으로 변화하게 된다.

자신이 고통으로 기억하고 있는 과거의 부정적인 시간선을 현재의 시간에서 긍정적으로 경험함으로써 과거의 부정적인 자기 제한 신념에서 벗어날 수 있게 되는 것이다.

　어릴 때 강아지에게 물렸던 기억 때문에 성인이 된 이후에도 강아지에 대해 공포를 느낀다면 시간선을 바꾸어야 한다.
성인이 된 이후에 강아지는 더 이상 자신을 공격할 수 없기 때문에 현재의 성인으로서 과거의 강아지를 접촉한다면 잠재의식에 뿌리내린 강아지에 대한 공포가 사라지게 된다.

　우리가 과거에 겪은 일들 중에 많은 기억들이 추억이라는 이름으로 시간이 바뀌면서 그 의미와 정서가 바뀌게 되는 경험을 해보았을 것이다. 과거에 있었던 실제 사실은 변화가 없지만 시간의 변화에 따라 우리의 느낌과 마음이 변하게 된다.

　군대생활을 할 때는 훈련이 너무 힘들었지만 20년이 지나서 생각해보면 그때의 힘들었던 훈련이 아름다운 추억으로 변한다.
시간의 변화에 의해 군대에 대한 느낌이 바뀌게 되는 경험도 시간선에 따라 우리의 상태가 달라지고 그것과 관련된 정서가 변화하기 때문이다. 이것은 오래된 과거의 군대생활에 대해 지금-여기에서의 건강하고 자유로운 자신의 상태에서 과거를 재연하고 있기 때문에 과거의 기억에 대한 느낌이 바뀌게 된 것이다.

　시간선을 바꾸면 과거뿐만 아니라 미래에 대한 경험과 기억을 만들어 현재 상태를 바꾸기도 한다. 예를 들어 한 달 뒤에 있을 중요한 진급시험에 대한 불안한 심리 때문에 힘들어한다면 미래의 시간선을 현재로 경험하게 하여 이미 시험을 잘 치른 것으로 미래 기억을 만들게 되면 현재 상태에서 느끼는 불안한 마음이 사라지고 마음이 편안해지는 느낌을 가질 수 있다.

우리가 시간적 맥락에서 과거나 미래에 대한 경험과 정서를 재경험하게 되면 그와 관련된 관점과 의미가 완전히 바뀌는 것을 경험할 수 있다. 우리는 모두가 저마다의 다른 학습과 경험에 의해 자신만의 특정한 시간선을 가지고 있으며 이 시간선을 어떻게 활용할 수 있는가에 따라 부정적 정서와 자기 제한의 구속에서 벗어나 긍정과 성취, 행복한 상태의 자신을 만나게 된다.

특히 아직 경험하지 않은 미래의 성취결과를 생생하게 상상하여 뇌에 프로그래밍시키는 미래 기억 만들기는 시간선을 활용하여 미래의 체험을 현재 상태에서 경험함으로써 현재의 상태를 긍정적으로 바꾸는 멘탈훈련 기법이다.

똑똑한 우리의 뇌는 가상과 현실을 구분할 수 있는 기능이 없기 때문에 생생하게 상상한 가상적인 것에 대해서도 실제 사건으로 믿음을 만들어 뇌에 저장하여 프로그래밍시켜버린다. 그래서 원하는 그 무엇을 성취하기 위해서는 우리 마음에 먼저 그 무엇을 만들어야 하는 것이다.

PART 6

마음의 사용

특정 분야에서 탁월한 성과를 이룬 모델의
우수성과 탁월성의 핵심적인 기술을 모방하여
모델이 성취했던 결과를 자신의 삶에서
성취할 수 있는 마음과 행동의
사용방법을 알아야 한다.

신경언어 프로그래밍

사람의 마음과 행동의 작동원리를 이해하고 활용기법을 익혀 구체적으로 실천할 수 있다면 원하지 않는 현재 상태를 원하는 상태로 변화시킬 수 있게 된다.

가정에서 사용하는 작은 전자제품을 하나 구입해도 제품에 대한 사용설명서가 있는데 만물의 영장인 인간에게는 가장 중요한 마음을 어떻게 사용하는가에 대한 마음 사용설명서가 없다. 우리가 이렇게 중요한 마음 사용설명서를 갖고 있지 않기 때문에 마음을 효율적으로 사용하지 못하고 힘들어하는 것이다.

그래서 마음의 작동원리와 사용방법에 대한 설명서를 찾아야 하며 그것을 활용하고 실천할 수 있어야 한다. 마음 사용설명서를 찾는 답은 멀리 있는 것이 아니라 우리 안에 있으며 신경언어 프로그래밍(Neuro Linguistic programming)에서 답을 구할 수 있다.

NLP는 마음 사용설명서로서 우수성과 탁월성을 가진 모델을 모델링하여 자신의 삶을 원하는 방향으로 바꿀 수 있고 성취할 수 있게 해주는 삶의 성취 도구이다.

N(Neuro)은 신경을 뜻하며 모든 학습과 경험은 그것이 의식적이든 잠재의식적이든 오감을 중심으로 하는 말초신경계의 여러 감각과 뇌와 척수를 중심으로 하는 중추신경계의 상호작용으로 이루어진다. 인간의 모든 학습과 경험, 행동과정은 오감적인 신경과정을 통해 이루어지게 되며 신경계통의 접촉과 감각에 의해 신경이 조직화되고 패턴화 된다.

예를 들어 어릴 때 뱀을 밟아 다리를 물렸던 공포스러운 경험은 오감적 신경계통의 작용으로 뇌에 프로그래밍되며 이 과정에서 뱀에 대한 공포와 불안한 정서가 함께 연합되어 저장되기 때문에 이후에 뱀을 보기만 해도 뱀과 관련된 과거의 신경적 반응이 활성화되어 뱀에 대한 공포와 불안을 재경험하게 되는 것이다.

이러한 신경계통에 오감적인 기억이 구성되면 뱀과 비슷한 새끼줄을 보고도 놀라는 일반화가 일어난다. 새끼줄은 뱀과는 전혀 관계가 없는데도 뱀에 대한 신경계통의 접촉과 감각이 너무 충격적이었기 때문에 그와 비슷한 자극과 정보가 제공되어도 뱀을 밟아 물렸을 때의 특정한 신경적 반응을 일으키게 되는 것이다.

인간은 모든 자극과 정보를 오감적으로 입력하고 경험하기 때문에 그것이 사실이든 아니든 상관하지 않고 그것을 감각적으로 경험하여 신경적인 반응을 일으켜 믿음을 가지게 되고 그 믿음에 통제당하게 된다. 중요한 것은 우리의 뇌는 그것이 직접 경험한 것이든 상상한 것이든 가리지 않고 오감적으로 경험하게 되면 그것을 사실로 받아들여 믿음을 만든다는 것이다.

L(Linguistic)은 언어를 뜻하며 인간의 심리과정이 언어를 통해 부호화되고 조직화되기 때문에 언어가 의사소통의 가장 중요한 도구의 역할을 한다. 언어는 단순히 말로 표현하는 것뿐만 아니라 다양한 신체언어적인 것도 포함하고 있다.

예를 들어 '호랑이'라는 언어를 듣게 되면 호랑이와 관련된 신경적 표상이 떠오르게 되는데 그것은 언어를 통하여 신경적 표상이 부호화되어 입력되어 있기 때문이다. 그 과정에서 호랑이에 대한 정서가 만들어내는 특정한 신경적 반응이 함께 연합되어 뇌에 기억되기 때문에 이 기억은 언어를 통하여 언제든지 호랑이를 처음 경험했을 때의 정서와 함께 발현하게 된다.

모든 언어는 오감적으로 입력되고 저장되며 언제든지 출력이 가능하고 재연할 수 있다. 인간의 모든 학습과 경험, 행동은 언어에 의해 유발되며 특정한 언어는 특정한 신경적 반응을 일으키도록 뇌에 프로그래밍되어 있기 때문에 언제든지 언어에 의해 재경험할 수 있게 되는 것이다.

P(Programming)는 컴퓨터 용어로써 인간의 뇌에 구성된 패턴과 기억, 정서 등이 프로그램화되어 있다. 우리가 학습하고 경험하는 모든 자극과 정보는 신경계통에 조직화되고 패턴화 되어 프로그래밍되며 그것과 관련된 비슷한 자극이나 언어에 의해 언제든지 활성화되거나 출력이 가능한 상태로 존재한다.

반복된 학습과 경험에 의해 일어나는 특정한 신경적 반응은 체계적이고 조직적으로 뇌에 프로그래밍되면서 자동화되어 중독된 습관이 만들어져 일정한 패턴을 형성하게 된다. 중독된 습관은 반복에 의해 강화된 패턴이며 이것은 언제든지 특정한 자극과 단서가 주어지면 특정한 신경적 반응을 자동적으로 일으키도록 뇌에 프로그래밍되어 있다.

올림픽에서 체조선수가 보여주는 환상적인 연기는 수없이 반복된 훈련을 통해 복잡한 동작들을 뇌에 프로그래밍시켜 의식의 개입 없이도 자연스럽게 예술적인 표현을 할 수 있도록 자동화시켰기 때문에 가능하다. 수없이 많은 반복적인 훈련을 통해 특정한 신경적 반응이 조직적이고 체계적으로 프로그래밍되어 최고의 완벽한 연기를 펼칠 수가 있게 되는 것이다.

이처럼 우리의 모든 행동은 학습과 경험에 의해 뇌에 프로그래밍된 결과물이라고 할 수가 있으며 만약에 뇌의 프로그램을 바꾸기만 한다면 결과는 얼마든지 바뀔 수가 있다.

이상 세 가지의 머리글자를 조합해서 신경언어 프로그래밍(NLP)이 탄생되었다. 신경언어 프로그래밍의 활용방법을 배우고 실천하는 과정을 통해 우리의 마음과 행동을 자신이 원하는 상태로 얼마든지 변화시킬 수가 있게 된다.

NLP는 특정분야에서 탁월한 성과를 이룬 사람의 우수성과 탁월성의 핵심적인 기술을 모방하여 모델이 성취했던 결과를 누구라도 성취할 수 있게 해주는 삶의 성취 도구이다. 삶의 새로운 변화와 성취를 위한 탁월한 선택과 결단이 필요한 사람이 있다면 NLP와의 만남을 통해 마음과 행동의 사용방법을 익혀야 한다. 누구든지 자신의 마음을 어떻게 사용하는지 방법을 알고 그것을 활용하고 실행한다면 자신의 성취를 이룰 수 있는 탁월한 멘탈의 능력을 가질 수가 있게 된다.

신경언어 프로그래밍은 원하는 성취결과를 얻기 위하여 오감적으로 경험되는 것과 언어적인 입력 과정을 통제하여 신경적 프로그램을 변화시킴으로써 특정한 행동을 할 수 있도록 하는 멘탈사용법이라고 할 수 있다.

NLP는 '누군가 할 수 있다면 나도 할 수 있다'는 호기심과 실험정신을 바탕으로 훌륭한 성취를 이룬 사람들의 탁월성과 우수성을 모델링하여 건강하고 행복한 삶을 실현하는 성취 도구이다.

성공은 누구에게나 공평하게 문을 활짝 열어주지만 그 문을 열고 들어오는 방법을 알고 실천하는 소수의 선택받은 사람에게만 성공의 기회를 제공한다. NLP는 성공을 위한 탁월한 선택이다.

마음의 보물창고

의식은 깨어있을 때만 주인 행세를 하면서 자신과 다른 사람, 환경을 인지하지만 하인 역할을 성실히 수행하는 잠재의식은 조용히 의식을 도와 우리의 생명을 유지하고 온갖 궂은일을 도맡아 하며 실질적인 주인의 역할을 대신한다. 표면적으로는 우리의 의식이 모든 것을 관장하고 처리하는 대장처럼 보이지만 의식은 잠재의식의 협력 없이는 아무것도 할 수 없는 형식적인 대장 역할을 하고 있을 뿐이다.

그런데도 잠재의식은 철저하게 의식을 주인으로 받들어 의식에서 반복적으로 내린 지시는 반드시 완성시키기 위해 밤낮없이 모든 자원과 에너지를 동원시키며 끝까지 의식의 지시를 이행하려 노력한다. 이 두 가지 마음이 조화를 이루고 일치될 때 잠재의식의 보물창고에 저장된 성취 자원을 활용하여 초능력적인 멘탈의 힘을 가질 수 있게 된다.

이처럼 중요한 역할을 하는 잠재의식은 자신을 지키기 위한 긍정적인 의도를 가지고 필요한 모든 조치를 취하기 때문에 어떤 일을 처리할 때 철저하게 주관적이고 자기중심적이 될 수밖에 없다.

잠재의식은 자신의 생존을 위한 선택을 우선적으로 한다. 잠재의식에서는 자기라는 존재가 있을 때 타인과 세상이 존재할 수 있다는 것을 잘 알고 있기 때문에 근본적으로 왜곡된 자기중심적 편향성을 가질 수밖에 없는 것이다.

사람들이 흔히 사용하는 '투사'도 자기 안에 있는 자신의 심리를 다른 사람에게 비추어 스스로 인식하지 못하는 자기의 마음을 다른 사람의 것으로 편향시키고 왜곡시키는 현상이다.

투사는 남의 단점이나 잘못에 대해 지적하고 비난하는 것으로서 자신이 인식하지 못할 뿐 자기 안에 있는 부정적인 것을 비추어 표현하는 것이다. 그렇기 때문에 다른 사람을 부정적으로 대하고 있다는 것은 다른 사람이 부정적인 사람인 것이 아니라 자기 자신이 부정적인 사람일 가능성이 높다. 스스로 몰랐던 자신의 욕구를 반대로 표출하여 나타나는 현상이며 잠재의식에 내재된 자기중심성이 발현되는 것이라고 볼 수 있다.

투사는 자기 자신 안에 억압된 열등감과 낮은 자존감이 다른 사람을 부정적으로 바라보며 공격함으로써 자신을 지키려는 방어기제로서 사용되기도 한다. 이런 경우 낮은 자존감과 콤플렉스를 가지고 있기 때문에 주변 사람들이 무심코하는 사소한 농담과 작은 장난에도 예민하게 반응하며 강한 공격성을 드러내게 된다.

자신이 알고 있는 다른 사람의 부정적인 모습은 대부분 자기 안에 그 부정이 있는 것이며 자기가 알고 있는 다른 사람의 존재와 정체성도 자기 안에 있는 마음의 거울이 비추어 만들어낸 허상인 경우가 많다. 모든 것은 우리의 마음속에 존재하고 있으며 우리의 마음이 모든 형상과 관계를 만들어낸다.

투사가 우리의 왜곡된 믿음을 만들고 그 믿음이 우리를 통제하여 왜곡된 자기중심적 편향성을 가지게 된다. 이처럼 사람들은 다른 사람과 환경을 자기중심적 편향성으로 받아들이고 바라보기 때문에 왜곡된 믿음을 가질 수밖에 없는 것이다.

이러한 왜곡된 믿음은 우리의 잠재의식에서 객관적인 현상을 있는 그대로 받아들이는 것이 아니라 주관적으로 해석하고 처리하는 과정에서 생긴 개인의 세상모형이 만든 오류이다. 잠재의식은 너무나 순진하고 충직하기 때문에 의식에서 반복적으로 어떤 명령을 내리게 되면 일치시키기를 통하여 어떻게든 명령을 완수하기 위해 작업을 하게 된다.

의식과 잠재의식은 서로 라포가 형성되어 일치되면 무한한 성취 능력을 가지게 되지만 라포가 형성되지 못해 불일치가 일어나면 서로 갈등하고 혼돈을 겪기도 한다. 이 두 가지 마음이 서로 일치될 때 잠재의식에 묻혀있는 영감과 직관, 초능력의 자원을 활용하여 창조적이고 성취하는 삶을 살아가기 위한 멘탈의 힘을 가질 수 있게 되는 것이다.

잠재의식은 평소에 선의적 의도를 가지고 우리의 건강과 성취를 위해 의식과 협력하여 긍정적인 성과를 이루어내지만 자기를 지키려는 선의적 의도가 너무 강해 자기중심적 편향성을 심하게 가질 때 다른 사람과 환경에 대한 왜곡된 내적 표상을 가지게 될 수도 있다. 그래서 우리의 잠재의식에 있는 왜곡된 자기중심적 편향성에서 벗어나 긍정적인 의도와 자원을 찾아내는 것이 중요하다.

배가 강을 건널 때 흐르는 물살에 하류로 떠밀려 내려가게 되면서 처음 목적지와는 다른 방향으로 가게 된다. 이럴 때 목적지를 다시 바라보며 배의 머리를 상류 쪽으로 재설정하는 과정을 여러 번 되풀이하면서 목적지에 도착한다. 마찬가지로 우리의 삶도 배를 타고 큰 강을 건너는 것처럼 삶의 힘든 무게와 풍랑에 떠밀려 처음의 목적지와 다른 방향으로 흘러갈 수도 있다.

이 과정에서 의식과 잠재의식의 불일치가 생기고 자기중심적 편향이 심화되면 처음에 설정했던 목적지와 방향을 잃게 된다. 그러므로 자신의 삶에서 처음 설정했던 목표지점으로 가기 위해 수시로 방향을 재설정하고 마음의 초점을 일치시킬 수 있는 멘탈사용법을 아는 것이 중요하다.

멘탈사용법을 알게 되면 자기 안에 잠새해 있는 보물창고를 열 수 있는 열쇠를 갖게 된다. 사람들은 모두가 자기 안에 잠재의식이라는 보물창고에 사용하지 않고 숨겨둔 무한 성취 자원이 가득 차 있지만 그것을 자기 삶의 성취 에너지로 사용할 수 있는 사용방법을 모르고 살아간다.

어느 누구도 마음의 보물창고를 가지고 있지 않는 사람은 없다. 무한 성취 자원이 저장된 마음의 보물창고는 누구나 다 갖고 있지만 이 마음의 보물창고를 열 수 있는 열쇠를 가진 사람과 갖지 못한 사람이 존재하는 것이다.

만약에 자기 마음에 대한 사용설명서를 가지고 그것을 활용할 수만 있다면 마음의 보물창고를 열 수 있는 열쇠를 찾은 것과 같다. 그것은 마음을 사용하는 방법이 곧 마음의 보물창고를 열 수 있는 열쇠가 되기 때문이다. 이 열쇠로 자기 안에 모든 성취 자원과 에너지가 숨겨져 있는 마음의 보물창고를 열게 되면 자기 내면의 부조화와 인간관계의 모든 갈등을 해소시키고 원하는 삶의 성취를 이룰 수 있는 수많은 자원과 에너지를 활용할 수 있게 된다.

모든 변화와 성취를 위한 자원은 우리 마음의 보물창고에 이미 가득 채워져 있으며 그 보물창고를 열 수 있는 열쇠를 찾는 것이 중요하다. 우리 마음의 보물창고가 바로 잠재의식이며 우리의 잠재의식은 무한한 성취 자원으로 충만한 상태이다.

우리에게 필요한 것은 이 보물창고를 열 수 있는 열쇠이며 우리의 멘탈에서 그 열쇠를 찾을 수 있다.

상관성

'지도는 영토가 아니다'라는 말처럼 우리가 접촉하는 세상은 실제 세상인 영토가 아니라 우리의 내적 표상에서 만들어내는 마음의 지도가 만든 세상이다. 마음의 지도를 만드는 내적 표상이 어떻게 형성되어 있는가에 따라 우리의 경험과 신체적인 반응이 결정되고 반대로 신체적인 반응과 경험을 어떻게 하는가에 따라 내적 표상이 달라지게 된다.

흔히 '닭이 먼저냐 달걀이 먼저냐'라는 질문에 서로 다른 논리와 주장을 할 수 있지만 두 가지 중에서 어느 한 가지가 없다면 나머지 한 가지도 존재할 수가 없다. 바꾸어 말하면 닭이 있기 때문에 달걀이 있고 달걀이 있기 때문에 닭이 있는 것이다.

이 질문은 절대적인 진리나 진실의 문제가 아니라 서로의 상관성의 문제이며 바라보는 사람의 상태와 관점에 따라 닭이 먼저일 수도 있고 달걀이 먼저일 수도 있다. 결국 우리의 관점과 마음의 지도에 따라 달라지게 되는 것일 뿐이다.

컵에 물이 반쯤 있는 것을 보고 '물이 반밖에 안 남았구나'라고 부정적인 관점에서 실망할 수도 있고 '물이 반이나 남았구나'라며 긍정적인 관점에서 희망을 가질 수도 있다. 이것은 우리의 내적 표상이 어떻게 형성되어 있는가의 관점에 따라 마음의 상태가 바뀌고 경험하는 모든 것이 달라지기 때문이다.

심리학에서 내세우는 중추기원설과 말초기원설도 마찬가지로 어느 것이 먼저인가가 중요한 것이 아니라 마음과 몸의 상관성이 더 중요하다는 것을 깨닫게 해준다. 중추기원설은 마음의 상태와 특성에 따라 특정한 신체적 정서경험이 이루어진다는 주장이며 말초기원설은 신체와 행동의 변화에 따라 마음의 정서반응이 달라진다는 상반된 주장이다.

이러한 주장은 마음이 슬퍼서 눈물을 흘리며 우는 행동을 할 수도 있고 가짜로라도 계속 우는 행동을 하다 보니 마음이 울적해지고 슬퍼져 눈물이 날 수도 있다는 것이다. 즉, 우리가 마음이 너무 기쁘고 즐거워서 신체적으로 웃을 수 있다면 중추기원설에 해당되는 것이고 억지로라도 크게 소리 내어 웃다 보니 마음이 즐거워지는 것은 말초기원설에 해당된다.

중추기원설과 말초기원설은 우리의 마음과 몸의 심신 상관성을 잘 이해할 수 있게 해주는 이론이다. 따라서 어느 것이 옳고 틀림의 문제가 아닌 관점과 필요에 의해 선택할 수 있는 것이다. 웃는 것이 우리의 건강에 도움이 되고 필요하다면 두 가지 이론을 모두 사용할 수도 있고 어느 한 가지를 반복해서 사용하여 다른 한 가지를 함께 활성화시킬 수도 있다.

　예를 들어 억지로라도 신체적으로 웃는 연습을 반복하게 되면 마음이 즐거워지게 되고 마음이 즐거워 더 많이 웃게 되는 것이다. 또한 마음이 즐거워 많이 웃다 보면 신체적인 웃음이 자연스러워지고 그러한 행동이 자동화되면서 웃음이 습관화되는 현상은 심신상관성으로 설명할 수 있다.

　스포츠심리코칭에서도 운동 참가자들의 운동 수행 및 경기력 향상 효과를 얻기 위하여 이 두 가지 상반된 이론을 활용한다.

　먼저 운동 참가자가 멘탈트레이닝을 통해 심리적 상태를 긍정적으로 바꾸면 신체의 변화와 수행 향상 효과를 얻게 될 것이라는 관점에서의 접근이 있고 먼저 신체적인 트레이닝을 통해 신체기능과 몸상태를 바꾸면 심리적인 변화와 수행 향상의 효과를 얻을 수 있다는 관점이 있다. 두 가지 중 어느 것을 바꾸어도 나머지 하나는 함께 변화가 일어나며 어느 한 가지를 바꾸기 위해서는 다른 한 가지를 먼저 바꾸어야 하는 것이다.

　이러한 이론은 일상적 실재인 CR과 비일상적 실재인 NCR의 개념에서도 쉽게 이해할 수가 있다. CR의 상태와 환경을 바꾸면 NCR의 상태가 바뀌게 되고 반대로 NCR의 상태를 바꾸어도 CR의 상태가 바뀌게 된다. 이 모든 것은 분리되어 있는 것처럼 보일 뿐 서로에게 영향력을 미치는 상관성을 가지고 있다.

마음의 여과장치

아주 신맛이 나는 하나의 레몬에 대해 사람들이 느끼는 감각과 반응이 제 각각 다른 것은 각자가 세상과 접촉하고 소통할 수 있는 다른 감각과 인식의 여과장치를 가지고 있기 때문이다. 모두가 다른 감각과 여과장치로 레몬에 초점을 맞추고 있기 때문에 하나의 레몬에 대한 인식과 반응이 모두가 다를 수밖에 없는 것이다.

이러한 현상은 레몬에 대한 서로 다른 과거의 경험으로 형성된 감각과 기억이 다르고 자신만이 가진 인식의 여과장치에서 만든 내적 표상이 모두 다르기 때문에 나타난다.

이처럼 서로 다른 자신만의 내적 표상으로 하나의 레몬에 대해 주관적이고 자기중심적으로 해석하고 반응하기 때문에 현재 상태에서 서로 다른 레몬을 경험하듯이 우리는 모두가 같은 세상을 살아가면서도 다른 세상을 경험하며 살아가고 있는 것이다.

이렇게 사람들이 같은 세상을 살아가면서도 다른 세상을 경험하는 것은 외부에서 입력되는 모든 자극과 정보가 각자의 여과장치를 거쳐 다르게 인식하고 해석되기 때문이다.

우리가 어떤 경험을 할 때 특정 사실에 대해 사실 그대로를 받아들이는 것이 아니라 자신만의 내적 표상에 의해 생략, 왜곡, 일반화의 여과과정을 거쳐 받아들이고 반응한다. 그리고 지각하는 모든 정보를 다 수용하는 것이 아니라 자신이 좋아하거나 보고 싶고 듣고 싶은 특정한 정보에 대해서만 우선적으로 초점을 맞추어 편향적으로 받아들이고 반응하게 된다.

이와 같이 하나의 레몬에 대해 사람들이 가지고 있는 여과장치가 서로 다르기 때문에 사람들마다 레몬에 대한 감각과 반응이 달라질 수밖에 없는 것처럼 우리의 모든 학습과 경험은 자신이 가진 여과장치에 의해 다르게 받아들여진다. 이것은 과거의 경험과 기억이 만들어내는 개인의 내적 표상이 현실에 대한 인식과 반응을 다르게 하기 때문이다.

서로 다른 인식의 여과장치가 만든 내적 표상에 의해 생략, 왜곡, 일반화된 감각과 반응을 보이기 때문에 우리가 살아가는 세상이 어떤 사람에게는 아름답고 행복한 것이고 어떤 사람에게는 힘들고 고통스럽게 느껴지는 것이다. 그래서 우리의 마음에 어떠한 여과장치를 가지고 있느냐에 따라 외부 자극이나 정보에 대한 오감적 반응이 달라지고 현재의 상태와 내적 표상도 달라지게 된다.

세상은 항상 그대로일 뿐인데도 똑같은 세상에 대해 어떤 사람은 긍정적이고 희망적인 관점을 가지게 되고 어떤 사람은 부정적이고 비관적인 관점을 가지는 차이를 만드는 것은 개인이 가진 여과장치가 다르기 때문에 생기는 반응이다. 우리는 자신이 가진 마음의 여과장치가 만든 내적 표상을 바꾸려는 노력보다 자신의 현실적인 경험에 대한 절대적인 신념을 만들어 스스로 그 신념에 통제당하는 선택을 하는 경우가 많다.

다행히 그 신념이 활력 신념이면 삶의 긍정적인 성과를 창조할 수 있지만 그 신념이 자기를 제한하는 부정적인 신념이라면 그 속에 갇힌 채로 부정적인 삶의 결과를 얻게 될 수밖에 없다.
그래서 우리가 어떠한 내적 표상과 신념을 가지게 되는가에 따라 우리의 존재와 운명이 결정되는 것이다.

즉, 마음의 여과장치에서 만든 내적 표상은 마음의 지도이면서 세상모형이 되며 이것을 바꾸게 되면 우리의 존재와 정체성까지도 함께 바뀌게 된다. 그래서 마음의 여과장치에서 만든 내적 표상이 달라지면 현재의 경험뿐만 아니라 과거와 미래에 대한 감정과 기억, 경험도 달라지게 되는 것이다.

이처럼 우리는 자신만의 내적 표상에 의해 만들어진 존재와 정체성으로 주변 사람들과 관계를 맺고 소통한다. 결국 마음의 여과장치에서 만들어지는 내적 표상을 바꿈으로써 자신의 존재를 먼저 바꾸게 되면 바뀐 자신의 상태로 다른 사람과 세상까지도 변화시킬 수 있는 힘을 가질 수가 있게 된다.

삶은 학습과 경험이다

인간은 반복된 학습과 경험에 의해 조건화된 태도와 행동을 반복하며 자신의 존재와 정체성을 만들어간다.

만약 인간에게 새로운 학습과 경험이 주어지지 않는다면 습관에 중독된 행동만 반복하며 어떠한 새로운 변화와 도전도 일어나지 않는 삶이 되풀이 된다. 우리의 삶에서 새로운 학습과 경험이 주어지지 않으면 더 나은 진화를 하지 못하고 정체되면서 부분적으로는 오히려 퇴화가 일어날 수도 있다.

인간의 삶은 새로운 학습과 경험의 연속적인 과정이며 우리가 의식하든 의식하지 못하든 상관없이 학습과 경험은 우리 삶의 원인이요 결과로 작용한다.

우리가 어떤 학습과 경험을 반복하느냐에 따라 자신만의 독특한 주관적 사고체계와 언어체계, 감정체계를 형성하게 되며 세상과 접촉하는 자신만의 주관적 내적 표상을 만들게 된다. 모든 학습과 경험은 감각적으로 이루어지며 그것은 오감적 언어로 표현되고 오감적 신경 차원에서 접촉하고 기억한다.

그래서 우리가 그 무엇을 배우고 경험할 때 눈으로 보고 귀로 소리를 듣고 신체적으로 접촉하며 느끼는 등의 감각적 작용으로 이루어지게 되는 것이다. 인간의 학습과 경험은 엄마 뱃속에서부터 이미 시작되며 전 생애에 걸쳐 원인과 결과로써 개인의 존재와 정체성을 만들게 된다.

우리는 지금 이 글을 읽고 있는 순간에도 의식적 영역과 잠재의식적인 영역에서 동시에 학습과 경험을 계속하고 있다. 우리가 숨쉬고 움직이며 살아있다는 것을 느끼는 것도 새로운 학습과 경험의 연속이며 그 경험이 지속적으로 삶의 원인이 되기도 하고 결과가 되기도 하는 것이다.

우리는 지금 현재에 살면서도 과거의 실제 경험과 미래의 상상적인 경험에 대한 관점과 의미를 바꿀 수 있는 시간선을 가지고 있다. 그래서 현재의 학습과 경험을 바꿈으로써 과거와 미래의 기억과 감각까지 바꿀 수 있는 능력을 가지게 된다. 어릴 때 겪었던 부정적인 경험이 현재의 나를 힘들게 한다면 지금-여기에서 어른이 된 자신의 긍정적인 상태로 과거를 다시 접촉하게 되면 과거에 대한 감각이 긍정적으로 바뀔 수 있게 되는 것이다.

마찬가지로 미래에 대한 희망적이고 긍정적인 경험을 현재 상태로 경험함으로써 미래에 대한 긍정적인 기대와 믿음을 만들 수도 있다. 지금-여기에서 현재의 성장된 자신의 건강한 상태로 과거와 미래를 다시 경험함으로써 과거와 미래에 대한 느낌이 달라지고 그것이 뇌에 새롭게 프로그래밍되어 자신의 현재 상태를 더 긍정적으로 바꾸게 되는 것이다.

시간선 위에서의 모든 경험은 이후에 일어나는 다른 경험을 일으키는 원인이 되면서 그 이전의 경험에 대한 결과가 되기도 한다. 그래서 현재의 경험을 긍정적으로 바꾸면 과거와 미래의 경험에 대한 감각이 함께 바뀌어 현재의 상태를 긍정적으로 변화시키고 삶의 결과까지도 바꾸는 힘을 얻게 된다.

결국 현재의 학습과 경험을 바꾼다는 것은 원인과 결과로 연결되는 과거와 미래의 경험을 함께 바꾸는 것과 같은 것이다. 지나간 과거에 대한 사실은 바뀌지 않지만 현재의 학습과 경험을 바꿈으로써 과거에 대한 관점과 감각을 바꿀 수가 있게 되며 아직 다가오지 않은 미래의 원인으로 작용하는 현재를 바꿈으로써 미래의 경험과 결과를 바꿀 수도 있다.

이처럼 우리는 지금 현재 어떤 학습과 경험을 반복하느냐에 따라 현재의 상태를 바꿀 수 있을 뿐만 아니라 과거와 미래의 경험과 기억에 대한 감각을 바꾸어 자신의 상태를 바꿀 수 있게 된다.

지금 현재의 상태가 과거에 의해 영향을 받고 있지만 멘탈훈련을 통해 과거의 경험이 만드는 현재의 구속상태에서 얼마든지 벗어날 수 있다. 인간이 동물과 다른 점은 자신의 생각과 행동을 스스로 선택할 수 있는 자유의지를 가지고 있다는 것이며 의식적인 자유의지를 가질 수 있다면 현재뿐만 아니라 과거와 미래까지도 통제할 수 있는 힘을 가지게 된다.

예를 들어 지금-여기의 현재에서 억지로라도 큰소리를 내며 반복해서 웃게 되면 현재의 즐거운 경험이 만들어지고 그 경험이 원인과 결과가 되어 시간선에서 과거와 미래가 좀 더 밝고 긍정적으로 느껴지게 되는 것이다.

과거와 미래는 우리가 가진 능력으로 완전히 통제할 수 있는 것이 아니지만 지금 현재의 상태와 선택은 우리가 얼마든지 통제할 수가 있기 때문에 통제 가능한 현재의 학습과 경험을 바꿈으로써 통제 불가능한 과거와 미래의 경험과 감각을 통제하는 힘을 가질 수가 있다.

우리에게는 현재의 학습과 경험을 선택할 수 있는 자유의지가 있고 그 선택이 우리가 원하는 삶을 창조하는 자원과 에너지가 된다. 결국 우리의 삶은 선택된 학습과 경험에 대한 피드백에 의해 패턴이 만들어지고 순환되는 것이다. 중요한 것은 지금 무엇을 학습하고 경험하며 어떤 감각을 느끼느냐가 현재의 경험을 넘어 지나간 과거와 다가올 미래까지 바꾸는 힘을 가지고 있다는 사실이다.

약한 연대의 강점

 한국과 일본은 표면적으로는 서로 분리된 것처럼 보이지만 실제로는 비국소적인 많은 연결을 짓고 있다. 관점을 바꾸어보면 바닷물로 분리된 것이 아니라 바닷물로 연결되어 있고 물아래로는 땅으로 연결되어 있다. 그리고 물 위로는 배로 연결되어 있고 하늘로는 비행기로 연결되어 있다. 그 외에 수많은 연결들로 서로 교감을 하고 있는 것이다.
 우리는 양자적 관점으로 보면 항상 하나 이상의 세상에서 살아가고 있다. 어떤 지각들은 다른 지각들과 활발한 교감을 하고 있지만 어떤 지각들은 서로의 교감이 약하거나 단절되기도 한다.
 일상적 실재인 CR의 관점으로 보면 서로 분리되어 있거나 단절된 것처럼 보이지만 비일상적 실재인 NCR의 관점에서 보면 모두 연결되어 상관성과 비국소성을 가지고 있다. 우리의 존재와 관계 능력은 수많은 연결과 비국소성을 가지고 있기 때문에 부분 속에 전체의 정보가 들어있는 홀로그램 모델과도 같다.

마음의 세계가 몸과 연결되어 있고 자신의 존재와 다른 사람들과의 관계도 비국소성으로 연결되어 있다. 어느 하나를 바꾸면 다른 하나도 영향을 받아 함께 바뀌게 되는 관계 속에 살아간다.

우리의 마음과 몸, 환경적인 모든 자원은 CR과 NCR로 연결을 형성하여 서로에게 영향을 미치는 비국소성을 가지고 있기 때문에 홀로그램적인 세계관을 갖고 있다.

일상적 실재인 CR은 공간, 사람, 물질, 입자처럼 눈에 보이고 접촉할 수 있는 현실적이고 물질적인 세계이며 비일상적 실재인 NCR은 사명이나 꿈, 신념, 목표, 멘탈, 가치처럼 눈으로 볼 수 없고 만질 수 없지만 분명히 존재하고 있는 비물질적이고 가상적인 세계로서 비일상적인 사실로 존재한다.

이 두 가지 실재는 서로 상반되면서도 서로에게 영향력을 미치면서 함께 존재하지만 어느 것도 독자적으로 완전히 절대적이지 못하다. CR의 세계에 이미 NCR이 존재하고 있으며 NCR의 세계에 이미 CR이 존재하고 있기 때문에 부분과 전체는 하나의 체계로 존재하는 비국소성을 가지고 있다고 볼 수 있다.

우리의 존재 자체도 서로 다른 두 가지 세계가 하나의 체계로 구성되어 있으며 다른 사람들을 만나거나 환경과 접촉할 때도 마찬가지로 비국소성을 가지게 되는 것이다.

우리의 의식과 잠재의식도 표면적으로는 국소성을 가지고 분리되어 있는 것처럼 보이지만 실제로 두 의식은 서로 연결되어 영향을 미치는 비국소성을 가지고 있다. 좀 더 넓은 관점을 가지고 보면 우리는 자신과 환경과의 연결뿐 아니라 우주의 모든 존재하는 것들과의 연결을 짓는 비국소성을 가지고 있는 것이다.

학문적인 분야 또한 마찬가지로 표면적으로는 서로 다른 분야와 영역으로 구분이 분명해 보이지만 모든 학문은 서로 연결되어 있어 상관성과 비국소성을 함께 가지고 있다. 예를 들어 심리학, 철학, 수학, 물리학, 언어학 등이 표면적으로는 서로 다른 분야로 국소성을 가지고 분리되어 있는 것처럼 보이지만 실제로 모든 학문은 서로 연결되어 비국소성을 가지고 있는 것이다. 그래서 서로 이질적으로 보이는 다른 학문이 융합과 통섭을 거치면서 기존의 경계를 뛰어넘어 새로운 통섭 학문이 탄생하게 된다.

미국의 마크 그라노베터(Mark Granovetter)는 "약한 연대의 강점"이라는 자신의 논문에서 강한 연대를 맺고 매일 자주 만나는 사람과 약한 연대를 맺고 가끔 만나거나 일 년에 한 번 정도 만나는 사람과의 관계에서 새롭고 유익한 정보를 얻는 경로가 어느 쪽인지를 알아보는 의미 있는 연구결과를 발표했다.

연구결과는 강한 연대를 맺고 자주 만나는 사람에게서 얻는 정보가 약 17%정도이고 약한 연대를 맺고 어쩌다 만나거나 오랜만에 만나는 사람에게서 얻는 정보가 약 83%를 차지했다. 자주 얼굴을 보지 못하는 약한 연대로부터 중요한 정보를 얻을 수 있는 가능성이 훨씬 더 높아지게 된다는 결과이다.

이 연구결과에서 알 수 있듯이 우리는 하나 이상의 다양한 연결을 만들어 비국소성으로 다른 사람들과 연대를 통해 소통하면서 자신이 가진 관계의 경계를 가지고 약한 연대로부터 더 유익한 정보를 얻고 있다는 것이다.

이러한 현상이 나타나는 것은 매일 함께 생활하는 사람들의 경우 서로가 비슷한 정보를 이미 공유하고 있기 때문에 자신의 경계를 확장시켜 주는 새로운 자극이나 정보를 제공받기가 어렵다.

같은 분야와 공간에서 같은 일을 하며 반복된 생활패턴에 익숙해진 사람들끼리 브레인스토밍을 해도 좋은 아이디어가 생기지 않는 이유가 '강한 연대'가 가지고 있는 약점 때문이다.

그런데도 많은 사람들이 자신과 가까운 사람, 친한 사람, 편안한 사람과 더 많이 어울리고 약간이라도 불편하거나 친하지 않은 사람과의 만남은 회피하려 한다. 이러한 회피적인 삶의 태도가 자신의 경계를 넓히는 선택을 하지 못하게 만든다.

이처럼 우리의 뇌가 중독된 습관의 울타리가 만든 경계에 갇혀 새로운 관계와 변화에 대한 호기심을 잃어버리게 될 때 주변의 가까운 관계 속에 형성된 강한 연대 때문에 새로운 변화에 대한 도전과 행동이 어려워진다.

강한 연대 속에 자주 만나서 편안하고 즐겁게 술을 마시는 친구나 동료도 중요한 삶의 동반자이고 소중한 인적자원이지만 약한 연대를 맺고 있는 사람들과의 관계도 잘 챙겨보는 유연한 삶의 태도가 필요하다. 약한 연대를 맺고 있는 사람들과의 만남을 통해 연결을 확장하고 새로운 자극과 정보를 주고받는 것이 자신의 경계를 확장하여 창조적인 삶을 살아가는 지혜를 더 많이 얻게 된다.

인간관계에서 언제나 하나 이상의 다양한 연결과 비국소성을 가지고 있지만 우리는 반복된 습관의 고정된 네트워크를 고집할 때 자신의 경계를 축소하면서 국소성을 만들어 귀중한 정보에서 소외될 수 있다.

주변 사람들과의 새로운 연결을 확장하고 유익한 정보를 주고받으며 인적 네트워크를 형성하기 위해 자신이 먼저 그들에게 관심과 정보를 보내주어야 한다. 이러한 '약한 연대의 강점'을 충분히 자신의 성취 자원으로 활용하기 위해서는 그들에게 먼저 필요한 것을 나누어 줄 수 있는 적극적인 마음의 자세가 필요하다.

사람들과의 관계 확장을 통해 자신의 경계를 넓히기를 바란다면 '호혜성'과 '상호성의 법칙'을 활용하는 것이 도움이 된다. 사람들은 받은 만큼 돌려주려는 심리를 가지고 있기 때문에 자신이 원하는 것이 있다면 그 이상을 먼저 줄 수 있어야 한다.

혹시 그동안 익숙한 습관에 중독된 자신의 인간관계가 너무 강한 연대에 얽매여 약한 연대의 강점을 소홀하게 생각하지는 않았는지 살펴보는 지혜가 필요하다.

심리적 간섭

<div style="text-align:center">~~~</div>

　우리가 서울로 가는 교통수단이 기차를 이용하는 한 가지 방법밖에 없다면 복잡한 심리적 갈등과 고민을 할 필요 없이 기차를 이용해서 서울로 가면 된다. 그러나 만일 서울로 가는 교통수단이 기차 말고도 버스나 비행기, 자가용 중 선택의 기회가 주어지면 어느 것이 더 안전하고 시간과 비용이 적게 드는지 따져보며 이동경로를 결정하는데 시간이 더 걸린다.

　자동차를 구입할 때도 마찬가지로 너무 많은 브랜드와 차종, 세부등급에 대한 정보가 주어지면 심리적 간섭이 일어나서 구매 결정을 내리는데 주저하거나 보류하게 된다. 이것은 잘못 선택했을 때의 후회 감정을 막기 위한 심리적 기전이 작동되기 때문에 나타나는 자연스러운 현상이다.

　이처럼 필요보다 더 많은 정보가 제공되어 심리적 갈등과 혼돈을 주면서 판단과 선택을 방해하는 산만한 마음 상태를 심리적 간섭이라고 부른다. 이러한 심리적 간섭이 심해져서 혼돈이 지속되면 우리는 선택과 결정을 하는데 많은 시간이 소요되며 행동을 하는데 전력을 다하지 못하는 상태가 된다.

이러한 심리적 간섭은 두 개 이상의 서로 다른 외부 자극과 내부 과정이 동시에 일어날 때 생기며 이 혼란이 심해지면 초점이 흩어지고 산만함을 겪게 되면서 아무런 결단과 행동을 할 수 없는 무기력한 상태에 빠질 수도 있다. 심리적 간섭현상은 여러 가지 정보의 간섭 때문에 마음이 불일치된 상태이며 마음을 분아된 상태로 만들어 자신의 자원을 활용하지 못하는 혼란과 갈등을 겪게 만든다.

부정적인 정서는 정신 건강과 신체 건강에도 좋지 않고 궁극적으로 부정적인 삶의 결과를 만들게 된다. 심리적 간섭으로 인한 갈등은 우리 마음에서 끊임없이 분아를 일으켜 산만한 심리상태를 만든다. 이러한 산만함을 얼마나 통제할 수 있는가의 멘탈능력에 따라 부정적인 상태를 긍정적인 상태로 전환할 수 있다.

'정신일도 하사불성'이라는 말은 마음을 하나로 통합하여 일치시키면 이루지 못할 일이 없다는 뜻이다. 심리적 간섭에 의해 분산된 혼란한 마음을 하나로 일치시킬 수 있을 때 좀 더 집중된 마음의 상태에서 자신의 자원을 최고로 활용할 수 있게 된다.

지금 이 글을 읽고 있는 현재도 우리의 마음은 계속적으로 심리적 간섭이 일어나고 있지만 이러한 심리적 간섭을 차단하거나 통합하여 긍정적인 상태로 전환하기 위한 자동적인 작업이 동시에 진행되고 있다. 불일치된 마음을 일치시킴과 동시에 또 다른 심리적 간섭이 생기면서 다시 불일치를 경험하고 또다시 일치시키기를 반복하는 순환고리를 만들게 되는 것이다.

  우리의 마음은 일치와 불일치의 정상적인 순환 속에서 건강한 멘탈과 반응능력을 가질 수 있고 긍정적인 성취결과를 얻을 수 있다. 만약 일치시켜야 할 때에 불일치가 계속 지속되거나 불일치해야 할 때에 일치시키기를 너무 빨리 하게 되면 심각한 혼란과 원하지 않는 결과를 얻게 된다.

  우리가 살아가다 보면 때로는 고민과 갈등이 필요할 때가 있는데 이 과정에서 적절한 심리적 간섭이 회피적 동기를 자극하여 안전하게 대처하는 역할을 해주기도 한다. 예를 들어 직장을 옮길 때나 중요한 투자를 결정할 때 더 많은 정보를 받아들여 적절한 심리적 간섭을 통해 최상의 선택을 하는데 도움을 받게 된다.

  만약 중요한 결단과 행동을 할 때 적절한 심리적 간섭의 검증 절차가 없이 부분적인 정보에 너무 급하게 일치되어 섣부른 결단과 행동을 한다면 돌이킬 수 없는 큰 실수를 할 수도 있다.

  심리적 간섭의 긍정적인 의도는 더 많은 선택을 할 수 있는 유연성을 가질 수 있게 해주며 위험에 대비하고 안전을 점검하는 긍정적이고 선의적인 것이다. 다만 우리가 그것을 엉뚱하게도 자신을 제한하는 부정적인 자원으로 잘못 사용하고 있기 때문에 혼란을 겪게 되는 것일 뿐이다.

마음의 레이저

 물질을 쪼개고 쪼개고 또 쪼개면 분자가 되고 분자를 다시 쪼개면 원자가 되고 원자를 다시 쪼개면 전자가 되며 전자를 다시 쪼개면 입자와 파동이 된다. 입자는 일상적 실재인 CR의 물질적 세계이고 파동은 비일상적 실재인 NCR의 멘탈과 에너지의 세계이며 이 두 가지 실재에 대해 연구하는 학문의 영역이 양자이론이다.

 데이비드 봄(David Bohm)을 중심으로 하는 양자론자들은 다음과 같이 양자이론에 대한 정의를 하였다.

 "우주의 허공은 텅 비어있는 것이 아니라 파동에너지로 충만되어 있으며 그 양자파동장으로 충만된 우주는 하나로 연결되어 있는 비국소성의 원리라고 할 수 있다. 또한 우주에 존재하는 모든 것은 양자파동장으로부터 분화되어 정신계, 에너지계, 물질계로 나누어지며 이때 에너지가 변화되는 과정을 보면 양자파동장이 중첩되어 파동이 되고 파동이 중첩되어 에너지가 되는 비국소성을 가지게 된다"는 것이다.

이처럼 우주에 존재하는 모든 것은 양자파동장으로부터 분화하기 때문에 하나의 부분 속에 전체의 정보가 들어있으며 이것을 홀로그램 모델이라고 보는 관점이다.

데이비드 봄의 양자이론에서는 존재하는 모든 것은 CR적 입자로 된 부분과 NCR적 파동으로 된 부분이 동전의 양면과 같은 이중구조로 되어 서로를 돕고 있다고 본다. 이것을 상보성의 원리라고 하며 존재하는 모든 것은 독립적으로 완전히 단절된 것이 아니라 서로 연결되어 비국소성을 가지고 있다는 것이다.

현실적이고 물질적인 CR적 세계에서 원하는 물질계의 변화를 이루기 위해서는 CR을 분화시키는 NCR의 정신계와 에너지계를 먼저 바꾸어야 한다. 쉽게 이야기하면 비일상적 실재인 NCR의 마음이 바뀌면 일상적 실재인 CR의 물질이 바뀌는 비국소성을 가지고 있다는 것이다.

봄의 양자이론은 인간의 마음이나 감정도 실체로 인정하기 때문에 CR과 NCR의 연결에 대해서 충분한 과학적인 설명이 가능하게 되었다. 그리고 봄의 양자이론을 우리 삶에 적용했을 때 기존의 물질계가 지배하는 경계를 넘어 새로운 성취와 창조를 이룰 수 있을 뿐만 아니라 정신계와 에너지계, 물질계의 연결과 비국소성을 활용하여 효용가치를 더욱 높일 수가 있게 된다.

이것이 봄의 양자이론에서 중요한 개념인 비국소성의 원리이다. 이 원리는 원자 이하의 미시세계에서는 입자들이 오직 하나의 양자파동장으로 연결되어 있다고 보는 것이다.

우리의 마음은 눈에 보이지 않고 만질 수도 없으며 측정도 불가능하지만 사실로 존재하는 실재이다. 그런데도 많은 사람들이 CR적인 물질계에 너무 많은 비중을 두고 그것이 우리 삶의 전부라는 어리석은 착각 속에 살아가면서 중요한 정신의 세계와 에너지의 세계를 소홀히 하고 있다.

예를 들어 우리가 눈으로 사과를 보게 되면 눈까지 전달되는 아날로그 정보인 사과의 파동 정보가 망막에서 디지털 정보로 바꾸어 시각중추의 기능에 의해 뇌에 홀로그램으로 저장시키게 된다. 우리의 눈과 시신경이 사과를 뇌에 홀로그램으로 저장시키는 역할을 했다면 이 사과를 우리가 보기 위해서는 뇌에 저장된 사과라는 홀로그램에 마음에서 레이저 빛을 비추는 작업이 필요하다.

사과의 홀로그램을 뇌에 저장해 두고 마음의 레이저 빛을 쏘지 않으면 우리는 사과를 영영 볼 수가 없게 된다.

우리가 수많은 외부 자극과 정보를 눈으로 비추어 지각하지만 지각한 대부분의 정보가 뇌에 홀로그램 상태로 저장되어 있을 뿐 마음의 레이저 빛이 초점을 맞추어 쏘아지지 않으면 영원히 그것을 보지 못하게 될 수도 있다. 그래서 똑같은 공간과 시간에서 같은 사건을 본 사람들의 증언이 제 각각 다를 수가 있고 저마다의 세상모형이 다를 수밖에 없는 것이다.

아무리 오감적인 경험으로 자극과 정보가 뇌에 홀로그램으로 저장된다고 해도 우리 마음에서 비추어 주는 레이저 빛이 없다면 홀로그램은 영원이 생성되지 않고 볼 수도 없게 된다. 뇌에 저장된 홀로그램적인 영상은 우리 마음의 레이저 빛에 의해 보이게 되고 그것을 마음이 다시 인식하게 되는 것이다.

그래서 우리가 보는 세상은 진짜 세상이 아니라 우리의 마음에서 비추는 모형이라고 하는 것이며 우리가 어떤 레이저 빛을 쏠 수 있는가에 따라 전혀 다른 세상을 만나게 된다. 우리는 세상을 있는 그대로 바라본다고 착각하지만 오감적으로 접촉하는 세상은 우리가 가진 마음에서 쏘는 레이저 빛의 상태에 따라 존재가 달라지기 때문에 우리가 보는 것은 결국 세상에 대한 모형일 뿐이다.

우리의 마음은 자기중심적 편향성으로 이미 생략, 왜곡, 일반화된 마음의 레이저 빛을 쏘아서 세상을 보기 때문에 우리가 보는 세상은 진짜 세상이 아닌 것이다. 그렇기 때문에 우리는 세상을 모두가 다르게 볼 수밖에 없다. 모든 것은 우리의 마음에서 만들어내며 마음에 의해 조작되고 편집되는 것일 뿐이다.

상대적 관점

 부산에서 서울로 가기 위해 기차에 앉아 출발시간을 기다리고 있을 때 옆에 있던 기차가 반대방향으로 출발하게 되면 순간적으로 내가 탄 기차가 앞으로 가는 것 같은 착각을 하게 될 때가 있다.
그리고 한참을 달리던 기차가 일정한 속도를 유지하고 실내가 조용한 상태에서 밖을 볼 때 순간적으로 기차가 움직이는 것이 아니라 바깥 풍경이 내가 탄 기차 옆으로 빠르게 지나가는 것 같은 시각적인 착각을 하기도 한다.
 이러한 현상은 나 자신의 관점에 따라 보고 있는 많은 것들이 절대적이지 않을 수도 있다는 교훈을 준다. 우리가 관찰하는 것이 절대적인 것이 아니라 상황과 어떤 측정방법으로 관찰을 할 것인지에 대한 사전결정에 따라 상대적으로 달라진다는 것이다.
 이처럼 우리의 생각이 이미 상대적이라면 관찰과 측정 역시 상대적일 수밖에 없다. 어떤 한 가지 주제에 대해 서로 다른 주장을 하며 자신들의 주장이 절대적으로 진리이고 정의롭다는 신념을 가지고 있다면 자신의 관점이 절대적으로 옳고 상대는 절대적으로 틀린 것이라는 오류에 빠지기 쉽다.

답은 둘 다 옳을 수도 있고 틀릴 수도 있다. 상대성 이론으로 본다면 그들은 서로 다른 체제에서 다른 일상적 실재인 CR과 비일상적 실재인 NCR의 세계를 가지고 있으며 자신들만의 내적 표상과 관점에 따라 상대적으로 모두가 옳다고 볼 수도 있고 틀릴 수도 있다는 것이다.

존재하는 모든 것은 다른 모든 것들과 상대적이고 지속적인 관계 속에서 상호 연결과 움직임을 가지고 있다. 사람들은 반복된 학습과 경험에 의해 형성된 자신만의 신념으로 살아가는 것이 안전하고 편리하다고 판단하며 그 신념을 받쳐줄 절대적인 가치를 추구하게 된다. 그래서 절대적인 가치를 가지기 위하여 종교생활을 하기도 하고 권력과 돈을 많이 가진 사람들을 추종하기도 한다.

그리고 자신이 속한 집단과 사회, 문화에 대한 절대적인 신념을 만들어 자신의 가치와 준거를 세운다. 그러면서 편을 갈라 자기와 다른 편에 선 사람들의 생각과 행동은 절대적으로 잘못되고 틀리다는 편견을 만들기도 하고 자신의 생각과 모든 가치는 정당화시키고 합리화하면서 절대적으로 옳다는 신념을 강화하기도 한다.

그래서 종교, 정치, 문화, 직장, 가족 등 자신이 속한 집단의 이익과 가치를 우선하며 그것에 대한 편향적 확신을 가지고 그것을 절대적인 진리라고 믿고 살아가는 것이다.

우리는 근본적인 옳고 틀림의 진리와 진실이 존재한다는 신념을 만들어 그 신념의 울타리에 스스로 구속되는 선택을 하게 된다. 사람들의 보편적 심리는 확실하고 흔들림 없는 무엇인가에 대한 절대적인 믿음이 사라지는 것을 불안해하기 때문에 절대적인 믿음의 대상을 만들려고 노력하고 있다.

그 어떤 것도 절대적인 진리나 진실이 될 수 없으며 자신의 내적 표상과 관점에 의해 굳어진 신념일 뿐이다. CR의 세계뿐 아니라 NCR의 세계에서 조차 영원히 절대적인 것은 존재하지 않는다는 사실을 깨달아야 한다. 다만 우리가 절대적이라고 믿고 있는 것은 많은 가능성 중의 일부분을 선택한 것일 뿐이다.

아름다움에 대한 기준도 성공에 대한 가치도 변할 것 같지 않는 뜨거운 사랑도 시간과 공간에서 영원히 변하지 않는 절대적인 것이 될 수 없다. 그것은 상대적 관점에 따라 우리의 생각과 느낌이 달라지게 되면서 다른 선택을 하는 것이다.

우리가 가진 이러한 편견을 이해하면 CR과 NCR의 실재가 그 어느 것도 절대적이지 못하고 어느 한 가지의 실재가 다른 어떤 것에 대한 절대적인 판단의 기준이나 가치가 될 수 없다는 것을 알 수가 있다. 그런데도 우리가 알고 있는 부분적인 한 가지 실재에 대한 확신을 다른 모든 것에 대한 절대적 판단의 기준이나 준거로 일반화시켜 사용하는 어리석음을 되풀이하고 있는 경우가 많다.

세상에 그 어떤 것도 절대적이지 않으며 그 어떤 것도 절대적으로 옳고 틀린 것도 아니다. 그 모든 것은 우리의 상대적 관점이 만들어낸 허상일 뿐이다.

긍정의 피드백

올림픽에 출전한 선수들의 멋진 경기 모습을 지켜보면서 하나의 목표를 달성하기 위해 선수들이 보여주는 아름다운 도전과 인간승리에 감동하면서 뜨거운 응원의 박수를 보낸다.

과거에는 올림픽이 특정 지배집단의 정치적 이해관계에 의해 이용된 시대도 있었으며 국가마다 차이는 있지만 오늘날에도 국민적 통합과 애국심을 강화시키는 수단이 되기도 한다.

또한 올림픽이 기업과 매스컴의 상업적 이익 추구의 역할도 충실히 하고 있는 것 또한 부정하지 못한다. 매스컴에서는 시청률을 높이고 광고수입을 늘리기 위해 올림픽의 순수한 정신에 어긋나는 국가 간의 순위나 메달 집계를 계속 발표하여 온 국민들의 관심을 올림픽으로 유도하기 위해 편향적 보도를 하게 된다.

원래 올림픽의 의미는 국가 간의 메달 획득 숫자나 순위에 있는 것이 아니다. 그런데도 불구하고 매스컴에서는 상업적인 목적을 달성하기 위해 시청률을 높여야 하기 때문에 올림픽을 국민적 관심으로 만들어 평소 스포츠에 관심이 없는 사람들까지도 모두 올림픽을 시청하는 최면에 빠지게 유도하는 것이다.

올림픽이 우리의 삶에 활력과 즐거움을 주고 운동에 대한 관심과 참가 동기를 제공할 뿐만 아니라 운동을 통해 인류 공동의 번영과 평화에 기여하는 긍정적인 효과에 대해서는 굳이 이야기하지 않아도 잘 알고 있는 사실이다. 다만 우리가 우려하는 것은 이러한 올림픽의 긍정적인 효과에 암묵적으로 숨어 들어와 올림픽 정신을 훼손하는 지나친 상업주의가 주는 왜곡된 결과가 우리 삶에 미치는 부정적인 영향이다.

올림픽 헌장 1장 6조에는 "올림픽에서의 경쟁은 개인이나 팀의 경쟁이지 국가의 경쟁이 아니다"라고 분명히 명시되어 있으며 5장 57조에는 국제올림픽위원회가 공식적으로 순위를 결정하고 발표하는 것을 금지한다고 되어 있다.

그런데도 요즘 올림픽을 보도하는 매스컴을 보면 올림픽 정신은 사라지고 특정 집단의 정치적이고 상업적인 이해관계에 의해 국가 간의 메달 집계와 순위를 연일 경쟁적으로 보도하면서 올림픽의 순수한 정신을 왜곡시켜 오로지 국가 간의 경쟁 속에 금메달과 성적에만 목을 매는 왜곡된 올림픽에 대한 가치를 주입하고 있다.

이러한 국가 간의 순위나 메달에만 집착하는 보도형태로 인해 국민들은 더 다양한 관점에서 올림픽을 즐길 수 있는 선택권을 상실한 채로 매스컴이 통제하는 경기만 보면서 올림픽에 대한 편향된 관점을 가지게 될 수도 있는 것이다.

이처럼 왜곡되고 편향된 방송을 접하면서 우리의 의지와 상관없이 올림픽에 대한 좁은 경계를 만들어 오로지 메달 획득과 국가 간의 순위에만 집착하게 되는 좁혀진 경계를 가지게 될 수 있다.

그러다 보니 최선을 다해 열심히 노력한 선수들의 숭고한 가치를 오로지 메달 획득과 색깔에만 집착하고 평가하는 왜곡된 관점을 가지게 되는 것이다.

금메달의 가치는 단순히 메달의 색깔에 있는 것이 아니라 인간의 한계에 도전하는 선수들의 노력과 도전정신에 있다. 어려운 여건 속에서도 포기하지 않고 끝까지 최선을 다해 열심히 훈련하며 '할 수 있다'는 절대적인 신념으로 자신을 담금질한 선수들의 노력과 땀이 진정한 금메달이라는 폭넓은 생각의 전환이 필요한 것이다.

CR의 세계에서 보상으로 주어지는 메달의 색깔도 소중하지만 메달의 색깔에 관계없이 대회에 출전한 모든 선수들의 투혼에 아낌없는 응원의 박수를 보내고 더 넓게는 올림픽에 출전한 세계 모든 선수들에게도 뜨거운 응원의 박수를 보낼 수 있는 유연하고 성숙된 관점을 가지는 것이 필요하다.

어차피 경기 결과에 의해 선수들의 목에 걸리는 메달의 숫자는 이미 정해져 있다. 이미 정해져 있는 CR적 보상인 메달은 분명히 최고의 가치를 가지고 있는 것이지만 그렇다고 그것이 메달을 획득하지 못한 선수들을 영원한 패자로 만들거나 좌절하게 만드는 그 어떤 정당한 이유도 되지 못한다.

순위에 들지 못한 선수들에게 우리가 보여주어야 할 자세와 태도는 선수들에 대한 마녀사냥식의 비난과 비겁한 책임전가가 아니다. 그들에게 필요한 것은 우리의 관심과 응원이며 그러한 긍정적인 피드백이 제공될 때 용기와 자신감을 가지고 다시 일어서서 도전하며 언젠가는 원하는 성공을 이룰 수 있게 된다.

문제는 올림픽에서의 이러한 왜곡된 관점과 태도가 반복되면 일상생활 속에서도 일상적 실재인 CR적 결과에만 집착하고 오로지 이기는 것에만 초점을 맞추는 왜곡된 가치관이나 태도가 일반화될 수 있기 때문에 좁혀진 경계를 갖게 된다는 것이다.

우리의 삶에서도 주변에 성공한 사람보다 실패를 경험하는 사람이 더 많다. 우리는 성공한 사람에 대한 찬사와 보상도 필요하지만 실패한 사람에 대한 격려와 긍정적인 피드백이 더 소중하고 가치 있다는 것을 알아야 한다. 그들에게 실패자라는 꼬리표를 달기보다 믿음과 격려가 가득한 긍정적인 관심과 피드백을 제공해주게 되면 목표를 선명하게 다시 만들어 새롭게 도전을 할 것이고 그 도전을 통하여 원하는 성취를 실현시키게 될 것이다.

올림픽은 20일 정도의 기간 안에서 이루어지는 짧은 시합이지만 우리의 삶은 평생 동안 치러야 하는 시합이기 때문에 너무 결과에만 집착하는 편협되고 왜곡된 관점과 태도를 지양하고 유연한 수용성과 긍정적인 피드백을 통해 더 나은 선택을 할 수 있는 우리의 관점과 태도를 만드는 것이 필요하다.

PART 7
에너지

●

우리가 간절히 원하는 것이 돈이든 사랑이든
성공이든 NCR적인 에너지를 만들기만 한다면
반드시 CR적인 성취를 가능하게 해주는 것이
멘탈이 가진 초능력적인 힘이다.

NCR의 체제

'누군가 할 수 있다면 다른 사람도 할 수 있다'라는 말은 누군가에게는 절대적인 진리일 수 있지만 다른 누군가에게는 그것이 절대적인 진리가 아닐 수도 있다.

일상적 실재인 CR의 세계에서 관찰하는 성공한 모델이 가진 핵심적인 성공 요인들을 그대로 모델링하는데도 사람들마다 다른 성취 결과를 얻게 되는 것은 그들이 서로 다른 정신적인 체제 속에서 살아가고 있기 때문이다. 현실 속에서 자신과 다른 물질적 성취를 이룩한 성공한 사람을 모델링하여 그와 같은 결과를 얻기 위해서는 성공한 사람과 자신의 비일상적 실재인 NCR의 체제에서 정신적인 일치가 먼저 이루어져야 한다.

모델링의 효과는 성공한 모델에 대한 NCR적인 믿음의 체제를 일치시키고 유지하는 사람에게만 유효할 뿐 성공한 모델의 NCR적 믿음의 체제 안에 있지 않는 사람에게는 나타나지 않는다.

많은 사람들이 성공한 사람을 모델링 하지만 모두가 성공한 사람과 같은 성취의 결과를 얻지 못하는 이유가 NCR의 불일치로 인하여 모델링이 누구에게나 절대적으로 유효하지 않기 때문이다.

먼저 모델의 성공에 대한 같은 NCR적 체제 안에서 일치시키기를 한 후에 자신의 NCR적인 정신적 과정과 CR적인 물리적 과정을 연결할 수 있을 때 완전한 모델링 효과를 얻을 수가 있게 된다.

누구나 모델링을 통해 자신의 성취를 이루고 싶어 하지만 누군가에게 일어났던 성취가 어느 누구에게나 동시적이고 절대적으로 일어나지 않는다는 사실이다. 서로 같은 체제 속에 있지 않다면 절대적이거나 객관적인 모델링 효과가 일어나지 않는다.

그래서 모델링의 효과가 절대적인 것이 아니라 상대적인 개념으로 이해할 수 있는 것이며 서로의 다른 지각에 의해 전혀 다른 결과를 얻게 된다. 결국 우리의 비일상적 실재인 NCR의 차이에 따라 일상적 실재인 CR의 세계에서 얻을 수 있는 모델링의 성과가 달라질 수밖에 없다.

우리가 원하는 성공에 대한 결과는 CR과 NCR의 연결과 혼합에 의해 이루어지며 성취의 시작은 NCR의 정신적인 체제에 근거하고 있다. 그래서 성공한 모델과 똑같은 NCR의 체제를 가진 누군가에게는 성공이 사실일 수 있지만 성공한 모델과 같은 NCR의 체제에 있지 않는 누군가에게는 성공은 사실이 아닐 수도 있는 것이다.

다른 NCR의 체제에 있는 사람에게는 CR의 감각에서만 그것을 판단하기 때문에 성공한 모델의 NCR은 '실재'가 되지 못한다.

그래서 모델이 가진 NCR의 체제와 일치되지 못한 상태에서는 CR

적인 변화와 성취를 온전히 얻는 것이 어려워진다. 이처럼 그 어떠한 모델링도 모델과 다른 체제의 NCR에서는 현실적이고 완전한 성취를 할 수 없다.

사람들이 성공모델과 전혀 다른 자신의 NCR적 체제를 가지고 성공모델과 같은 성과를 얻으려 하기 때문에 가속 학습의 모델링 효과를 얻지 못하거나 작은 성취에 만족해야만 하는 것이다.

우리는 살아가면서 위대한 업적을 이룬 사람이나 성공한 사람의 성과를 자신의 삶에서도 이루기 위해 모델링을 하게 된다. 그러한 모델링을 통해 본인이 얻고자 하는 성취를 이루는 경우가 많다. 모델링은 모델의 성공 핵심을 그대로 모방하는 가속 학습이기 때문에 빠른 결과를 정확하게 얻을 수가 있다.

이와 같이 성장과정에서 대부분의 학습과 경험은 모델의 우수성과 탁월성에 대한 모델링에 의해 이루어지며 완전한 모델링은 우리의 삶에서 불필요한 시행착오를 줄이고 필요 없는 정보간섭을 차단하여 가속 학습의 효과를 더 많이 얻게 해준다.

자신의 NCR적 체제를 성공한 모델과 일치시킬 수 있는 소수의 사람들만이 성공한 사람의 핵심 요인을 모델링하여 자신의 완전한 성취를 이룰 수 있게 된다.

선형성과 비선형성

 뉴턴의 운동 제1법칙인 관성의 법칙은 물체가 현재의 상태를 유지하려는 성질에 대한 이론이다. 예를 들어 차가 출발할 때의 속도가 0에서 100km로 올라갈 때 몸이 뒤로 젖혀져 시트에 등이 기대어지고 100km로 달리던 차가 갑자기 브레이크를 밟을 때 안전벨트 앞쪽으로 몸이 기우는 관성의 힘을 느끼게 될 때 속도의 변화를 체험하게 된다.

 뉴턴의 운동법칙에서는 '힘 = 질량 × 가속도'의 공식이 성립한다. 만약에 일정한 속도로 달리고 있는 차의 뒷좌석에 앉아있을 때 밖을 보지 않는다면 우리는 순간적으로 차가 달리고 있는 속도를 느끼지 못하게 된다. 즉, 일정하게 달리는 차의 속도를 가속하거나 감속하기 전에는 속도의 변화를 느낄 수가 없는 것이다.

 이것은 차가 일정한 속도로 달리는 상태에서 외부 자극을 차단하게 되면 차에 탄 사람은 속도의 변화와 방향에 대한 감각이 둔감해져 일시적으로 차가 달리고 있다는 사실을 잊어버리기 때문이다.

마찬가지로 우리의 삶도 일상적 실재인 CR적인 선형성 위에서 일정한 속도와 패턴으로 앞을 향해 전진하게 되면 잠재된 자신의 NCR적인 비선형성의 자원과 에너지를 알아차리지 못하고 다람쥐 쳇바퀴 도는 것과 같은 습관의 순환고리에 중독된 채로 변화가 없는 평범한 삶을 살아갈 수밖에 없다.

 다람쥐 쳇바퀴 도는 것과 같은 평범한 일상이 반복되는 CR의 선형성에 중독된 삶은 새로운 자극과 에너지를 일으키지 못하고 새로운 자극과 에너지가 없는 삶은 어떠한 변화와 성취도 일으키지 못하는 중독된 습관의 순환고리에 갇히게 된다. 우리의 생활패턴은 수많은 반복적 경험이 쌓여 일정한 삶의 속도를 만들기 때문에 이 속도를 빨리하거나 늦추지 않고서는 삶의 변화를 일으키는 새로운 자극과 에너지가 생기지 않는다.

 그래서 우리는 가끔씩 삶의 속도를 늦추는 명상과 휴식, 독서, 운동을 통해 새로운 자극과 에너지를 충전하기도 한다.

그리고 삶의 속도를 빠르게 하기 위해 자신의 일에 모든 열정을 불태우며 더 많은 에너지를 생성시킨다. 만약 우리의 삶에서 속도의 변화를 알아차리고 방향을 변화시키는 힘을 활용하는 원리와 기법을 알고 그것을 실천한다면 보다 큰 삶의 변화와 성취를 이룰 수 있게 될 것이다.

 물체의 속도를 변화시키기 위해서는 힘이 필요한 것처럼 우리의 삶에서 속도와 방향을 변화시키는 힘이 되는 멘탈의 원리와 사용방법을 알아야 한다. 우리가 운전하는 삶이라는 차의 속도를 조절하고 방향을 바꾸기 위해서는 새로운 선택과 힘이 필요하다.

　많은 사람들이 삶의 속도를 변화시키기 어려운 일상적 실재인 CR의 선형성 위를 달리는 생활패턴에 중독된 삶을 살아가고 있다. CR의 선형적인 속도와 방향이 우리의 삶을 안정적으로 유지시켜 주고 일관성을 갖게 해주는 긍정적인 기능을 가지고 있지만 완전히 중독된 선형적인 삶이 관성을 가지게 되면 새로운 변화에 저항하며 기존의 삶의 속도를 유지하려는 강력한 힘을 가지게 된다.

　이러한 관성의 지배를 받는 선형적인 삶은 새로운 실험정신과 변화를 거부하는 항상성을 유지하려 하기 때문에 뜨거운 열정과 설레임을 잃어버리게 만든다.

　새로운 삶의 변화와 성취를 위해서 우리는 가끔 CR의 선형적인 삶의 패턴에서 벗어나 NCR의 비선형적인 세계의 자원을 만날 수 있는 일상에서의 탈출이 필요하다. 일상에서의 선형성을 벗어나는 탈출을 통해 잠재된 NCR의 비선형적인 힘을 사용할 수 있게 되면서 삶의 속도와 방향을 지각하고 그것을 통제할 수 있게 된다.

마음의 블랙홀

　미국의 천문학자 허블의 관측에 의하면 우리가 알고 있는 우주는 대폭발과 함께 시작되었으며 중력이 우주를 다시 수축시킬 때까지 확장을 하게 된다는 것이다.
　이렇게 확장하는 우주의 비밀과 궁금증에 대한 해답을 얻게 해주는 것이 '빅뱅이론'이다. 대폭발과 함께 에너지가 완전히 펼쳐지게 되면 우주는 확장이 끝나고 반대로 중력에 의해 다시 줄어드는 수축이 일어나게 되면서 우주의 모든 별들과 물질의 밀도가 높아지고 응축된다는 이론이다.
　이와 같이 모든 것을 끌어당기는 중력의 힘이 우주의 밀도를 아주 강하게 응축시켜 빛의 광자를 비롯한 모든 에너지를 끌어당겨 큰 물체가 보이지 않게 되는 현상을 '블랙홀'이라고 한다.
　우리가 일상적 실재인 CR의 세계에서 어떤 물체를 눈으로 확인하기 위해서는 그 물체가 스스로 빛을 내거나 물체에서 반사되는 빛이 있어야 하는데 중력이 너무 크고 강하여 빛이 물체로부터 벗어날 수 없게 되면 그 빛은 물체에 갇히게 되고 물체는 우리가 볼 수 없는 블랙홀이 되는 것이다.

우주에 강한 중력으로 모든 것을 빨아들이는 블랙홀이 존재하듯이 우리 마음에도 강력한 블랙홀이 존재하고 있다. 우리의 마음이 마치 우주를 축소시켜 놓은 것과 같다고 하여 마음을 흔히 '소우주'라고 부르기도 한다.

우주의 블랙홀과 같이 끌어당기는 중력에 의해 밖으로 벗어나지 못하고 구속되게 만드는 심리적인 블랙홀이 우리 마음에도 존재하고 있다. 심리적인 블랙홀은 NCR적으로 존재하기 때문에 우리 눈으로 볼 수는 없지만 대부분의 사람들이 적어도 한 가지 이상의 블랙홀을 가지고 살아간다.

우리는 살아오면서 부정적인 학습과 경험, 충격적인 사건 등을 겪으면서 부정적인 자극과 정보에 민감하게 반응하고 자신의 심리적인 상태를 수축시킨다. 이 수축된 심리가 바로 우리 마음의 블랙홀이 되어 부정적인 감정과 기억들을 억압하거나 상태를 무기력하게 만들기도 하고 심리적인 문제를 일으키기도 한다.

우리는 다른 사람들과의 인간관계에서 강력한 부정적인 감정과 정서를 경험할 때 그것이 해소되지 못하면 마음 깊은 곳에 뿌리를 내려 부정적인 격렬한 체험의 순간들이 하위 양식을 구성하여 밖으로 나가지 못하고 응축된 상태로 억압된다. 이것이 심리적인 콤플렉스가 되고 트라우마가 되어 한 개인의 삶에서 평생을 따라다니면서 자기를 제한하는 블랙홀이 되는 것이다.

우리는 모두가 CR적으로는 드러나지 않지만 마음속에 존재하는 하나 이상의 블랙홀을 가지고 살아간다. 이 블랙홀은 강력한 끌어당김의 힘인 중력의 작용과 같이 모든 경험과 인간관계에서 자신의 존재를 부정적으로 왜곡시키거나 축소시키고 모든 긍정의 자원과 에너지를 부정의 블랙홀에 가두어버린다.

만약에 어릴 때의 성장환경과 경험, 인간관계가 어둡고 부정적인 기억을 많이 가지게 되면 모든 것을 부정적으로 빨아들이는 심각한 부정적인 블랙홀을 갖게 된다. 특히 반복적인 비난과 꾸중, 학대와 체벌, 충격적인 경험, 우울 정서 등의 부정적인 경험이 누적되면 자신의 생각과 감정이 밖으로 표출되지 못하고 빛을 잃은 상태에서 외부와의 그 어떤 연결도 만들지 못하게 되어 부정적인 블랙홀을 만들게 되는 것이다.

우리가 가진 심리적인 문제나 마음의 병은 대부분 부정적인 학습과 경험, 피드백이 누적되면서 부정적인 프로그래밍에 의해 마음의 블랙홀이 존재하기 때문에 생긴다. 마음에 부정적인 블랙홀을 가지게 되면 우리의 창의성과 영감, 긍정적인 사고, 성공 신념 등을 거부하고 부정적인 자극과 정보를 우선적으로 빨아들여 부정적이고 무기력한 상태를 만들어 그 속에 자신을 가두어버린다.

블랙홀의 끌어당기는 중력이 마음에 깊게 자리 잡으면 우리의 자유의지로 블랙홀에서 벗어나기 힘들며 오히려 그 속에 갇혀있는 상태를 더 편안하게 느끼는 부정에 중독된 안전지대를 만들게 된다. 우리는 모두가 자신만의 고유한 블랙홀을 가지고 있으며 이것은 하위 양식과 마음의 지도로 이해할 수 있다.

 부정적인 마음의 상태를 바꾸기 위해서는 하위 양식에 들어가서 세부 감각을 바꾸어야 하며 하위 양식을 바꾸는 작업이 곧 마음의 블랙홀을 바꾸는 작업이다. 우리가 마음의 블랙홀 안으로 들어가기만 한다면 자신의 블랙홀을 얼마든지 원하는 긍정적인 상태로 바꿀 수가 있게 된다.

 우리를 제한하고 고통스럽게 하는 블랙홀에서 끌어당기는 강력한 힘으로부터 벗어나기 위해서는 먼저 블랙홀에 들어갈 수 있는 방법을 알아야 한다. 마음의 블랙홀에 들어가는 방법은 여러 가지가 있으며 스토리텔링, 꿈, 상상, 최면, 멘탈트레이닝, 트랜스, 명상 등 다양한 방법을 통해 접근이 가능하다. 블랙홀을 알아차리고 접촉할 수 있을 때 원하는 변화를 시작할 수 있게 된다.

 블랙홀의 끌어당기는 힘을 약화시키고 자신의 상태를 긍정적으로 변화시키기 위해서는 세 가지 과정이 필요하다.

 첫째, 마음의 블랙홀을 확인해야 한다. 자신의 삶에서 가져야 할 설레임과 흥미를 잃게 만드는 원인을 찾아야 하는 것이다.
세상의 모든 자원을 어둡게 만들고 밝은 빛과 차단시키며 자신의 가치와 존재 이유를 드러나지 못하게 하는 자기 내면의 심리적인 문제가 무엇인지를 확인해야 한다. 문제를 해결하기 위해서는 문제가 무엇인가를 먼저 알아야 하며 문제를 확인할 수 있을 때 문제를 해결하기 위한 답을 찾을 수 있다.

 둘째, 블랙홀을 관찰해야 한다. 자기 내면의 블랙홀을 회피하지 않고 정면으로 관찰하여 탐구하면서 블랙홀을 직접 느껴보는 것이 중요하다. 자신의 블랙홀이 어떻게 작동되고 있는지를 알고 그것이 어떤 문제와 장애를 일으키고 있는지 관찰하여 그 느낌을 가져보아야 블랙홀을 극복할 수 있는 능력을 갖게 된다.

셋째, 블랙홀의 핵심으로 들어가야 한다. 블랙홀의 핵심을 시각화하고 말로 표출하며 블랙홀의 본질을 접촉하여 블랙홀에 자신이 어떤 반응을 했는지 살펴보는 것이 필요하다. 그래서 스스로의 삶에서 블랙홀을 벗어났을 때 어떻게 긍정적으로 변화할 수 있는지의 답을 얻기 위해 스스로에게 질문하여야 한다. 그 답은 원래 자기 안에 있는 것이기 때문에 스스로 그 답을 찾을 수 있다.

누구나 마음속에 블랙홀을 하나 이상은 가지고 살아가지만 이 블랙홀이 더 이상 우리의 삶을 제한하는 걸림돌이 되지 않게 하는 더 나은 선택은 우리의 몫이다.

마음의 경계

 우리는 나 자신에 대한 두 가지 경계를 가지고 자신의 존재와 정체성을 만들게 되며 이 경계와 정체성에 따라 나 자신의 모든 경험과 기억이 달라진다. 우리가 살아가면서 경험하는 모든 것이 자신의 경계에 의해 영향을 받고 있으며 두 가지 경계의 연결 상태에 따라 전혀 다른 경험과 삶의 결과를 얻게 된다.

 첫 번째 경계는 '나 자신'이라고 생각하는 협의적인 관점에서 보는 '나'의 존재와 정체성이 만들어내는 경계이다. 이 정체성은 자기 자신을 어떻게 생각하느냐 하는 자기 개념과 비슷한 것이며 이 정체성이 건강하고 긍정적일 때 자신감과 자존심, 자부심, 자긍심이 높아진다. 첫 번째 경계가 어떠한 것인가에 따라 삶의 성취결과가 긍정적이 되기도 하고 부정적이 되기도 하며 첫 번째 블랙홀을 만드는 경계가 된다.

 두 번째 경계는 다른 사물과 사람들을 자신의 마음으로 비추어 투사하는 광의적인 관점의 '나'라고 하는 정체성이 만들어내는 경계이다. 우리가 보는 세상은 실제 세상이 아니라 우리의 마음이 비춘 허상인 거울이라고 할 수 있다. 이 마음이 비추는 거울의 경계가 어떤 정체성을 만드느냐에 따라 세상의 자원과 에너지가 선택되어지고 그와 관련된 창조와 성취결과를 얻게 된다.

이것이 두 번째 블랙홀을 만드는 경계가 된다. 자신의 정체성이 어떤 경계와 연결되어 있느냐에 따라 우리의 경험이 바뀌고 삶의 성취결과도 달라지게 되는 것이다.

만약 우리의 삶에서 첫 번째 '나'에 대한 경계를 가진 정체성과의 연결만을 짓게 되면 두 번째 '나'에 대한 수많은 자원들과는 단절을 겪거나 멀어지게 되면서 세상과의 부분적인 연결과 소통밖에 할 수 없는 상태가 된다. 이런 연결 상태에서는 첫 번째 나 자신에 대한 경계에 구속되어 그 외에 다른 모든 경험에 대해서는 낯설고 불편하게 받아들여 공격적으로 저항하거나 부정적으로 왜곡시켜 편협적인 관점으로 엉뚱한 반응을 하기도 한다.

우리가 첫 번째 나의 경계를 극복하지 못하면 외부의 다른 모든 자원과의 연결이 단절되면서 자신의 경계를 좁히게 되고 더 심한 왜곡된 경계를 키우게 되는 것이다. 첫 번째 나의 경계를 벗어나 두 번째 경계에 있는 건강한 나를 발견하고 접촉할 수 있을 때 세상의 더 많은 외부의 자원들과 연결을 만들어 함께 할 수 있는 통합된 나 자신으로 변화하게 된다.

위치에너지

물리학적 관점에서의 에너지는 일을 하고 있거나 할 수 있는 능력이라고 정의할 수 있다. 일은 입자가 일정한 거리를 움직이는데 필요한 힘의 양으로 측정할 수 있으며 '에너지(일) = 힘(F) × 거리(D)'의 공식으로 성립된다.

예를 들어 10m 깊이의 우물에 도르래를 설치하여 두레박에 가득 담긴 물을 위로 퍼 올리기 위해 우물 바깥에서 힘(F)을 작용하면 두레박이 위로 움직인 거리(D)를 측정할 수 있다. 우물 밖에서 사용한 힘(F)이 두레박을 10m 깊이의 우물에서 위로 올리고 위로 이동한 거리(D)를 확인할 수 있는 것이다.

만약에 위로 올리던 두레박을 5m 높이에서 멈추었다면 이동한 거리(D)만큼 들어 올리는데 사용한 힘인 에너지의 양을 알 수 있게 된다. 이 상태에서 5m 높이에 두레박이 멈추게 되면 두레박은 숨겨진 에너지를 갖게 되는데 이 에너지는 우물 밖에서 끌어당긴 힘의 작용으로 두레박이 우물 아래에서 위로 이동한 거리만큼의 힘을 가지는 것이다.

　이때 5m 높이로 들어 올려진 두레박은 중력의 작용으로 커다란 에너지를 저장하게 되는데 이것을 '위치에너지'라고 한다. 이 위치에너지는 멈춘 두레박에 저장된 상태에서 사용되지 않고 숨겨져 있지만 언제든지 사용할 수 있는 에너지 상태로 존재한다.

　두레박이 우물에 있을 때는 에너지가 없는 상태를 유지하게 되지만 우물 밖에서 힘을 작용하여 5m 높이로 올렸을 때는 위치에너지를 얻게 되고 이 에너지는 우물 밖에서 얼마나 많은 에너지를 투입하여 두레박을 높이 올리는 가에 따라 달라지게 된다. 즉, 우물 바깥에서 투입한 에너지의 크기만큼 위로 높이 올라온 두레박은 위치에너지를 얻게 되는 것이다.

　두레박의 높이가 3m일 때와 5m일 때의 위치에너지가 달라지는 것이며 두레박이 가진 위치에너지는 우물 바깥에서 큰 힘을 사용하여 두레박을 더 높이 올릴수록 커진다. 만약에 5m 높이에서 정지되어 위치에너지 상태로 존재하는 두레박을 떨어뜨리면 저장된 에너지가 동적인 움직임으로 바뀌면서 운동에너지가 생기게 된다. 5m 높이로 올라와 있는 두레박은 우물 안에 있을 때의 평범한 두레박보다 더 큰 일을 할 수 있는 능력을 가지고 있다.

　위치에너지는 강한 펀치를 날리기 전에 주먹을 꽉 쥐고 팔을 잔뜩 움츠린 준비상태와 같은 것이다. 이 위치에너지의 준비상태에서는 아무런 파괴력을 가지고 있지 않지만 원한다면 언제든지 자신의 강펀치를 사용할 수 있는 에너지를 가지고 있는 것이다.

은행에 돈을 저축하여 통장잔고가 많은 것은 위치에너지를 많이 가지고 있는 것과 같다. 은행에 돈을 맡겨둔 상태에서는 아무것도 할 수 없지만 통장잔고가 많을수록 원하는 무엇인가를 할 수 있는 능력을 더 많이 가지기 때문이다.

이러한 위치에너지는 우리의 일상생활 속에서도 많이 찾아볼 수 있다. 우리는 모두가 서로 다른 사회적 서열을 갖고 있으며 서열에 맞는 위치에너지로 영향력을 행사하면서 살아간다. 자신이 가진 사회적 서열에 따라 자신의 위치에너지가 달라지며 일반적으로 사회적 서열이 높을수록 더 많은 위치에너지를 가지고 잠재적인 영향력을 행사하게 되는 것이다.

예를 들어 대통령이라는 사회적 서열이 갖는 위치에너지는 더 낮은 사회적 서열을 가진 사람들이 할 수 없는 잠재적 능력을 저장하고 있다. 대통령이 자신의 위치에너지를 직접 사용하든 사용하지 않든 상관없이 이미 위치에너지를 갖는 자체만으로도 영향력을 행사하는 능력을 가지게 된다.

사회적 서열에 의한 위치에너지는 부모, 스승, 종교지도자, CEO 등 다양한 분야에서 영향력을 행사할 수 있는 잠재력을 가진 사람들이 많이 가지고 있다. 모든 사회적 서열은 위치에너지를 갖고 있으며 성, 인종, 종교, 학력, 경제력, 신분 등과 같은 서열이 우리가 알아차리지 못하는 가운데 위치에너지를 가지고 다양한 형태로 영향력을 미치고 있는 것이다.

모두가 자신만의 위치에너지를 더 키우기 위하여 최선을 다하고 있지만 모두가 그 에너지를 저장할 수 있는 것은 아니다. 두레박이 위치에너지를 얻기 위해서는 외부에서 작용하는 힘이 필요하듯이 자신의 위치에너지를 많이 가지기 위해서는 노력이 필요하다.

자기계발을 위한 아무런 노력과 투자 없이 쉽게 성과를 얻고자 하는 요행심만으로 우리의 삶에서 위치에너지가 생기지 않으며 이러한 위치에너지를 크게 가지기 위해서 중요한 것이 바로 우물 밖에서 줄을 끌어당기는 힘을 키우는 것이다.

우물 속에 있는 평범한 두레박을 끌어올려 위치에너지와 운동에너지를 갖게 만들기 위해 끌어당기는 힘이 필요했던 것처럼 우리의 삶에서도 호기심과 실험정신을 가지고 끊임없는 공부와 자기계발을 통해 위치에너지를 더 키워야 한다.

자신이 하는 일에 모든 자원과 에너지의 초점을 일치시켜 최고 수준의 전문가가 되었을 때 강한 위치에너지를 갖게 되어 성공이라는 결실을 얻게 된다. 공부든 사업이든 어떤 분야에서든 자신의 위치에너지에 따라 성취능력이 결정되는 것이다.

에너지 보존의 법칙

 높은 건물 위에서 손에 잡고 있는 벽돌을 떨어뜨리면 아래로 빠르게 떨어진다. 손에 벽돌을 잡고 있는 상태에서 떨어뜨리기 전에는 위치에너지를 저장하고 있지만 벽돌을 놓는 순간 떨어지면서 운동에너지로 바뀌게 된다.
 벽돌이 위치에너지에서 운동에너지로 바뀌게 되면서 바닥에 떨어졌을 때 부딪히는 물체에 충격을 가하거나 파괴력을 가지기도 하고 더 강한 물체에 부딪히면서 스스로 깨어지기도 한다. 아래로 떨어지면서 속도가 증가하여 바닥에 닿을 때는 강력한 운동에너지가 바닥과 충돌하게 되어 스스로 파괴되든지 다른 물체를 파괴시켜 주변 환경에 일정한 영향을 미치게 되는 것이다.
 벽돌이 높은 건물 위에서 강한 위치에너지를 저장하고 있을 때 떨어지면서 살아있는 힘인 더 강력한 운동에너지의 활력상태를 얻을 수 있게 된다. 강한 위치에너지 상태의 벽돌이 아래로 떨어지고 있을 때 운동에너지로 전환되며 이때 벽돌은 '에너지 보존의 법칙'

의 지배를 받아 에너지의 형태가 변화하게 된다.

　에너지 보존의 법칙은 자연의 모든 세계에 적용되는 규칙으로서 에너지의 형태가 바뀌어도 에너지의 총합은 변하지 않는다는 법칙이다. 높은 건물 위에서는 벽돌이 위치에너지 상태이지만 아래로 떨어지면서 속도가 증가하여 운동에너지로 전환되는 과정에서 형태만 바뀌었을 뿐 총에너지는 변화하지 않는다는 이론이다.

　벽돌이 떨어지면서 위치에너지로 저장된 힘이 운동에너지로 전환되어 변형된 것일 뿐 에너지의 총합은 변하지 않는 것이다.
벽돌이 땅에 완전히 떨어졌을 때 운동에너지는 표면적으로 없어진 것처럼 보이지만 에너지 보존의 법칙에 의해 에너지는 사라진 것이 아니라 땅이나 물체, 공기 등으로 옮겨져 다른 형태의 에너지로 바뀌어 주변에 변화를 일으키고 저장된다. 어떤 에너지든 환경에 따라 형태를 전환할 뿐 에너지 자체가 완전히 사라지는 것이 아니고 다른 형태로 존재하는 것이다.

　우리의 모든 생각과 움직임에는 에너지가 있으며 우리는 이 에너지를 변형시켜 자신과 다른 사람의 변화와 성장자원으로 활용될 수 있다. 우리의 비일상적 실재의 NCR적 에너지인 생각과 상상은 시간이 지나서 사라지거나 소멸되는 것이 아니라 다른 NCR의 형태로 저장되거나 일상적 실재인 CR적 에너지로 변형되어 원하는 현실적인 변화와 성취를 이루게 해주는 에너지로 보존된다.

　그래서 생각을 에너지라고 하는 것이다. 우리 모두는 자신 안에 서로 다른 형태의 CR과 NCR적인 세계를 가지고 있으며 자신만의 위치에너지와 운동에너지를 함께 가지고 있다. 자기 안에 있는 에너지가 어떤 환경에서 어떤 형태로 변형되든 에너지 보존의 법칙에 의해 에너지는 사라지지 않고 변형되어 존재한다.

우리의 삶에서 에너지 보존의 법칙은 영적이고 비일상적 실재인 NCR의 감각에서 시작된다고 볼 수 있다. NCR적인 선명한 생각과 상상은 특정한 에너지를 가지고 있기 때문에 그 내용이 어떤 것이든 위치에너지와 운동에너지를 가지게 되어 성취를 이루는 에너지 형태로 존재하게 된다.

예를 들어 CR적 세계에서 누군가가 무기력한 상태를 보인다면 그 상태는 에너지가 완전히 사라진 것이 아니라 자신의 에너지를 만나지 못하는 단절상태로 존재하고 있다고 보는 것이다.

에너지 보존의 법칙으로 보면 어느 누구도 에너지가 없는 사람은 없다. 자기 안에 에너지가 보존되어 있지만 자신의 위치에너지와 운동에너지 상태를 활성화시킬 수 있는 멘탈능력이 부족한 상태에 있을 뿐이다. 에너지는 사라질 수 없기 때문에 어딘가에 존재해야 하는데 그 에너지는 모두 자기 안에 저장되어 있으며 그 에너지를 접촉하지 못하고 활용할 수 없는 상태에 머물러 있는 것이다.

태양이 구름 뒤에 가려져 보이지 않는다고 태양이 소멸된 것이 아니듯이 무기력한 사람의 경우 현재 부정적인 상태 때문에 자신의 에너지가 가려져 있을 뿐 에너지가 없는 것은 아니다.

우리가 에너지를 볼 수 없게 가리고 있는 마음의 장애물이 존재할 뿐 에너지 자체가 없는 사람은 존재하지 않는다.

긍정적인 생각과 상상을 반복하게 되면 우리는 NCR적인 위치에너지와 운동에너지를 얻게 되며 그 에너지가 어떤 형태로든 긍정적인 변화와 성취의 결과를 창조한다. 만약에 돈을 많이 벌고 싶은 사람이 있다면 돈을 많이 벌기 위한 NCR의 세계에서 구체적이고 선명한 목표를 세워 자신의 생각과 말, 행동을 일치시키면 놀라운 위치에너지가 만들어지고 그 위치에너지가 운동에너지로 변형되어 현실에서 돈이라는 CR적인 성취를 이루게 해준다.

마음에서 선명하게 만들어진 위치에너지는 에너지 보존의 법칙에 의해 어떤 형태로든 현실적인 성취를 이루게 된다. 우리가 간절히 원하는 것에 대해 NCR적인 에너지를 강하게 만들기만 한다면 반드시 CR적인 성취를 가능하게 해주는 것이 에너지 보존의 법칙으로 보는 멘탈이 가진 초능력적인 성취의 힘이다.

멘탈탐색

인간은 감각을 통해 세상과 소통하고 경험한다. 감각을 통한 신경계통의 작용으로 자신만의 내적 표상을 만들어 생략, 왜곡, 일반화된 마음의 지도를 가지고 살아가는 감각적 존재이다.

자신의 감각 중에서 특정 감각에 초점을 맞추게 되면서 더 많이 우선적으로 사용하는 감각을 가지게 되는 것을 선호표상체계라고 한다. 사람들마다 자신의 타고난 유전적 성향을 바탕으로 저마다 다른 학습과 경험에 의해 형성된 하위 양식과 기억 체계가 다르기 때문에 자신만의 특정한 선호표상체계를 가지게 된다.

자신의 선호표상체계를 객관적인 관점에서 관찰해보면 특정 감각에 초점이 맞추어져 표상이 만들어짐으로써 다른 감각의 표상이 약해지거나 차단되어 있는 것을 알아차릴 수가 있다.

다른 사람도 마찬가지로 자신만의 고유한 특정 선호표상체계를 가지고 있기 때문에 자기 자신의 선호표상체계를 이해한다는 것은 다른 사람의 선호표상체계를 이해하고 소통하는 유용한 도구와 수단이 될 수 있는 것이다.

상대가 특정 선호표상체계를 가지고 있다면 상대의 선호표상체계에 맞는 언어를 많이 사용함으로써 상대에게 먼저 맞추어주기를 통해 라포를 형성하여 원하는 이끌기를 할 수 있는 능력을 가질 수 있게 된다. 예를 들어 자동차를 판매하는 세일즈맨이 고객의 선호표상체계를 파악하여 그 체계에 일치시킬 수 있는 능력을 가지게 되면 고객의 구매 욕구를 더 강하게 자극하여 계약을 성사시킬 가능성이 높아진다.

만약에 고객이 시각적인 선호표상체계를 가지고 있다면 세일즈맨이 자동차의 디자인, 색상, 크기, 이미지 등의 우수성을 강조함으로써 선호표상체계를 일치시키고 라포를 형성하여 고객의 구매 욕구를 더 강하게 자극하게 되어 구매 가능성을 높일 수 있다.

고객이 청각적인 선호표상체계를 가지고 있다면 자동차의 엔진 소음, 달릴 때의 풍절음, 오디오, 실내 정숙성의 우수함을 강조하는 것이 고객의 마음을 사로잡는데 도움이 된다.

고객이 신체 감각적인 선호표상체계를 가지고 있다면 시트의 속감, 승차감, 핸들의 감촉, 안락함 등의 우수성을 부각시키고 강조함으로써 구매 가능성을 더 높일 수 있다.

물론 자동차 회사에서 자동차를 개발할 때부터 소비자의 오감적인 선호표상체계를 모두 충족시켜 줄 수 있도록 만들지만 세일즈맨이 고객의 선호표상체계를 알아차리고 맞추어 줄 수 있다면 고객의 마음을 사로잡을 수 있는 공감 능력으로 라포를 형성하여 구매 가능성을 더 높일 수가 있게 된다.

　일상생활 속에서 선호표상체계를 잘 이해하고 활용하는 것만으로도 다양한 인간관계나 코칭, 상담, 영업활동에서 원하는 성과를 얻는데 큰 도움을 받을 수가 있다.

　중요한 것은 자신의 선호표상체계를 객관적으로 관찰하여 균형을 잃은 자신의 표상체계를 유연하게 바꾸는 훈련을 하는 것이다. 특정 선호표상체계에 맞추어진 자신의 초점과 관점에 의해 세상의 한 부분만 접촉하는 편향된 표상체계에 대하여 경계를 확장할 수 있는 초점의 전환이 필요하다. 표상체계를 균형 있고 유연하게 바꾸는 훈련이 필요한 이유는 다른 사람과의 원만한 소통을 위한 라포형성의 도구이기 때문이다.

　자신의 선호표상체계가 심하게 왜곡되고 일반화되어 있다면 다른 사람의 선호표상체계를 객관적으로 접촉하는데 방해를 받게 된다. 만약에 자신의 선호표상체계가 심하게 편향된 시각형이라면 다른 사람의 청각적 선호표상체계에 대해서 자신이 가진 시각적 표상으로만 이해하고 반응함으로써 다른 사람과의 소통에 걸림돌이 될 수도 있다.

　자신의 편향된 선호표상체계의 경계를 확장하고 좀 더 객관적인 표상체계를 가질 수 있을 때 이전의 경험과 기억에서 느끼지 못했던 감각을 새롭게 경험할 수 있게 된다. 선호표상체계를 학습하는 것은 옳고 틀림의 문제를 찾기 위한 것이 아니라 자신과 다른 사람을 이해하고 소통하는 유용한 소통의 도구인 표상체계를 좀 더 긍정적으로 활용하기 위해서이다.

  매일 아침 자신의 표상체계를 바꾸는 멘탈트레이닝을 통해 자신의 표상체계를 통합성을 가진 상태로 바꾸는 멘탈훈련이 필요하다. 먼저 다른 사람의 방해를 받지 않는 조용하고 편안한 자리를 잡고 다음과 같이 멘탈트레이닝을 실시하면 된다.

  첫째, 아침에 깨어났을 때 제일 먼저 어떤 선호표상을 갖게 되는지를 느끼고 기록한다. 그것이 시각, 청각, 신체감각 중에서 어떤 감각인지를 알아차리는 것이 중요하기 때문이다.

  둘째, 아침에 깨어났을 때 초점이 모아졌던 감각을 먼저 접촉하고 그 감각을 다른 감각으로 바꾸어 다른 관점에서의 느낌을 체험해 보고 그것을 기록한다. 예를 들어 아침에 눈을 떴을 때 제일 먼저 사과에 대한 시각적인 이미지가 떠올랐다면 이 시각적인 이미지를 사과를 씹을 때의 소리, 향기, 맛, 몸의 반응 등으로 초점을 전환하여 다르게 경험해 본다. 이렇게 되면 시각적 선호표상체계로만 접촉했던 사과의 처음 느낌과는 전혀 다른 전체성과 통합성을 가진 사과를 만나게 된다.

  이러한 표상체계의 전환 훈련을 자신의 사명이나 꿈, 목표, 공부, 일, 영업, 인간관계 등에서 활용한다면 감각의 수용성과 민감성이 발달되어 자신의 성취 자원을 증폭시키는 능력을 갖게 해주고 다른 사람과의 소통과 라포 능력을 향상시켜준다. 1차적 선호표상체계를 전환하여 2차, 3차 표상체계를 함께 사용함으로써 더 많은 자신의 자원과 에너지를 접촉할 수 있게 되기 때문이다.

셋째, 자신의 통합된 전체성의 경험을 기록했다면 그것을 바탕으로 다른 감각을 사용하는 반복적인 훈련이 필요하며 통합적 감각에 대해 느끼고 말하고 행동하기 등을 통해 감각의 유연성과 전체성을 더 강화시킨다.

넷째, 멘탈트레이닝을 통해 전체성을 가진 감각 경험을 자신의 변화가 필요한 다른 과거의 경험이나 현재와 미래의 감각에 연결하여 강력한 에너지로 사용할 수 있는 상태를 만든다.

다섯째, 모든 경험에는 자신이 원하는 성취를 실현시켜주는 에너지가 있으며 자신의 감각을 바꿈으로써 얼마든지 자신과 다른 사람들을 바꿀 수가 있다는 믿음을 가지고 그것을 실행한다.

이와 같이 멘탈트레이닝을 통해 자신의 표상체계에 대한 통합성을 활용하여 감각 체계를 바꾸게 되면 과거와 현재, 미래의 모든 경험과 기억의 느낌이 달라지게 된다. 결국 표상체계를 바꾼다는 것은 감각의 유연성과 전체성의 균형을 바꾸어 우리의 경험과 기억을 함께 바꾸는 것과 같은 것이다.

인간 중심

　인간은 진화과정에서 경험한 모든 기억들을 체계적으로 정리하여 특정한 형식을 만들고 제도화시켜 시행착오를 최대한 줄이려는 노력을 끊임없이 해왔다.

　그래서 종교, 정치, 사회, 학교, 가정 등 모든 영역에서 과거의 학습과 경험을 통한 기억이 체계화되어 이론으로 굳어지고 제도화되면서 거대한 관성의 힘을 가지게 되었다. 의학과 심리학 분야에서도 기존의 고정된 학문적 이론이나 의학적 진단명에 절대적인 확신을 가지고 공통적인 상담과 처방을 하는 경우가 많아졌다.

　이러한 고정된 진단명은 다양한 사람들이 가진 차이를 무시하고 획일적이고 일방 통행적으로 사람을 치료하는 과정에서 심각한 오류와 시행착오를 겪을 수밖에 없다. 그러한 고정된 이론이나 체계를 학습시키는 과정을 만들고 그 과정에서 자격증을 부여하여 권위를 인정하는 사회적인 체계가 구조화되면서 치료과정도 점점 발전적으로 제도화하게 되었다.

상담과 치료과정이 제도화된 틀 속에 갇히게 되면서 유연성을 상실하여 경직되고 고정된 틀만을 고집하는 부작용이 생기게 된 것이다. 이러한 고정된 사고와 태도가 강하게 형성되면 개인에게 맞는 더 나은 선택을 할 수 있는 최적의 상담과 치료를 위한 유연성이 부족해지기 쉬워진다.

내담자 중심의 상담으로 유명한 칼 로저스는 이처럼 틀에 짜인 교육과 상담, 치료를 거부하고 자격증, 인증서 등의 특별한 형식이나 제도에 반대하였다. 당대 최고의 최면전문가인 밀턴 에릭슨도 칼 로저스와 마찬가지로 특정한 이론에 얽매여 경직되거나 배타적인 형식이나 틀에 구속되는 상담과 치료를 거부하며 내담자 중심의 상담과 치료를 강조했다.

두 사람은 특정한 학파나 경직된 이론, 제도, 조직을 거부하고 오로지 내담자에게 맞는 새로운 이론과 형식을 만들어야 한다고 주장했으며 사람을 이론에 맞추기보다 사람을 우선하는 상담과 치료를 강조했던 공통점이 있다. 로저스와 에릭슨은 의사만이 인간의 정신에 대한 치료와 연구를 할 수 있었던 기존의 제도와 투쟁하며 그러한 체제를 무시하고 일반인도 누구나 상담과 치료를 할 수 있는 길을 여는데 큰 역할을 하게 되었다.

일상생활 속에서 우리는 주변 사람들의 진심 어린 공감과 격려만으로도 마음과 몸 상태가 긍정적으로 바뀌게 되는 경험을 해보았을 것이다. 예를 들어 부모의 충고나 스승의 가르침, 친구의 공감과 격려는 일정한 형식이나 전문적인 치료기법을 사용하는 것이 아니지만 우리의 정신적인 상태를 긍정적으로 변화시키거나 특정한 심리적인 치료효과를 얻게 해준다. 이것은 우리 정신에 대한 상담이나 치료효과가 전문적인 지식의 양이나 깊이를 가진 형식적인 만남보다 인간적인 관계가 더 큰 영향력을 미치게 된다는 것을 증명하고 있는 것이다.

중요한 것은 전문가가 아닌 일반인도 진심 어린 마음과 라포가 형성되기만 한다면 얼마든지 훌륭한 상담자의 역할을 하거나 치료적인 성과를 얻을 수가 있다는 사실이다. 우리의 심리와 멘탈에 대한 조력이 반드시 전문적인 훈련을 통해 자격을 취득했다고 해서 더 나은 성과를 얻는 것은 아니며 전문적인 훈련을 받지 않았다고 해서 더 나은 성과를 얻지 못하는 것도 아니다.

우리는 수많은 사람들과의 인간관계 속에서 다양한 연결을 짓고 살아가지만 일상생활 속에서 전문적인 지식을 갖추고 제대로 훈련을 받은 전문가를 만나는 것이 쉽지가 않다. 오히려 일반적인 사람들과 평범하게 어울려 살아가는 시간이 더 많기 때문에 그들과의 수용과 공감을 통해 소통하는 과정에서 더 나은 변화와 성장을 얻을 수 있는 기회가 더 많다. 전문적인 지식이나 자격과 상관없이 서로 긍정적인 라포를 형성하여 소통하는 과정에서 원하는 치유효과를 얻을 수가 있다.

때로는 심리적인 상태가 전문가의 도움을 받아야 하는 힘든 경우나 매우 위급한 상태도 있지만 대부분의 심리적 장애는 생활 속에서 만나는 사람들과의 관계 속에서 더 많은 도움을 받게 된다.

해결하기 어려운 특별한 문제에 대해서는 전문가의 역할이 반드시 필요하지만 일상생활 속에서 겪는 대부분의 문제들은 주변 사람들과의 관계 속에서 문제의 답을 찾는 경우가 더 많다.

관계에서 가장 중요한 것이 각자의 맡은 역할에서 좀 더 긍정적인 자원과 에너지를 활용할 수 있게 도움을 줄 수 있는 라포를 형성하는 것이다. 그 대상이 부모가 될 수도 있고 스승이 될 수도 있으며 친구가 될 수도 있다. 그 대상이 누구든 상관없다. 기존의 정해져 있는 이론이나 진단, 처방을 해주는 전문가의 역할도 중요하지만 라포를 형성하여 자신의 이야기에 귀 기울이고 관심을 가져주며 공감해주는 사람의 역할이 더 중요하다.

우리는 그 어떤 훌륭한 학문적인 이론이나 체계보다도 자신에게 맞는 경청과 공감을 해주는 대상에게 마음의 문을 열고 라포를 형성하여 변화의 에너지를 얻게 된다. 어떻게 보면 사람의 멘탈을 건강하게 만들거나 원만한 인간관계를 위한 원리와 기법은 간단하다고 할 수 있다. 상대를 존중하는 마음으로 상대의 말과 행동을 수용하여 맞추어줌으로써 라포를 형성하게 되면 상대를 원하는 방향으로 얼마든지 변화시킬 수 있기 때문이다.

문제를 가진 내담자에게 맞는 기존의 완벽한 이론은 세상 어디에도 존재하지 않는다. 훌륭한 상담사는 내담자의 문제를 해결할 수 있는 새로운 이론을 만들어 변화를 위한 프로그램을 제공할 수 있는 태도와 능력을 가지고 있어야 한다.

삶의 고통

 모든 사람들이 갖고 있는 삶의 공통적인 목적은 행복이다. 사람들은 살아가면서 늘 행복하기를 바라지만 우리의 인생 여정에는 반드시 행복만 가득한 것이 아니라 시련과 고통의 그림자도 늘 함께 따라다닌다. 때로는 삶의 시련과 고통이 사람들의 마음을 움츠러들게 만들어 좁은 경계를 갖게 하거나 마음의 상처를 남기기도 하지만 탁월성과 우수성을 가진 누군가는 시련과 고통에 대한 경험을 긍정적으로 전환하여 자신의 경계를 더 확장시키고 삶을 풍요롭게 하는 성취 자원으로 만들기도 한다.

 역사적으로 훌륭한 업적을 남긴 위인이나 성공한 사람들의 공통점을 살펴보면 그들의 삶에는 보통 사람들보다 더 큰 시련과 좌절, 고난이 있었다는 사실이다. 그 시련과 고난을 극복해 나가는 과정에서 자신을 더 채우고 성장시키는 노력이 더 큰 성공의 디딤돌이 되고 에너지가 되었다는 것을 알 수가 있다.

 마음 사용설명서인 NLP의 핵심적인 이론을 제공한 밀턴 에릭슨은 평생을 장애인으로 살면서도 자신보다 힘든 사람들의 심리를 치유하면서 NLP와 최면 분야에 위대한 업적을 남겼다.

에릭슨은 17세에 첫 번째로 찾아온 소아마비라는 엄청난 질병의 고통과 싸워야만 했다. 그때 에릭슨의 상태가 너무 좋지 않아 진료를 위해 방문했던 의사가 에릭슨의 부모에게 오늘 밤을 넘기기 힘들 것이라며 마음의 준비를 하라고 말했다.

침대에 누워 있던 에릭슨은 의사의 말을 듣고 너무나 화가 났지만 아무 말 없이 기다리다가 의사가 돌아간 후에 어머니에게 햇빛이 들어오는 창문을 가리고 있는 가구를 치워줄 것을 부탁하며 "내일 저녁에 아름다운 석양을 보고 싶어요"라고 말했다.

의사가 오늘 밤을 넘기기 힘들 것이라고 했던 에릭슨은 그날 밤을 무사히 넘겼고 그다음 날 자신의 희망대로 아름다운 석양을 볼 수 있었다. 이후 에릭슨은 그때의 일을 회상하며 "어떻게 아름다운 석양을 한 번도 보지 않고 죽을 수 있단 말인가. 나에게 그림 그리는 재주가 있었다면 그날 보았던 아름다운 석양을 지금도 그릴 수 있을 것이다"라고 했다.

자신에게 닥친 죽음의 공포와 고통 속에서도 희망을 찾는 이러한 삶의 긍정적인 태도는 자기 통제능력과 환경에 대한 선택권을 끝까지 포기하지 않았던 에릭슨의 참다운 용기와 멘탈의 힘에서 형성된 것이다. 에릭슨이 그 희망의 끈을 끝까지 놓지 않았기에 의사의 예언을 틀리게 만들고 그 고통의 경험을 자신의 사명과 목표를 찾는 소중한 전화위복의 기회로 만들 수 있었다.

죽음의 문턱까지 갔던 자신의 건강상태와 신체적인 고통을 그대로 느끼고 접촉하며 자신이 현재 가진 약점과 강점이 무엇인지를 정확하게 깨닫고 "나는 더 이상 농부가 될 힘은 없지만 사람들에게 도움이 되는 의사는 될 수 있을 것이다"라는 방향과 목표를 설정하여 그 목표가 자신을 이끌도록 유도했다.

에릭슨은 어떠한 고통스러운 상황에서도 좌절하거나 포기하지 않고 자신이 잘할 수 있는 것이 무엇인지를 찾아내는 긍정적이고 희망적인 멘탈의 힘을 가지고 있었다. 그는 자신의 삶에서 겪었던 직접적인 고통에 대한 체험을 바탕으로 스스로의 자원과 강점을 찾아 자신의 사명을 실현한 위대한 창조자이며 성취자이다.

이후 그는 자신의 힘들고 고통스러웠던 인생 경험을 활용하여 많은 사람들을 상담하고 치료하는 위대한 조력자가 되었다.

만약에 그의 삶에 견디기 힘들 만큼의 큰 시련과 고통이 없었다면 역사에 이름을 남긴 위대한 최면가와 심리치료사로서의 에릭슨은 존재하지 않았을 것이고 보통 사람들처럼 평범한 삶을 살았을지도 모르는 일이다. 에릭슨은 시련과 고통에 대한 자신의 경험에 대해서 회피적 동기와 지향적 동기를 사용하여 강점과 성취 자원을 증폭시키는 긍정적인 에너지로 활용하는 과정에서 성공의 결과를 만들었던 것이다.

멘탈코칭센터에 멘탈훈련과 심리상담을 위해 방문하는 사람들 중에는 삶의 과정에서 겪은 힘든 고통에 연합되어 자신의 마음속에 고통의 감옥을 만들어 스스로를 그 속에 가두고 무기력한 자신의 상태를 유지하며 힘들어하는 사람들이 있다.

　그들은 자신이 겪고 있는 고통에 대해 더 나은 선택을 할 수 있는 유연성을 가지는 훈련을 받지 못했기 때문에 삶의 시련을 고통으로 받아들이고 그 고통에 연합되어 부정적인 자신의 상태를 만들어 스스로 그 속에 갇히는 선택을 하게 된다.

　우리는 살아가면서 수많은 힘든 시련과 고통을 겪는다.
어떠한 어려움과 고통 속에서도 더 나은 선택을 할 수 있지만 자신의 상태가 더 나은 선택을 할 수 없는 부정적인 상태에 갇혀있거나 중독되어 있다면 삶의 힘든 시련은 영원한 마음의 고통으로 남을 수밖에 없는 것이다.

　그래서 어릴 때의 성장환경과 경험, 긍정적 피드백이 무엇보다 중요하다. 자기 내면에 잠재되어 있는 성취 자원과 강점을 자극할 수 있는 성공체험을 많이 하고 격려와 긍정적인 피드백을 반복해서 받게 되면 어떤 힘든 시련과 큰 고통에도 자신을 지키고 성장시킬 수 있는 강한 내성과 멘탈의 힘을 가지게 된다.

　성인의 경우도 마찬가지로 자신의 자원과 강점을 찾을 수 있는 자기계발을 위한 공부와 훈련을 통해 자기 내면의 상태를 긍정적으로 바꾸기만 한다면 삶의 경험이 긍정적으로 바뀌고 힘든 경험에 반응하는 태도 역시 긍정적으로 바뀔 수가 있다.

　그래서 자신의 삶을 변화시키고 싶다면 통제할 수 없는 다른 사람과 환경을 바꾸려는 의미 없는 생각과 태도를 버리고 통제 가능한 자기 자신을 먼저 바꾸어야 한다. 변화와 성취를 위한 모든 자원과 에너지는 자기 안에 이미 존재하고 있으며 통제 가능한 자신에게 초점을 맞추어 자신의 상태를 먼저 바꿀 수 있을 때 다른 사람과 환경을 바꿀 수 있는 힘을 얻게 된다.

자신의 상태가 긍정적으로 유지될 때 부정적인 외부 자극과 충격까지도 긍정적으로 수용하고 반응할 수 있는 힘을 가질 수 있다. 살아가면서 부딪히는 그 어떤 시련과 고통도 내 삶의 긍정적인 성취 자원으로 전환시킬 수 있는 자신의 긍정적인 상태가 필요한 것이다. 자신을 먼저 바꾸어야 하는 중요한 이유는 자신의 상태가 긍정적으로 바뀌게 되면 외부의 그 어떤 힘든 시련과 고통도 내 삶의 성취 자원으로 전환시키거나 승화시킬 수 있기 때문이다.

자신의 멘탈상태가 먼저 긍정적으로 바뀔 수 있을 때 살아가면서 부딪히는 여러 가지 시련과 고통에 구속되지 않고 오히려 그 시련과 고통을 전화위복의 기회로 삼아 삶의 경계를 확장하는 자원으로 전환할 수 있게 된다.

우리의 삶에서 겪게 되는 힘든 시련과 고통은 멘탈상태를 긍정적으로 먼저 바꿀 수 있을 때 더 이상 우리를 구속할 수 없을 뿐만 아니라 오히려 그 시련과 고통이 우리를 더 강하게 만들어주는 자극과 자원이 되는 것이다.

자성예언

자성예언이란 우리가 하는 말이 뇌신경에 피드백되어 신경회로를 강화시키고 그와 관련된 실행력을 가지게 되면서 말과 관련된 성취를 실현시키는 힘을 가지는 것이다.

자신의 비일상적 실재인 NCR적 소망을 말로 표현하면 마음속에 더 강하게 새겨지면서 특정한 행동을 규정지어 일상적 실재의 CR적인 현실을 창조하는 힘을 가지게 된다. 자성예언은 '나는 무엇이든 할 수 있다', '나는 이런 사람이 될 것이다'와 같이 자기의 미래를 스스로 추측하고 반복적인 암시를 통해 뇌에 프로그래밍시키면 그것이 현실로 이루어지는 자기 예언적인 언어이다.

그리스 신화에 나오는 피그말리온은 자신이 조각한 여인상이 너무나 아름다워 그 여인상과 사랑에 빠지게 되었는데 그 사랑이 너무나 간절했기에 이 사실을 알게 된 여신 아프로디테가 피그말리온이 조각한 여인상을 아름다운 여인으로 만들어 주었다.

피그말리온의 NCR적인 간절한 사랑이 조각을 사람으로 다시 탄

생시키는 CR적인 현실을 만들었으며 이 신화에 나오는 피그말리온이라는 조각가의 이름에서 자성적 예언 또는 피그말리온 효과라는 말이 생기게 된 것이다.

이처럼 자성적 예언은 자기 자신의 소망이 깃든 반복적인 생각과 말이 CR적 현실을 만드는 힘을 갖게 되는 현상으로서 특정인에 대한 기대가 그의 행동을 규정하게 되어 변화와 성장을 도와주는 현상을 말한다. 예를 들어 아이가 부모나 주변 어른들의 믿음과 기대에 따라 행동하게 되고 그러한 행동의 결과가 기대했던 믿음대로 현실적인 창조를 실현시켜주는 현상이 피그말리온 효과이다.

그래서 부모가 아이를 코칭할 때 제일 중요한 기준이 되는 것은 아이들에 대한 절대적이고 무한한 믿음을 보내고 긍정적인 기대를 가지는 것이다. 아이는 부모가 보내는 믿음과 기대의 크기만큼 스스로를 믿게 되고 그 믿음에 의해 행동하게 되면서 믿음과 기대의 크기만큼 변화하고 성장하기 때문이다.

성인의 경우도 아이의 경우와 마찬가지로 자성적 예언은 그대로 적용된다. 윗사람이나 친구가 보내주는 믿음과 기대의 크기만큼 자신의 행동을 규정짓고 그 행동에 따라 자신의 삶에서 믿음과 기대의 크기만큼의 결과를 얻게 되는 것이다. 여자가 사랑을 하면 더 예뻐지고 남자가 사랑을 하면 더 멋있어지는 것도 피그말리온 효과가 만드는 현상이라고 볼 수 있다.

이러한 자성적 예언이 실현되는 원리는 자신만의 세상모형에 의해 만들어진 독특한 지각이 자신의 믿음과 기대를 키우면서 자기 자신뿐만 아니라 다른 사람에게도 큰 영향을 미치기 때문이다.

　우리는 눈앞에 보이는 CR적 세상뿐만 아니라 눈에 보이지 않지만 존재하는 NCR적인 세상에 대해 마음의 렌즈가 그것을 어떻게 비추고 해석을 하는가에 따라 그에 대한 기대와 믿음을 다르게 가지게 되고 삶의 결과도 달라지게 된다.

　우리가 보고 접촉하는 세상은 실제 세상이 아니라 우리의 생략, 왜곡, 일반화된 세상모형에 의해 비추어지는 믿음이다. 우리가 가진 믿음의 크기에 따라 자신의 자원을 어떻게 긍정적으로 활용할 수 있는가가 결정되며 삶의 성취결과도 달라지게 되는 것이다.

　사람들은 모두가 세상을 비추는 세상모형인 자신만의 독특한 렌즈를 가지고 있다. 그 렌즈가 무엇을 어떻게 비추는 가에 따라 우리는 자기 안에 있는 수많은 자원 중에서 특정한 자원이 선택되어 그것에 대한 기대와 믿음을 만들고 그 믿음에 의해 그와 같은 결과를 만들게 되는 것이다. 자신의 렌즈가 긍정의 자원에 초점이 모아지면 긍정에 관한 마음이 일치되면서 그 마음이 말로 표현되어 두 배의 실행력을 가지게 된다.

　다른 사람에 대해서도 자신의 긍정적인 기대와 믿음을 말로 표현하여 전하게 되면 자신뿐만 아니라 다른 사람의 마음에도 기대와 믿음을 프로그래밍시킬 수 있다. 표현된 말이 행동의 초점을 규정 짓게 되면서 말과 관련된 기대와 믿음과 같은 결과를 얻을 수 있는 것이 자성예언이 가지고 있는 놀라운 창조의 힘이다.

　그래서 자기 자신과 다른 사람을 긍정적으로 변화시키고 성장시키기 위해서는 먼저 자기 자신의 언어습관부터 긍정적으로 바꾸는 것이 중요하다.

　언어의 변화는 마음과 인식의 변화를 함께 가져오기 때문에 스스로 효과적인 변화와 성취의 결과를 얻게 될 뿐만 아니라 다른 사람에 대해서도 긍정적인 마음과 인식을 만드는데 결정적인 역할을 하게 된다. 말에는 마음이 깃들어 있기 때문에 일상생활 속에서 사용하는 반복적인 말이 마음과 행동의 변화를 규정짓고 그와 관련된 현실을 창조하는 힘을 가지게 되는 것이다.

　입 밖으로 나온 말은 힘을 가지고 있기 때문에 어떠한 말을 하는가에 따라 말과 관련된 현실적인 성취와 창조가 이루어진다.
문제에 맞추어진 초점을 전환하여 원하는 것에 초점을 맞추고 원하는 것을 말로 표현하면 두배의 성취력을 가지게 되는 것이 자성예언의 힘이다.

PART 8

사고의 전환

아인슈타인은 우리가 직면한 중대한 문제들은
대부분 그 문제가 발생할 때 갖고 있었던
사고방식으로는 해결할 수 없다고 했다.
어떠한 문제를 해결하기 위해서는
좀 더 깊이 있고 유연한 새로운
사고의 전환이 필요하다.

패러다임

　우리가 살아가는 세상은 빛의 속도로 빠르게 변화하고 있고 그 속에서 우리 자신의 패러다임도 빠르게 변화하고 있다. 빠르게 변화하는 시대마다 사람들이 가진 견해나 사고의 패턴을 근본적으로 규정하고 있는 인식의 체계와 다양한 사물에 대한 이론적인 틀이나 구조가 모두 다르다. 이것을 패러다임이라고 한다.

　우리가 살아가는 세상은 누구에게나 똑같은 세상으로 존재하는 것이 아니라 각자의 내적 표상이 만든 관점과 패러다임에 의해 전혀 다른 세상이 존재하고 있다. 사람들은 세상을 있는 그대로 보고 접촉하는 것이 아니라 이미 자기가 가지고 있는 패러다임에 의해 주관적인 편향성을 가진 관점에서 세상을 바라보며 소통하고 있는 것이다. 그래서 사람들은 모두가 자신만의 독특한 학습과 경험이 만든 관점과 패러다임으로 살아가게 된다.

　이처럼 사람들은 자신이 가진 각자의 내적 표상이 만든 렌즈를 통해 자기중심적 편향성으로 세상과 소통하기 때문에 세상 모든 사람들이 인정하고 동의할 수 있는 절대적 진리와 사실의 공통분모를 찾는 것이 쉽지가 않은 것이다.

예를 들어 특정 종교에 대한 믿음을 가진 사람은 자신이 체험하고 믿는 종교의 교리에 대해 절대적 진리라고 인식한다. 어떤 종교든 그 종교의 교리가 믿음을 가진 사람에게는 절대적 진리가 될 수 있지만 믿음을 가지지 않는 사람이나 다른 종교를 믿는 사람에게는 객관적 관점에서 절대적인 진리가 될 수 없다.

우리는 빠르게 변화해가는 시대의 변화 속에서도 기존의 고정된 상태를 유지하려는 일관성과 관성의 힘이 작용하여 오래된 관습과 낡은 사고방식에 구속되어 새로운 변화를 거부한다.

오늘날 대부분의 사람들이 태양이 우주의 중심이라고 믿고 있지만 과거에는 지구가 우주의 중심이라고 믿었던 사람이 더 많았다. 뿐만 아니라 과거에는 지구가 둥글게 생겼으며 자전과 공전을 한다는 것은 상상하지 못하는 그 시대의 보편적 가치와 신념에 의한 패러다임을 가지고 있었다. 그것은 그 시대의 패러다임이었으며 시대가 변하면서 패러다임이 바뀌게 된 것이다.

또한 우리가 학생 때 공부했던 뉴턴의 물리학은 '법칙'이라는 이름을 부여할 정도로 정확하고 완전한 패러다임이었지만 오늘날 상대성 이론이나 양자이론의 새로운 패러다임에 의해 기존의 뉴턴의 물리학이 부분적이고 불완전한 것이 되어 버렸다.

지금 현재의 패러다임 또한 시간과 상황에 따라 얼마든지 혁명적으로 바뀔 수가 있으며 우리의 패러다임이 바뀌는 순간 그동안 알고 있고 접촉해 왔던 모든 것이 변화하게 되는 것이다.

우리나라가 지독한 가난과 굶주림의 순환고리를 끊고 오늘날의 물질적 풍요와 번영을 누리고 있는 것은 그 시대를 살았던 세대가 어려운 환경 속에서도 '하면 된다'는 도전정신과 '잘 살아보자'는 목표에 초점을 맞추는 패러다임을 가졌기 때문이다. 아울러 우수한 인재양성을 위한 안목으로 교육에 대한 투자와 국민의식을 개혁하는 혁신적 패러다임이 지배했기 때문에 오늘날의 번영과 풍요를 누리는 것이 가능해졌다.

지금 우리는 시대의 흐름에 맞는 새로운 패러다임의 전환이 필요하다. 패러다임의 전환능력은 우리 삶에서 맞닥뜨리는 부정적인 문제와 장벽을 해결할 수 있는 다양한 관점과 방법을 제공해준다.

우리가 세상을 좀 더 긍정적으로 볼 수 있는 성공 신념이 충만한 패러다임을 가지고 있다면 그와 관련된 성취결과를 얻게 될 가능성이 높아진다. 반대로 부정적인 자기 제한 신념이 가득한 패러다임에 구속되어 있다면 부정의 태도와 행동에 의해 부정적인 성과를 얻게 될 가능성이 높아진다. 패러다임이 바뀌게 되면 모든 사고와 느낌, 행동이 바뀌면서 삶의 결과도 바뀌어지게 되는 것이다.

허물 벗기

파충류는 계절이 바뀌거나 특정한 시기를 맞으면 정기적으로 자신의 낡고 오래된 허물을 벗겨내며 새로운 모습으로 거듭난다.

새로운 환경에 적응하고 생존하기 위해서는 기존의 낡고 오래된 허물을 벗겨내며 새로운 모습으로 변화해야 하기 때문이다.

파충류가 자신의 오래된 낡은 허물을 벗고 새로운 껍질을 만들기 위해서는 내부에서 먼저 새로운 껍질을 만들기 위한 준비가 완전하게 갖추어져야 한다. 인간의 삶에서도 마찬가지로 학습과 경험을 통해 자신을 먼저 채우고 다듬어야 낡고 불필요한 쓰레기 지식들을 과감하게 벗어던지고 자신의 변화와 성장을 위한 새로운 선택을 할 수 있게 된다.

심리적인 문제로 고통을 겪고 있는 사람들은 과거의 부정적인 경험에 의한 기억이 뇌에 프로그래밍되어 스스로를 제한하고 있는 경우가 많다. 자신을 괴롭히는 과거의 부정적인 기억과 경험이 만든 자신의 한계를 극복하여 유연성을 회복할 수 있게 해주기 위해서는 부정적 과거로부터의 분리가 필요하다.

과거의 부정적인 경험이 만든 마음의 프로그램으로 인하여 자신의 경계와 한계를 가지고 있다는 것은 다양한 선택을 할 수 있는 유연성을 잃어버린 것과 같다. 기존의 부정적인 상태를 유지하는 프로그램을 파괴하고 새로운 긍정적인 상태를 만드는 유연성과 창조적인 패러다임의 전환능력을 가지는 것은 파충류의 허물 벗기에 비유할 수 있는 것이다. 기존의 낡고 오래된 불필요한 파충류의 껍데기와 같은 지식과 패턴의 허물을 벗겨내기 위해서는 새로운 학습과 경험이 필요하다.

사람들은 모두가 자신만의 긍정적인 성취 자원을 가지고 있으며 그것을 사용할 수 있는 자기 행동에 대한 선택권을 가지고 있다. 아울러 우리는 개인이 가진 선택권과 그 선택을 자신의 통제 속에서 할 수 있는 자유의지도 함께 가지고 있으며 선택에 의한 행동으로 원하는 변화를 할 수 있게 된다.

통제력의 착각

 사람들은 저마다 다른 성장환경 속에서 자신만의 반복된 학습과 경험에 의해 축적되어 있는 가치와 신념에 의해 만들어진 마음의 지도를 가지고 있다.
 마음의 지도는 삶의 가치와 신념, 기억, 감정 등이 서로 비국소성으로 연합되어 전체성을 이루어 그려지며 사람들마다 모두 다른 마음의 지도를 가지고 살아간다. 우리는 모두가 서로 다른 마음의 지도를 가지고 다른 사람들과 소통하고 반응하는 것이다.
마음의 지도는 그 사람의 마음 자체가 아니라 마음이라는 영토를 반영한 것이며 주관적으로 제한된 부분적인 그림일 뿐이다.
 우리는 다른 사람과의 소통에서 자신의 주관적 경험이 누적되어 만들어진 마음의 지도를 근거로 자신의 사고와 태도를 형성시키기 때문에 다른 사람과의 인간관계에서 미스커뮤니케이션이 생기고 갈등과 다툼이 생길 수밖에 없다. 그런데도 사람들은 자신이 가지고 있는 마음의 지도에서 만드는 주관적이고 자기중심적인 어떤 가치와 원칙이 절대적이라는 신념을 가지고 다른 사람을 통제하려는 오류를 자주 범하고 있다.

통제력의 착각은 자신이 가지고 있는 가치와 신념에 의해 만든 주관적이고 왜곡된 마음의 지도에 부합할 수 있는 다른 사람의 지도를 일방적으로 요구하는 것이다. 통제력의 착각에 의해 자신의 지도로 상대를 통제하려는 순간 갈등과 다툼이 생기면서 서로의 관계가 악화되거나 단절된다.

사람들은 자신만의 가치와 신념이 만든 마음의 지도를 가지고 살아가기 때문에 내가 가진 가치와 원칙을 상대에게 보편적으로 적용시켜 통제할 수가 없는 것인데도 그것을 강요하기 때문에 인간관계에서의 여러 가지 문제가 발생하게 되는 것이다.

우리가 가진 가치와 신념, 원칙은 주관적인 입장에서는 절대적인 것이 될 수도 있지만 사람들마다 가진 마음의 지도가 모두 다르기 때문에 객관적인 관점에서 바라보면 그 어떤 것도 절대적이지 않다. 마음의 지도에 의해 착각하고 있는 절대적인 가치와 원칙이 중요한 것이 아니라 서로의 다름을 수용하고 인정하는 유연한 마음의 지도와 태도가 더 중요한 것이다.

자신과 다른 사람이 가지고 있는 다른 마음의 지도를 이해할 수 있을 때 타인을 통제하려는 자신의 지도를 바꾸어 스스로를 먼저 통제하는 능력을 가질 수 있게 되고 다른 사람을 수용할 수 있는 유연성을 가지게 된다. 그래서 다른 사람과 세상을 변화시키는 노력을 하기보다 자기 자신을 변화시키는 선택과 행동을 먼저 해야 하는 것이다. 그것은 자기 자신의 변화를 위한 선택과 행동은 스스로 통제가 가능하지만 다른 사람을 변화시키는 것은 통제 영역이 아니라 관심 영역일 뿐이기 때문이다.

관심 영역에 존재하는 다른 사람의 지도를 변화시키기 위해서는 통제 영역에 있는 자기 자신에게 먼저 초점을 맞추어 마음의 지도를 변화시켜야 한다. 관심 영역인 다른 사람과 세상은 쉽게 바뀌지 않지만 통제 영역인 자신이 먼저 변화하게 되면 변화된 나 자신이 보는 다른 사람은 이미 다르게 보이고 변화된 나 자신의 영향으로 다른 사람의 변화를 이끌어 낼 수가 있게 된다.

우리는 다른 사람과의 관계에서 자신의 주관적인 마음의 지도로 상대에 대한 통제력을 행사하려고 할 때 신뢰관계가 깨지면서 더 큰 상실을 겪게 될 수도 있다는 사실을 잘 알고 있다. 그런데도 인간관계에서 트러블을 일으키는 통제력에 대한 착각을 버리지 못하고 기존의 중독된 습관을 반복하고 있다.

상대를 존중하고 수용하며 서로 마음의 지도가 다름을 인정하는 지혜를 가질 수 있을 때 서로의 관계가 소통과 공감 속에 신뢰를 형성할 수가 있게 된다. 상대가 틀린 것이 아니라 나 자신과 서로 다른 마음의 지도를 가지고 있다는 사실을 인정할 수 있을 때 자신의 변화에 초점이 맞추어져 궁극적으로 다른 사람의 변화를 이끌어 낼 수 있는 멘탈의 능력을 가지게 되는 것이다.

사고의 전환

　우리가 살아가면서 부딪히는 대부분의 문제나 삶의 장애물들은 통제 영역인 자기 자신이 가진 사고의 틀과 세상모형에 의해 생겨나는 것이라고 할 수 있다.

　그런데도 많은 사람들이 통제 영역인 자신의 사고와 세상모형을 바꾸지 못하고 관심 영역인 다른 사람의 사고와 태도를 바꾸려고 애쓰기 때문에 근본적인 변화나 문제 해결이 어려운 것이다.

모든 변화는 통제 영역인 자기 자신의 내적 변화에서 시작하여 관심 영역인 외부적 변화를 만들어내게 해야 한다.

　그래서 아인슈타인은 "우리가 직면한 중대한 문제들은 대부분 그 문제가 발생할 때 갖고 있던 사고방식으로는 해결할 수 없다"라고 했다. 이 말은 어떤 문제가 생겼을 때 그 문제를 일으켰던 당시의 사고와 세상모형을 가지고 있기 때문에 새로운 차원의 사고와 세상모형을 가지고 접근하지 않고서는 문제에 대한 답을 구할 수가 없다는 의미를 가지고 있다.

우리가 어떠한 문제를 해결하기 위해서는 좀 더 깊이 있고 유연한 새로운 사고의 전환을 통해 다양한 선택을 할 수 있는 상태를 만들어야 한다. 만약 운동선수가 더 좋은 성적을 얻고자 한다면 외부의 환경과 상대 선수의 실력에 초점을 맞추기보다 우선 자기 자신의 실력을 향상시킬 수 있는 정신적, 신체적, 기능적인 수준을 끌어올리는 것이 먼저이다.

상대 선수와 외부의 정보에 초점을 맞추게 되면 자칫 정보간섭이 되어 자신의 안정적인 패턴을 무너뜨리거나 심신의 부조화와 불일치로 자신의 경기력에 부정적인 영향을 미칠 수 있다. 왜냐하면 관심 영역인 외부 정보에 대해 잠재의식 차원에서 정보간섭이 일어나면 자기 통제력을 완전히 상실할 수도 있기 때문이다.

운동경기에서 자신이 원하는 좋은 성적을 얻고자 한다면 먼저 자기 자신이 좋은 성적을 낼 수 있는 사람이 되어 있어야 한다. 그래야만 자신의 안정적인 상태를 유지하며 자신이 가진 강점을 활성화시키고 그 강점에 초점을 일치시켜 원하는 성적을 얻을 수 있기 때문이다.

인간관계에서도 좋은 사람을 많이 사귀고 싶다면 자기가 먼저 좋은 사람이 되어야 하며 남을 이기고 싶다면 먼저 자기 스스로를 긍정적으로 통제하고 자신을 이길 수 있어야 한다.

부분 속의 전체

 사람을 관찰하거나 평가할 때 그 사람의 전체적인 정보를 바탕으로 객관적인 관점에서 이루어지는 것이 아니라 부분의 정보나 관점에서 전체를 이해하게 된다. 이것은 '하나를 보면 열을 안다'라는 속담처럼 각 부분에 전체가 담겨 있는 홀로그램 메커니즘이 작동하기 때문이다.

 천억 개가 넘는 우리 뇌의 뉴런은 서로 병렬적 연결을 지으며 매우 촘촘하게 이웃해 있기 때문에 특정 뉴런이 자극을 받게 되면 이웃의 다른 뉴런들도 함께 활성화되어 부분 속에 전체가 반영되어 반응하게 된다. 그래서 특정 뉴런이 활성화될 때는 이미 전체의 정보가 부분적인 뉴런 속에 담겨있는 것과 같다.

 다만 부분 속에 전체가 담겨있다 하더라도 특정 연결이 선택적으로 더 활성화될 때 나머지 부분적인 연결을 차단하거나 약화시키는 것일 뿐 그것이 부분 속에 존재하지 않는 것이 아니다.

 이것은 습관적인 선택에 의해 특정 연결이 더 활성화된 것이며 우리의 습관을 바꾸게 되면 얼마든지 새로운 연결이 가능해진다.

이처럼 우리의 뉴런은 독립적이고 부분적인 선택과 연결이 일어나는 것이 아니라 작은 나뭇가지들과 같은 촘촘한 연결 속에 비국소성을 가지고 있다. 기억도 마찬가지로 뇌 속의 특정한 구조와 연결로 고착화된 것이 아니라 뇌 전체에 비국소성으로 연결되어 퍼져있거나 분산되어 부분 속에 전체의 기억이 담겨있는 것이다.

성장과정에서의 모든 학습과 경험이 우리의 전체성에 영향을 미치는 이유는 부분에 전체의 정보가 담겨있고 전체에 부분의 정보가 함께 담겨있기 때문이다. 그래서 성장기에 부모의 양육태도와 코칭이 성인이 된 이후의 삶에 절대적인 영향을 미치게 되고 어떤 스승을 만나고 어떠한 환경에서 학습과 경험을 반복하느냐에 따라 개인의 전체성을 형성하게 되어 삶의 결과를 만들어내는 것이다.

이렇게 형성된 전체성은 부분의 병렬적 연결에 의해 이루어지므로 부분이 곧 전체가 되며 전체가 부분이 되는 홀로그램으로 저장하게 되어 자신의 정체성을 완성하고 통제하게 된다.

그러므로 건강한 전체성을 가지기 위해서는 어릴 때부터 부모의 지혜로운 코칭과 양육태도가 중요하며 훌륭한 멘토를 만나고 좋은 환경을 제공해주는 것이 중요하다.

변화의 주체

우리의 삶은 평생 동안 변화와 발달의 과정을 가지게 되며 변화는 발달단계에 따라 크게 세 가지로 구분할 수 있다.

첫째 단계는 '수동적 발달단계'로 태어난 이후부터 부모와 주변 사람들의 도움이 절대적으로 필요한 시기이며 다른 사람들에게 의존해야만 살아갈 수 있는 발달단계이다.

어린 시기에는 부모의 절대적인 보호와 양육 속에 성장하기 때문에 부모에게 절대적으로 의존할 수밖에 없다. 그것은 인간이 동물과는 달리 독립적이고 안전한 자기 통제능력을 갖추기까지 아주 긴 시간이 필요하기 때문이다. 부모와 주변 어른들의 지시나 코칭, 보호, 통제 속에서 성장하는 수동적 발달단계인 이 시기를 어떻게 보내느냐에 따라 이후의 발달단계가 달라지게 되는 것이다.

수동적 발달단계는 자신이 중심이 아닌 상대가 중심이 되기 때문에 자신이 원하는 상태나 결과를 얻지 못하게 되면 주변 사람들에게 책임을 떠넘기거나 비난과 불평을 하기 쉬워진다.

이 발달단계에서 원하는 것을 얻기 위해서는 다른 사람의 도움이 필요하기 때문에 스스로 정해 놓은 안전지대와 경계를 벗어나는 것을 두려워하게 된다. 성인이 된 이후에도 이러한 수동적인 발달단계에 머물러 있는 사람은 다른 사람들이 자신을 통제하고 조종하도록 허용하는 삶을 살아가게 될 확률이 높아진다.

둘째 단계는 '능동적 발달단계'로 수동적 발달단계를 거쳐 신체적, 멘탈적, 감정적, 사회적으로 점차 독립적인 자유의지를 가지고 스스로 자기 자신을 통제하는 단계로써 자신과의 라포가 형성되어 자신감이 충만한 상태이다. 능동적인 발달단계에서는 자기 자신을 스스로 통제하는 능력을 가지고 있기 때문에 자기 자신이 중심이 되고 주체가 되어 스스로의 사고와 판단, 노력을 통해 원하는 성취 결과를 얻을 수가 있다.

이 발달단계에서는 개인의 자원과 에너지를 활용하여 훌륭한 성취를 이루는 탁월성을 가지게 된다. 능동적인 발달단계가 수동적인 발달단계에 비해 더 성숙해진 긍정적인 단계이지만 이것이 완벽한 발달단계는 아니며 더 큰 성취를 이루는 힘을 가지게 해주는 마지막 발달단계가 필요하다.

셋째 단계는 '신뢰적 발달단계'로 상대와 내가 구분되거나 차단된 관계가 아니라 우리라는 연결된 개념으로 우리가 중심이 되고 주체가 되는 상호 의존적이고 촉진적인 패러다임이다. '전체는 부분의 합보다 더 크다'는 시너지 효과를 기대할 수 있는 발달단계로서 자신의 자원과 다른 사람들의 자원을 일치시키고 연결하여 융합하는 단계를 말한다. 자신의 자원뿐만 아니라 다른 사람의 자원까지도 자신의 자원으로 활용할 수 있는 능력을 가지게 해주는 것이다.

  신뢰적 발달단계가 건강하게 형성된 사람은 자신의 자원과 에너지를 다른 사람과 일치시켜 더 큰 성취를 이루는 힘을 얻을 수 있게 된다. 신뢰적 발달단계는 능동적인 발달단계가 건강하게 형성된 사람들만이 선택할 수 있는 차원이 다른 능력이다.

  자기 자신이 먼저 자유의지를 가진 능동적인 존재로 완성될 때 다른 사람들과의 건강한 소통이 가능하기 때문에 변화의 주체는 상대가 아니라 자기 자신이 되는 것이다. 상호 의존적이고 촉진적인 인간관계를 건강하게 발달시키고 유지하기 위해서는 먼저 자기 자신의 능동적인 발달단계가 완성되어야 한다.

  인간은 사회적 동물로써 다른 사람들과의 연결과 소통 속에 서로에게 영향력을 미치며 살아가게 된다. 가족, 친구, 직장, 조직 등 우리는 공동체적 현실 속에서 서로가 상호 의존적인 관계를 형성하고 있다. 다른 사람과의 촉진적인 관계는 자신의 독립적인 건강한 신뢰적 발달단계를 바탕으로 성숙한 발전을 돕는다. 사람들과의 모든 관계는 결국 자기 자신이 만들어 가는 것이고 관계의 변화를 위한 첫 선택과 시작도 자기 자신에게 있는 것이다.

선택 가능한 자유

　무의식과 억압의 방어기제에 대한 이론으로 유명한 프로이트는 오스트리아의 정신과 의사로서 정신분석학파의 창시자이다.
　프로이트의 정신분석학은 어릴 때 경험한 사건들과 성적 욕구가 인간의 내적, 외적 성격이 결정되면서 개인의 삶 전체를 기본적으로 지배한다는 결정론이다. 과거의 경험에서 생긴 무의식적인 욕구의 결핍에 의해 우리 삶의 범위와 준거가 이미 결정되기 때문에 인간이 자유의지로서 자신의 운명을 바꿀 수가 없다는 주장이다.
　하지만 긍정의 무한 성취 자원으로 충만한 인간의 능력은 자신의 선택에 따라 얼마든지 운명을 주도할 수가 있으며 현재 지금-여기에서 멘탈상태를 바꾸는 순간 과거 학습과 경험에 의해 프로그래밍된 인생 각본을 얼마든지 바꿀 수 있다.
　악명 높은 아우슈비츠 수용소에서 기적적으로 살아남은 빅터 프랭클은 유태인으로서 프로이트의 심리학을 배우며 성장한 운명론자이면서 정신과 의사였다.

그는 죽음의 수용소에 갇혀 있을 때 인간이 도저히 겪을 수 없을 정도의 비참한 경험을 하게 된다. 주변 사람들이 참혹하게 죽어가는 절망적인 상황에서 그의 부모와 형제, 부인까지도 죽어가는 모습을 지켜봐야 했다. 자기 자신도 언제 죽을지 모르는 처지에서도 그는 끝까지 포기하지 않고 자신의 멘탈상태를 희망적으로 바꾸어 수용소를 탈출하여 살아남게 된다.

수용소의 작은 감옥에 벌거 벗겨진 상태로 있으면서 '인간이 가진 가장 마지막 자유'라고 이름 붙인 상태를 자각하기 시작했다.
그는 현실에서의 CR적인 몸은 비록 나치에게 구속되어 있지만 비일상적 실재의 NCR적인 자신의 멘탈상태는 관찰자의 입장에서 구속되지 않는 자유를 가질 수 있었다. 죽음의 공포와 고통 속에서도 프랭클은 '결과 진술'이라는 시각화 기법을 활용하여 자유에 대한 희망을 잃지 않았던 것이다.

프랭클은 자신이 수용소를 벗어난 후의 구체적인 활동에 대하여 생생하게 오감적으로 상상했다. 그리고 자신의 상상력을 활용하여 스스로 멘탈을 강화하면서 자유에 대한 믿음을 점점 증폭시켜 더 큰 NCR의 자유를 얻게 되었다. 그는 자신의 멘탈상태를 희망적으로 바꿈으로써 CR적인 몸은 비록 수용소에 갇혀 통제당하고 있지만 NCR적인 멘탈의 힘을 활용하여 더 큰 자유를 선택할 수 있는 능력을 가졌던 것이다.

절망적인 상황에서도 프랭클은 시각화 훈련을 통하여 자신의 희망을 더 키웠고 자신뿐만 아니라 다른 동료 수감자들과 감시병까지도 감화시키는 탁월한 멘탈 능력을 갖게 되었다.

이러한 탁월한 멘탈 능력을 활용할 수 있었던 것은 CR적인 자신의 신체는 나치가 구속하고 통제할 수 있지만 NCR적인 멘탈은 그 누구도 자신을 구속하거나 통제할 수 없다는 것을 잘 알고 있었기 때문에 가능한 일이었다. 프랭클은 모두가 절망에 빠져 무기력한 상태에서 죽음을 기다리고 있을 때 그들처럼 절망하여 포기하기보다 자유에 대한 희망을 더 키우는 멘탈 능력을 가질 수 있었기 때문에 수용소를 탈출하여 자유를 찾을 수 있었던 것이다.

이후 그는 자신의 경험을 바탕으로 의미 치료법을 창시하여 많은 사람들을 치료하였고 자신의 경험에 대해 쓴 책을 통해 전 세계의 많은 사람들에게 큰 감명을 주었다. 그는 어떠한 상황에서도 인간은 자신의 태도와 반응을 선택할 수 있다는 것을 자신의 생생한 삶의 체험에서 깨닫게 되었고 그것을 스스로 증명하였다.

자기 통제력

 우리의 사고와 행동은 본래부터 외부 자극과 사건에 의해 지배당하거나 통제당하지 않고 스스로 자기 자신을 통제할 수 있는 능력을 가지고 있다. 사람들은 그러한 능력을 성장과정의 부정적 경험이나 환경적 관계 속에서 일시적으로 상실했을 뿐이다.
 우리 주변에 많은 사람들이 타인으로부터의 통제에서 자유롭지 못한 상태에 구속당하며 사고와 행동의 완전한 주도성을 가지지 못한 채로 살아간다. 자기 통제력이란 다른 사람과 주변 환경에 전혀 영향을 받지 않고 자신의 순수한 자유의지로 판단하고 선택하여 반응하는 능력이다.
 인간은 본질적으로 자신의 판단과 선택에 의해 사고하고 행동할 수 있는 자기 통제력을 가지고 있다. 비일상적 실재인 NCR의 소중한 성취 자원인 자기 통제력이 일상적 실재인 CR의 물리적 외부환경에 영향을 받아 구속되거나 통제당하게 될 때 능동적 발달단계와 신뢰적 발달단계로 나아가지 못하고 의존적이고 수동적인 발달단계에 머물러 있을 수밖에 없다.

우리가 가진 삶의 소중한 성취 자원인 자기 통제력을 상실하게 되면 다른 사람과 환경에 통제당하게 되어 자신이 원하지 않는 시련과 고통 속에 갇히게 되는 나쁜 선택을 반복하게 된다.

만약 우리가 완전한 자기 통제력을 가지고 있다면 외부의 그 어떤 시련과 고통도 자신의 동의 없이 자신을 고통스럽게 하거나 통제할 수 없다. 왜냐하면 자신의 현재 상태는 모두가 자기 자신이 스스로 선택하고 통제하고 있기 때문이다.

지도는 영토가 아니다. 지도는 영토를 반영한 그림일 뿐이다. 우리가 외부 사건 때문에 고통과 스트레스를 받는 것은 그 사건 자체가 우리를 힘들게 하는 것이 아니라 그 사건에 반응하는 자기 통제력을 상실한 자신의 세상모형 때문이다. 우리는 자기 통제력을 상실한 상태에서 잘못된 자신의 지도로 외부 자극과 정보에 반응하기 때문에 외부의 작은 자극과 사건에도 과민 반응하게 된다.

자기 통제력을 가지고 있는 상태를 자신의 무한 성취 능력을 발휘할 수 있는 긍정적인 상태라고 정의한다면 자기 통제력을 상실한 상태는 외부의 부정적인 자원과 연결되어 스트레스와 무기력한 상태에 빠진 것이라고 할 수 있다.

우리는 살아가면서 수많은 시련과 고통, 스트레스에 반복적으로 노출될 수밖에 없다. 그래서 경제적인 문제와 건강, 인간관계 등 다양한 스트레스 상황에서 그것을 극복하는 좀 더 나은 선택과 반응을 할 수 있는 자기 통제력을 가지는 것이 중요한 것이다.

선택할 수 있는 삶

 우리가 심리적으로 고통스러운 것은 대부분 우리에게 닥친 시련과 사건 때문이 아니라 그것에 대한 우리의 반응과 선택 때문에 생기는 것이다. 어떤 환경과 상황에서 자신의 태도와 반응에 대해 자신이 스스로 선택할 수 있는 자결성과 유연성을 가지고 있다면 좀 더 나은 선택을 통해 상황을 주도할 수가 있게 된다. 이것은 우리의 선택에 따라 삶의 결과가 달라지기 때문이다.
 파블로프의 개 실험에서 개는 반복적으로 제공되는 음식이라는 특정 자극에 대해 특정한 방법으로 반응하게끔 학습된다. 즉, 특정한 자극과 정보가 반복해서 제공되면 특정한 행동을 학습하여 자동적으로 반응하는 조건형성이 되는 것이다.
 조건형성 과정에서 개는 음식과 종소리를 연합하여 반복적으로 학습하게 되면서 두 가지 정보가 짝짓기가 되어 종소리만 듣고도 침을 흘리며 맛있는 음식을 먹을 준비와 반응을 나타내게 된다. 이후 종소리와 불빛을 연합해서 반복 학습시키면 불빛만 보고도 개는 침을 흘리는 고차 조건화 현상까지도 일어난다.

　음식이라는 특정 자극에 대한 침 흘리는 반응이 반복적으로 연합해서 제공되면 그것이 일반화되어 음식과 전혀 관계없는 종소리와 불빛에도 반응하게 되는 조건형성이 일어나는 것이다. 음식과 종소리에 조건화된 개는 다른 반응을 선택할 수 있는 능력을 상실한 채 특정 자극에 대한 반사적인 행동 패턴을 보이게 된다.

　인간의 경우도 조건형성에 의해 반사적인 반응과 행동 패턴이 반복되면 외부 자극이나 정보에 어떻게 반응할지를 선택할 수 있는 능력을 상실한 채로 다른 사람과 환경에 통제당할 수가 있다. 성장과정에서 부정적인 학습과 경험이 반복되어 조건형성이 된 사람의 경우 자기 통제력이 없기 때문에 특정 자극에 대한 부정적인 반응을 자동화시키게 된다.

　이러한 사람은 대부분 자신의 고정된 경계에 갇혀 있기 때문에 삶의 결과에 대한 책임을 주변 사람이나 환경으로 돌리면서 남의 탓을 주로 하는 의존적이고 수동적인 발달단계에 머물러 타인의 통제를 허용하는 삶이 되기 쉽다. 그리고 자신의 자유의지로 할 수 있는 다른 나은 방법과 선택능력에 대해서 부정적인 자기 제한 신념을 가지고 있기 때문에 다른 사람과 환경에 대한 부정적인 세상 모형을 일반화시키는 경우가 많다.

　본인이 선택할 수 있는 능력이 없다고 믿기 때문에 외부의 자극과 정보에 반사적인 태도를 보이면서 오히려 통제 불가능한 타인과 세상을 통제하려는 반응을 하며 무력감을 겪게 된다.

하지만 인간의 위대한 능력은 동물과 달리 자유의지와 선택권을 가지고 있기 때문에 자신의 행동과 반응을 선택하고 그 결과에 책임을 질 수 있다는 것이다.

위대한 선택능력을 가진 사람은 어떠한 어려운 상황에서도 다른 대안을 찾고 그 방법을 선택하여 반응함으로써 더 나은 결과를 만들 수 있는 삶을 창조한다. 모든 것은 자신이 원하는 것에 대한 선택이기 때문에 그 어떤 상황에서도 주도적인 반응과 행동을 나타내게 된다. 그렇기에 자신의 모든 자원과 에너지의 초점을 자신이 통제 가능한 자기 자신에게 두어야 하는 것이다. 자신의 선택과 태도는 자신이 직접 통제할 수 있지만 타인의 행동과 환경은 자기 자신이 어떻게 할 수 없는 문제이기 때문이다.

우리는 어떤 상황에 대한 반응을 선택하게 되면 그 선택만으로도 자신과 그 상황에 강력한 영향을 미치게 된다. 중요한 것은 통제할 수 있는 것에 초점을 맞추어 자신을 변화시키는 선택을 주도적으로 해야 하는 것이다. 그리고 통제할 수 없는 일들은 그대로 수용할 수 있는 선택의 능력을 가져야 한다. 통제할 수 있는 어느 한 가지를 바꾸게 되면 통제할 수 없었던 다른 것들도 함께 변화되는 것이 멘탈의 원리이다.

결과와 선택

　우리가 가진 에너지의 초점을 자신이 통제 가능한 것에 맞추지 않고 통제 불가능한 것에 맞추는 실수 때문에 우리는 살아가면서 자신이 원하지 않는 시련과 고통을 더 많이 겪는다.

　우리가 어떤 것에 초점을 맞추고 자원을 일치시킬 것인가의 결단을 선택할 수 있는 자유는 있지만 그것에 의해 얻게 되는 결과를 선택할 자유는 없다. 우리의 자원과 에너지에 대한 선택은 외부적인 연결과 전략에 의해 결과를 충분히 예견될 수 있지만 그것을 통제할 수는 없기 때문이다. 예를 들어 복권을 구입할 결단과 행동을 선택할 수 있는 자유는 있지만 구입한 복권이 일등에 당첨되는 결과에 대해서는 선택할 자유가 없는 것이다.

　자신이 선택할 수 없는 통제 불가능한 삶의 결과는 그 이전에 우리의 자원과 에너지를 어떤 것에 일치시켜 만들어낸 결과라고 할 수 있다. 즉, 결과 자체는 그것이 어떤 것이든 우리가 통제할 수 없지만 그 결과를 만들어내는 우리의 선택을 바꿈으로써 삶의 결과를 바꿀 수 있다는 사실을 아는 것이 중요하다.

만약 삶의 결과가 자신이 원하는 것이 아니라면 긍정적인 피드백을 통해 자신의 태도와 선택을 바꾸어 결과를 바꿀 수 있다. 삶의 전략은 선택이 가능하지만 그 전략에 의해 이미 드러난 결과 자체는 우리가 선택할 수 없으며 단지 피드백을 통해 전략을 수정하여 다음의 결과를 바꾸는 선택을 할 수 있을 뿐이다.

산에서 독사에게 물렸을 때 우선적인 대응방법은 응급처치와 안전한 치료이다. 그런데 이미 독사에게 물린 결과 상황에서 그 결과를 통제하려는 잘못된 선택을 하게 되면 생명을 잃을 수도 있다. 자기를 물었던 독사를 찾아 복수하겠다는 선택을 하고 독사를 찾아 산을 헤매고 다닌다면 독이 온몸에 퍼져 통제 불가능한 상태에 빠지게 되기 때문이다.

우리는 살아가면서 독사에게 물린 것과 같은 원하지 않는 상황을 맞이할 수도 있다. 이때 원하지 않는 삶의 결과에 초점을 맞추거나 집착하기보다 결과를 바꿀 수 있는 긍정적인 피드백을 통해 더 나은 선택을 할 수 있는 유연성을 가져야 한다.

우리 삶의 모든 결과를 만들어내는 핵심은 멘탈이며 초능력적인 멘탈의 힘을 어떻게 활용할 것인가의 선택이 삶의 결과를 창조하게 된다. 멘탈이 가진 힘을 자기 삶의 성취를 위한 자원과 에너지로 활용하는 선택을 한다면 누구든지 건강과 성취, 행복이 충만한 자신의 삶을 창조할 수가 있다.

부 록 I

생활 속의 멘탈강화훈련

부록 I 생활 속의 멘탈강화훈련

기상멘탈

서서히 잠에서 깬다.

그리고 서서히 눈을 뜨며

숨을 크게 마시고 쉬면서

크게 기지개를 켠다.

(잠에서 막 깨어났을 때는 아직 의식이 활성화되지 않는 트랜스 상태이기 때문에 자기암시를 저항 없이 받아들인다)

"아~ 좋다. 개운한 기분이야."

잠이 완전히 깰 때까지 온몸을 크게 편다. (3~5회)

천천히 호흡을 깊게 하고

몸을 편하게 누운 상태에서 30초 정도 있는다.

"너무 편안하다."

곧고 바르게 앉은 자세에서 몸을 편안하게 이완하며

호흡을 조절하면서 긍정적 자기암시를 반복한다.

"아~ 내가 잠에서 깼구나. 너무 잘 잤다. 꿀맛이야."

"기대되는 멋진 아침이 나를 기다리고 있다."
"오늘은 아주 좋은 일이 생길 것 같은 느낌이야."
"내 마음과 몸 상태가 너무 좋아."
"머리가 맑아지고 상쾌해지면서 기분이 점점 더 좋아지고 있어."
"몸에 힘이 넘치고 근육이 꿈틀거리며 움직이려고 하고 있다."
"오늘도 나의 잠재력은 깨어난다."
"지금 나의 생각이 잠재의식과 연결되었다."
"나의 잠재의식은 오늘도 나를 위해 봉사할 준비를 하고 있다."
"오늘 힘찬 기운으로 즐겁게 하루를 시작한다."
"나는 오늘 어떤 상황에서도 최선을 다할 것이다."
"오늘 시작을 건강하게 움직일 수 있는 것에 감사한다."

기상멘탈은 트랜스 상태에서 긍정의 생각과 말을 사용하여 긍정의 신경회로가 활성화할 수 있게 만든다. 누구든 3개월만 반복 훈련을 쉬지 않고 하게 되면 습관이 되어 내현 기억으로 자리 잡게 된다. 하루를 긍정의 멘탈훈련으로 시작하게 되면 그날 하루가 세상의 긍정적인 기운들을 끌어당기는 자성을 갖게 될 것이다.

우리의 뇌는 무엇이든 반복하면 사실로 받아들여 믿음을 만들게 되고 그 믿음이 우리를 통제한다. 특히 트랜스 상태에서 반복적으로 자기 확신 트레이닝을 하게 되면 강한 성공 신념이 만들어진다.

부록 I 생활 속의 멘탈강화훈련

시련극복 멘탈

우리 삶에서 겪게 되는 대부분의 시련과 고난은 스스로 견딜 수 있는 무게만큼만 주어진다. 그리고 자신이 겪고 있는 시련의 99%는 충분히 극복할 수 있는 것들이다.

"내게 찾아온 시련이 힘든 만큼 난 강해지고 있다."
"난 이겨낼 수 있다. 내가 포기하지 않는 한..."
"세상에 공짜는 없다. 힘든 만큼 성공한다."
"지금 내가 힘들다는 것은 성공에 보다 가까이 온 것이다."
"시련이 나의 잠재력과 인내심을 시험하고 있다."
"내게 실패와 포기는 없다. 모든 것은 내가 선택할 수 있다."
"나는 지금보다 더 좋은 선택을 할 수 있으며 그 선택이 나에게 큰 힘이 될 것이다."
"나는 어느 때이고 나의 잠재능력을 믿는다."
"나는 나의 능력을 믿고 지금의 힘든 상황을 내 삶의 멋진 과정으로 만들 것이다."

"나의 상황이 점점 나아지고 있다."

"현재 나는 최선을 다하고 있으며 내가 노력한 만큼 상황이 크게 좋아지고 있다."

"조금 더 노력하면 이 상황을 이겨내고 최고가 될 수 있다."

"나의 목표가 이루어져 가고 있다."

"나는 목표를 꼭 달성한다."

"그 목표가 점점 가까이 다가오고 있고 그것을 느낄 수 있다."

"오늘도 나는 기쁘다. 도전할 수 있고 발전할 수 있어 행복하다. 나는 날마다 모든 면에서 점점 더 좋아지고 있다."

힘들고 고통스러운 시련은 나를 더 강하게 만들어주는 담금질 과정이며 이 과정을 견디고 극복할 수 있을 때 더 큰 성취와 행복이 기다리고 있다. 시련의 크기만큼 성취의 크기도 커진다.

큰 성취나 위대한 업적을 남긴 사람들의 공통점이 그들 모두가 다른 사람들보다 더 힘든 시련을 겪으며 그것을 극복했다는 사실이다. 긍정적인 멘탈로 힘든 시련을 극복하는 과정에서 시련의 강도와 크기만큼 성취결과가 더 컸으며 시련의 과정들이 성취로 가는 디딤돌이 되었다.

부록 I 생활 속의 멘탈강화훈련

성공멘탈

성공한 사람은 사용하는 언어와 멘탈 상태가 다르다. 성공하기 위해서는 성공에 대해 생각하고 성공에 대해 말하며 성공한 사람처럼 행동해야 한다. 뇌에 성공과 관련된 회로를 활성화시키는 반복 암시를 통해 성공 유전자를 강화하고 외부의 성공 자원을 끌어당기는 상태를 유지할 수 있게 된다.

잠시 눈을 감고 호흡을 가다듬는다. (2~3회 실시)
"역시 내 판단이 옳았어. 난 역시 대단해."
"역시 내 생각대로 성공했어."
"생각한 대로 이루어졌어. 나의 생각이 현실을 만들었어."
"좋은 일을 생각하면 좋은 일이 생기는 거야."
"좋은 결과를 꿈꾸고 실천하면 반드시 원하는 결과를 얻게 된다."
"좋아, 아주 좋았어. 긍정적인 생각과 행동이 통했어."
"역시 긍정의 힘은 대단해. 긍정을 생각하면 긍정이 생기는 거야."

"그래, 아주 잘되고 있어. 계속 잘 될 거야."
"이대로 조금만 더 노력하자."
"앞으로 더 집중하자. 더 큰 성공을 위하여…"
"난 역시 훌륭해. 난 무엇이든 할 수 있어."
"나에게 이런 능력이 있어서 너무나 감사해."
"나의 잠재의식은 성공으로 충만해 있어."
"성공을 생각하고 성공을 말하며 성공을 위한 행동을 할 때 성공은 미소 지으며 내게로 오는 거야."
"새로운 도전이 기대된다. 난 할 수 있는 사람이니까."
"무엇이든 결단하면 이루어진다."
"나의 신경회로, 신경망, 지도는 완벽해."
"나의 성공 핵심은 내 안에 있어. 그것을 나는 사용할 수 있어."
"나는 NLP를 통하여 나의 긍정적 자원을 증폭시켜 점점 더 긍정적으로 변해가고 있어."

　누군가 할 수 있다면 나는 더 잘할 수 있다는 모델링에 대한 확고한 신념이 필요하다. 성공은 신념에서 만들어진다. 반복된 생각과 언어는 우리의 멘탈을 강화하여 신념으로 굳어진다.
　할 수 있다는 절대긍정의 신념이 모든 자원과 에너지를 일치시켜 실제로 할 수 있는 상태를 만들고 일상적인 성취를 현실로 만든다. 할 수 있다고 생각하면 할 수 있다. 할 수 있다는 반복적인 생각이 할 수 있는 행동을 일으킨다.

부록 I 생활속의 멘탈강화훈련

실수극복 멘탈

 사람은 누구나 실수를 할 수 있고 실수는 언제든지 할 수 있다. 실수는 성공의 과실을 얻기 위한 사다리와 같다. 작은 실수를 긍정적인 피드백을 통하여 강화하는 멘탈훈련이 미래에 겪게 될 큰 실수를 막을 수 있는 자원이 된다.

잠시 눈을 감고 호흡을 가다듬는다. (2~3회 실시)
"누구나 실수는 할 수 있어. 그리고 이건 실수가 아니라 더 나은 성공을 위한 좋은 과정이야."
"시련이 클수록 그만큼 나는 더 강해지는 거야."
"그동안 많은 실수 경험이 나를 더 강하게 만들었던 경험을 생각해 보자. 실수는 좋은 경험일 뿐이야."
"나는 꼭 해낼 수 있어. 이 정도는 아무것도 아니야."
"나는 나의 능력을 믿는다. 내 능력으로 이 정도는 충분히 이겨낼 수 있는 힘이 있어."

"난 할 수 있어. 조금만 집중하자. 전에도 잘했던 경험이 있잖아. 나에게 불가능은 없다."

"내가 스스로 포기하기 전까지는 불가능은 없다."

"난 지금부터 어떻게 공식을 사용하겠다."

"어떻게 하면 더 좋은 방법을 찾을 수 있을까?"

"어떻게 공식을 사용하는 순간 나는 이미 그 답을 구했다. 나의 잠재의식은 절대 긍정의 에너지가 가동되기 시작했다."

"어떻게 공식의 답은 나의 잠재의식에서 구해줄 것이다."

"그냥 쉽게 얻어지는 것은 가치가 적다. 이 정도의 시련은 있어야 성공의 가치가 있는 거야."

"나는 다시 시작한다. 바람개비를 돌게 하기 위해 바람을 기다리기보다 내가 힘껏 달리면서 바람개비를 돌게 만들겠다."

  실수나 실패에 대해 우리는 고마움을 가져야 한다. 그것이 나를 더 강하게 단련시키는 훈련이 되고 더 큰 실수를 극복할 수 있는 멘탈적응력을 키워주기 때문이다.

  NLP에서 실패란 존재하지 않는다. 다만 피드백만 일을 뿐이다. 지금 현실적인 실패를 경험하게 된다면 그 실패에 대한 감정을 그대로 느껴야 한다. 실패를 있는 그대로 수용하고 더 나은 선택을 하는 순간 실패는 사라지고 성공으로 가는 과정만 남게 된다.

부록 I 생활 속의 멘탈강화훈련

과제도전 멘탈

잠시 눈을 감고 호흡을 가다듬는다. (2~3회 실시)

"난 정말 훌륭하게 준비를 마쳤다. 완전한 준비가 끝나고 나의 능력은 충분히 향상되었다."

"나의 능력 향상과 더불어 자신감이 생겼다."

"나의 컨디션은 최상이다."

"나는 즐겁게 과제에 도전한다."

"나는 꼭 성공한다. 반드시 성공한다. 지금껏 나는 성공했고 이번에도 성공할 것이다."

"나에게는 지금 최고의 결과가 만들어질 즐거운 도전이 시작된다."

"할 수 있다고 생각하면 할 수 있다."

"나의 성공 신경망이 활성화되어 용기와 자신감이 넘친다."

"새로운 도전은 언제나 나를 설레게 한다."

부록 I 생활 속의 멘탈강화훈련

긍정적 과제 멘탈

잠시 심호흡을 한다. (2~3회 실시)

"그렇지, 아주 좋아. 잘되고 있어."

"역시 이렇게 잘될 줄 알고 있었어."

"더욱 좋아질 거야."

"옳지. 아주 좋았어."

"계속 잘할 수 있어."

"좋아. 아주 잘되고 있어."

"나는 할 수 있어."

"난 역시 할 수 있는 사람이야."

"하면 된다. 하면 된다. 하면 된다."

"난 그동안 최선을 다했어."

"최선을 다하면 최선의 결과가 생긴다."

"긍정은 긍정을 부른다."

"나는 지금 긍정의 기운이 가득 찬 상태이다."

부록 I 생활 속의 멘탈강화훈련

부정적 과제 멘탈

부정적인 상태에 깊이 빠지기 전에 습관적으로 이어지는 패턴을 깨는 것이 중요하다. 상황적 요인에 의해 누구나 부정적인 정서를 가질 수 있다. 이럴 때 멘탈 트레이닝을 통해 그 상황을 극복하는 능력을 기르는 것이 필요하다.

◎ 자신감 부족으로 긴장될 때

실력의 문제보다 멘탈적인 문제로 자신감이 부족할 때 실시하면 효과가 좋다.

심호흡을 2~3회 정도 실시한다.

숨을 깊게 들이마시면서 "난 많은 준비를 해왔어."

숨을 멈추고 "그래서"

숨을 내쉬면서 "자신 있게 잘할 수 있어."

숨을 깊게 들이마시면서 "이 정도는 별 거 아니야."

숨을 멈추고 "그래서"

숨을 내쉬면서 "평소 연습처럼 하면 돼."

숨을 깊게 들이마시면서 "그래, 자신감이 생겼어."

숨을 멈추고 "그렇지"

숨을 내쉬면서 "이제 자신감이 충만하여 아주 잘할 수 있어."

◎ 불안과 각성이 높을 때

많은 사람들 앞에서 발표나 중요한 행사를 앞두고 각성이 너무 높아질 때 실시한다. 평소에 훈련이 되어 있어야 효과가 크다.

심호흡을 2~3회 정도 실시한다.

숨을 깊게 들이마시면서 "내가 준비한 순서를 생각하자."

숨을 멈추고 "그래 많은 준비를 했지."

숨을 내쉬면서 "내 능력이면 충분해."

숨을 깊게 들이마시면서 "이 정도는 별거 아니야."

숨을 잠시 멈추고 "그래서"

숨을 내쉬면서 "준비한 대로 하면 난 잘할 수 있어."

숨을 깊게 들이마시면서 "전혀 신경 쓸 것 없어."

숨을 멈추고 "왜냐하면"

숨을 내쉬면서 "나를 응원하는 사람이 이렇게 많잖아."

◎ 판정에 대한 긍정멘탈

스포츠 상황이나 심사, 시험, 면접을 앞두고 부정적 정서를 제거할 때 실시한다.

심호흡을 2~3회 정도 실시한다.

숨을 깊게 들이마시면서 "심사관의 판정은 공정해."

숨을 멈추고 "그러므로"

숨을 내쉬면서 "나 스스로 좀 더 최선을 다하자."

숨을 깊게 들이마시며 "심사관은 훌륭하고 뛰어난 사람이야."

숨을 멈추고 "그러므로"

숨을 내쉬면서 "난 심사관을 믿고 과제에 집중하자."

◎ 실패 공포와 부정적 생각

부정적 생각과 실패에 대한 두려움이 생길 때 즉시 실시하면 좋은 효과가 있다.

[부정적 생각]

"내가 성공하지 못하면 안 되는데. 실패하면 어쩌지?"

[사고 정지]

"아니야. 그건 잘못된 생각이야. 난 훌륭하게 성공할 수 있어."

[관계 지향적 암시]

"나를 보며 웃고 있는 사람과 격려해주는 친구가 있잖아.

이제 마음이 차분해졌어."

"긍정은 긍정을 부른다."

"나는 지금 긍정의 기운이 가득 찬 상태이다."

부 록 II

멘탈 용어

ㄱ

가치(value)
명예, 부, 사랑, 건강, 행복과 같이 자신이 중요하게 생각하거나 행동하는 것이다.

감각양식(sensory mode)
외부의 정보나 자극을 받아들이고 경험하는 시각, 청각, 촉각, 후각, 미각의 다섯 가지 감각통로를 말한다.

감각적 민감성(sensory acuity)
오감을 통한 감각정보를 보다 세밀하고 디테일하게 구분하여 유용하게 해석하는 과정이다.

거울신경(mirror neuron)
다른 사람의 특정 움직임을 관찰할 때 활동하는 신경세포이다.
이 신경세포는 다른 사람의 행동을 거울처럼 반영한다고 표현한다.

기저선 상태(baseline state)
평상시에 익숙하고 편안한 습관적인 마음상태로서 개인마다 다르다.

기억(memory)
과거의 학습과 경험을 신경망에 저장하고 재현하는 것이다.

결단(decision)

결정적인 판단을 하거나 단정을 내리는 것이다.

모든 변화의 시작은 결단이다. 좀 더 빨리 결단해야 한다.

계측(calibration)

상대의 비언어적 신호나 단서를 디테일하게 관찰하고 그 관찰을 바탕으로 상대의 심리상태를 알아맞히는 것을 말한다.

관점 바꾸기(reframing)

특정 기억이나 사실을 여러 관점에서 바라보고 다른 의미를 부여하게 되면 자신의 상태가 바뀌는 기법이다.

긍정적 의도(positive intention)

신념이나 행동 이면에 가려져 있는 긍정적인 마음 또는 목적을 말한다.

ㄴ

내면집중상태(downtime)

내면의 생각과 느낌의 방향으로 주의가 모아진 트랜스 상태를 말한다.

능력(ability)

어떤 일을 수행하기 위한 성공전략으로서 과제를 성공적으로 수행할 수 있는 기술이다.

ㄷ

닻(anchor)

특정한 기억과 반응을 일관성 있게 재창조해내는 모든 형태의 자극을 말한다.

ㄹ

라포(rapport)

모든 관계의 시작이며 전제조건이 된다. 신뢰관계, 협응관계, 촉진관계를 말한다.

리딩(reading)

라포를 유지하며 특정 방향으로 상대를 유도하는 것을 말한다.

ㅁ

마음(mind)

뇌가 만들어낸 산물이며 천억 개가 넘는 뉴런이 전기적 신호를 주고받으며 형성된 신경회로에서 만들어진다.

매칭(matching)

자세, 몸짓, 손짓, 표상체계, 목소리 톤, 리듬, 언어사용법, 이야기 내용, 표정, 호흡 등을 상대와 맞추는 것을 말한다.

메타모형(meta model)

언어를 경험과 연결시키는 일련의 언어양식과 질문을 총칭한다. 커뮤니케이션과정에서 생략, 왜곡, 일반화된 정보를 구체적이고 세밀하게 복원하는 언어표현 방법이다.

메타프로그램(meta program)

인간이 지닌 생각과 행동을 결정짓는 상위 프로그램을 말한다.

맞추기(pacing)

상대를 이끌기 위해서 라포를 형성하는 과정이다. 맞추기 후 이끌기가 가능하다.

모방하기(modeling)

성공한 사람의 핵심기술을 추려내어 그대로 따라하여 성과를 이루는 과정이다.

미래가보기(future pacing)

불확실한 미래를 상상하여 체험함으로써 뇌에 미래기억을 남기고 현재에 영향을 미친다.

무의식(unconsciousness)

의식 상태에서 접근할 수 없는 잠재된 의식이다.

밀턴모형(milton model)
추상적이고 모호한 표현으로 상대를 트랜스 상태로 유도하는 최면적 언어패턴이다.

ㅂ

비일상적 실재(non-consensus reality)
눈으로 확인할 수 없고 만질 수 없지만 존재하고 있는 가상적인 거대한 실재이다. 도덕, 사명, 영감, 신념, 가치관, 준거, 나무의 뿌리, 자신감 등은 비일상적 실재이지만 일상적 실재와 연결을 통해 삶의 중심이 된다.

분리(dissociation)
기억을 재생할 때 방관자로서 외부에서 바라보는 상태를 말한다. 실제 그 장소에 있을 때의 감각을 느끼기 어려워지며 자신을 비추는 영상을 바라보는 느낌이 든다.

ㅅ

삼차적 입장(third position)
상황과 분리상태에서 관찰자의 관점으로 세상을 인식하고 경험하는 것을 말한다.

상태파괴(break state)
특정한 감정과 정서상태에서 벗어나는 것을 말한다.

상태(states)
사고, 느낌, 감정, 신체적, 정신적 에너지의 총체를 말하며 상태에 따라 경험이 달라진다.

생태(ecological)
상호관계와 상호의존성을 말하며 하나의 모든 생명체는 서로 간에 유기적인 관계를 맺고 있어 영향을 미친다는 것을 전제로 하고 있다.

생략(deletion)
경험을 표현하거나 입력할 때 정보의 일부만이 전달되는 과정이다.

선호표상체계(preferred representational system)
내적으로 사고하고 자신의 경험을 조직화하기 위하여 시각, 청각, 신체감각 중에서 대체적으로 많이 사용하는 표상체계이다.

세상모형(model of the world)
내부표상과 같은 개념으로 현실을 지각하고 경험하는 주관적인 세계를 말한다.

성과(outcome)
목표보다 더 구체적인 개념으로 목표를 달성한 후 무엇을 보고 듣고 느끼게 될지에 초점을 맞춘다.

심층구조(deep structure)
내면의 경험을 말하며 생략, 왜곡, 일반화가 되기 전의 마음상태이다.

세로토닌(serotonin)
뇌에서 신경전달물질로 기능하는 화학물질 중 하나이며 세로토닌이 부족하면 우울증과 불안증이 생긴다.

신경가소성(neuroplasticity)
새로운 정보의 입력이 뉴런의 연결을 바꾸는 것을 말하며 사람이 변화하는 것은 신경가소성이 있기 때문이다.

신경망(neural network)
뉴런과 시냅스가 연결된 형태의 그물망을 구성하여 뉴런간의 신호전달 역할을 한다.

신경언어프로그래밍(neuro linguistic programming)
우수성과 탁월성에 대한 연구이며 주관적 경험의 구조에 대한 연구로서 언어와 관련된 두뇌사용설명서이다.

신념(belief)
자신과 타인, 세상에 대해 변하지 않는 믿음으로 일반화의 개념이다.

guage)

뮤니케이션을 하는 것이다. 자세, 눈빛, 표정, 몸

안전지대

다른 사람과 환경의 접촉과정에서 심리적 기저선과 항상성을 벗어나지 않은 지대로써 부정적인 느낌을 갖지 않은 편안한 공간이다.

어떻게 기법

어떻게라는 긍정적 질문을 통하여 가장 최선의 문제 해결 능력과 성취 방법에 대한 답을 스스로 구하는 기법이다.

연합상태(associated state)

직접적 경험으로서 마음의 눈으로 보고 모든 감각을 동원해서 경험하는 것으로 일차적 입장이다.

예스세트(yes-set)

상대가 반드시 Yes하고 대답하도록 질문을 반복하여 서서히 다른 곳으로 유도하는 표현방법이다. 잦은 Yes를 반복하다 보면 No하고 대답하기 곤란한 상황이 되는 특징을 활용한 대화기법이다.

왜곡(distortion)

편향된 시각으로 정보를 사실과 다르게 파악하는 것을 말한다. 자신의 주관적인 경험에 의해 정보를 처리하기 때문에 생기는 현상이다.

은유(metaphor)

이야기 형식의 간접적 커뮤니케이션 기법으로서 이야기, 비유, 풍자 등으로 표현한다.

의미기억(semantic memory)

특정 시점이나 맥락과 연합되어 있지 않은 대상간의 관계 또는 단어 의미들간의 관계에 관한 지식을 말한다. 기억유형 중 일반적인 지식형태로 저장되어 있는 기억이다.

의식(consciousness)

깨어있는 상태에서 자신과 타인, 환경을 지각할 수 있는 상태를 말한다.

이끌어내기(elicitation)

행동을 통해서 특정한 상태를 유도하거나 끄집어내는 것을 말한다.

이차적 입장(second position)

상대의 입장과 관점에서 이해하고 바라보는 입장이다.

인지(cognition)

정보를 획득, 파지하고 활용하는 것이다.

일관성(congruence)

자신과의 라포가 이루어진 상태로서 신념, 가치관, 기술, 행동의 일관성을 말한다.

일반화(generalization)

하나의 경험이 다른 모든 경험을 대표하게 되는 과정을 말한다.

일상적 실재(consensus reality)

신체, 물질, 나무의 줄기와 가지, 돈, 직장 등과 같이 현실적이고 물질적이며 눈으로 확인이 가능한 드러나 있는 실재이다.

일차적 입장(first position)

자신의 입장에서 상대와 세상을 지각하는 것을 말한다. 자신의 내면적 실재와 접근하고 있는 상태이다.

유연성(flexibility)

융통성이라고도 하며 다양한 선택을 할 수 있는 능력을 말한다.

일치시키기(matching)
상대의 신념이나 행동에 대한 수용과 맞추어 주는 기법이다.

일화 기억(episodic memory)
개인의 경험 즉, 자전적 사건에 대한 기억으로 사건이 일어난 시간, 장소, 상황 등의 맥락을 함께 포함한다.

ㅈ

자원(resources)
성취와 긍정적 상태를 만드는데 도움이 되는 자신과 상대, 환경이 갖고 있는 모든 것이 자원이다.

잠재의식(subconsciousness)
의식이 접근할 수 없거나 부분적으로 의식되지 않는 정신영역이다. 의식을 존중하며 마음의 무한한 성취 자원의 창고이다.

전략(strategy)
결과를 달성하기 위해 실행하는 정신적, 행동적 일련의 단계이며 바람직한 성과를 내기 위한 과정이다.

전제조건(presuppositions)
사실과 진실에 관계없이 그것을 사실과 진실로 믿고 그대로 행동하게 되면 변화와 성과를 낼 수 있다는 전제된 생각이나 신념을 말한다.

준거(criterion)
어떤 판단의 틀이나 기준이 되며 특정한 맥락에서 중요하게 생각하는 것을 말한다.

정체성(identity)
스스로 자기 자신을 어떻게 생각하는지 자아상을 말한다.

E

트랜스(trance)
일시적으로 자신의 내부에 확고하고 일정한 주의를 집중함으로써 일어나는 변형된 의식 상태로서 몽환상태라고도 한다.

ㅍ

표상체계(representational System)
오감적 감각양식을 사용하여 내면에서 정보나 경험, 기억을 드러내는 여러 가지 통로를 말한다.

표층구조(surface structure)

심층구조의 반대 개념으로 밖으로 드러난 표현이다. 생략, 왜곡, 일반화 된 상태이다.

플라시보 효과(placebo effect)

실제 약효가 없는데도 약효가 있다고 믿고 약을 복용하면 치료효과가 나타나는 것을 말한다. 믿음이 약효를 낸다.

ㅎ

하위양식(submodalities)

사고나 감정, 믿음의 가장 작은 기본단위이다. 표상체계 내에서 더 구체적이고 섬세하게 구분된다.

헵의 원리(hebb's Rule)

함께 활성화된 뉴런은 연결이 강화되고 사용하지 않는 회로는 쇠퇴한다.

현실지도(map of reality)

현실을 지각하는 주관적인 세계로서 세상모형과도 같은 개념이다.

멘탈의 힘

초판 1쇄 발행 2017년 7월 17일

지은이　박영곤

디자인　차지연

편　집　강윤정

펴낸곳　도서출판벗

주　소　부산광역시 해운대구 센텀북대로(센텀IS타워305호)

전　화　051)784-8497

팩　스　051)783-9996

이메일　inlp1305@hanmail.net

등　록　2017년 7월 5일

ＩＳＢＮ　979-11-955753-5-0

정　가　15,000원

※ 잘못 만들어진 책은 바꾸어드립니다.